FRAUEN KÖNNEN FINANZEN!

Dani
Parthum

Die Geldfrau
bekannt aus: NDR, ZDF, Spiegel & Capital

FRAUEN KÖNNEN FINANZEN!

So gestaltest du mit Geld
dein Leben: selbstbestimmt,
sorgenfrei und sicher

Haufe

Inhalt

Vorwort

Als wir 2016 auf YouTube mit *Finanzfluss* gestartet sind, war die Idee einfach: Wir wollten Finanzbildung verständlich machen – unabhängig, kostenlos, für alle zugänglich. Millionen finanzielle Selbstentscheiderinnen und Selbstentscheider beweisen heute, dass es möglich ist.
Ungefähr zur gleichen Zeit hat Dani als *Geldfrau* angefangen, über Finanzen zu bloggen. Wir haben uns auf einem Finanzblogger-Treffen kennengelernt – und sofort war klar: Wir verfolgen dieselbe Mission, mit ähnlichen Werten. Während wir bei *Finanzfluss* alle Interessierten ansprechen, richtet sich Danis Fokus gezielt auf Frauen. Weil sie selbst erfahren hat, wie viele systemische Hürden die Finanzwelt für Frauen bereithält, und sie das mit Online-Kursen, Finanzcoaching und jetzt mit diesem Buch ändern will.
Ich bin überzeugt: Die besten Finanzmanagerinnen und -manager für unser Leben sind wir selbst. Wenn wir die wenigen wirklich relevanten Regeln im Umgang mit Geld kennen, können wir uns selbstbestimmt in der Finanzwelt bewegen. Das verändert nicht nur unseren Kontostand, sondern auch unser Selbstvertrauen, unsere Souveränität, unsere Beziehungen – und schließlich unsere Zufriedenheit. Etwas drastischer formuliert: Wer sich um seine Finanzen nicht selbst kümmert, ist abhängig.
Die Verantwortung für die eigenen Finanzen zu übernehmen, ist vielleicht eine der folgenreichsten Entscheidungen, die du in deinem Leben triffst.
Mit diesem Buch legt Dani eine Einladung und Anleitung vor, zur finanziellen Selbstentscheiderin zu werden. Es liefert Klartext und

Orientierung. Und es zeigt dir, wie einfach es eigentlich ist. Sie schreibt mit Haltung und Herz – direkt, ehrlich, nahbar. Deshalb: Lies weiter. Verschenke das Buch. Sprich darüber. Lass dich inspirieren. Fange jetzt schrittweise an, dein finanzielles Leben aktiv zu gestalten. Niemand wird sich so gut um deine Finanzen kümmern wie du selbst! Finanzwissen verändert dein Leben.

Thomas Kehl
Finanzfluss

1 Mehr davon: Du darfst Geld gut finden

Du und dein Geld

Für deine Finanzen brauchst du am Anfang weder Finanzwissen noch Excel-Tabellen oder großartige Mathematikkenntnisse. Was du brauchst, sind die richtigen Fragen. Zum Beispiel diese hier: »Wo fange ich bloß an bei meinen Finanzen?« Meine Antwort darauf ist überraschend schlicht: Vorn! Wo vorn ist? Bei dir. Bei deinen Gefühlen und Gedanken in Bezug auf Geld. Deshalb liebe ich diese Frage als Finanzcoachin. Weil sie uns ohne Umwege sofort zum Wesentlichen bringt, was zählt beim Geld. Ganz gleich, was du bei deinen Finanzen verändern willst – besser mit Geld umgehen, sparen und investieren lernen, nicht mehr ängstlich sein, Schulden tilgen, faire Finanzen in der Partnerschaft etablieren, Honorare souverän verhandeln, eine gute Altersvorsorge, genug gesetzliche Rente, ein Erbe regeln.

Du bist der Anfang. Nicht die Zahlen.

Die Finanzpsychologie hat einen Begriff für unsere Gedanken und Gefühle in Bezug auf Geld geprägt: **persönliche Geldbeziehung**. Und wie Beziehungen nun mal so sind, ist auch diese Beziehung individuell und oft nicht einfach. Müsstest du deine persönliche Beziehung zu Geld beschreiben, wie würde sie ausfallen? Oh, besser nicht drüber reden!? Oder habt ihre eine On-off-Beziehung, weil Geld mal da ist, mal nicht? Oder verliert ihr euch immer wieder aus den Augen? Ist sie eher eine Art Hassliebe – du kannst nicht ohne, aber mit Geld ist es auch problematisch? Vielleicht fühlt sich die Beziehung auch an wie ein Freund mit gewissen Vorzügen – ihr trefft

euch manchmal, aber ohne Verpflichtungen? Oder ist die Beziehung schambesetzt, weil du über die Stränge geschlagen und keine Kontrolle über sie hast? Oder seid ihr miteinander glücklich und ein Team, das füreinander da ist?
Ich schätze, wir alle wünschen uns Letzteres: Dass wir mit Geld in einer verbindlichen Beziehung stehen. Dass es da ist, wenn wir es brauchen. Dass wir Freude aneinander haben, uns sicher fühlen und wissen, was zählt, damit wir beide wachsen können. Dass sich also das Verhältnis zu Geld selbstverständlich, leicht und stärkend anfühlt und wir es gern in unserer Nähe haben. Mich würde nicht wundern, wenn du das Gegenteil bei deiner Beziehung zu Geld empfindest. Sie eher als belastet einordnest, verdruckst, womöglich sogar als verhasst, angst- oder schambesetzt. So gut wie alle Menschen, die ich kennenlerne, haben eher ein kompliziertes denn ein entspanntes Verhältnis zu Geld.
Vielleicht denkst du in diesem Moment auch das erste Mal ernsthaft darüber nach und fragst dich: Wie stehe ich eigentlich zu Geld? Und habe ich überhaupt so etwas wie eine Beziehung zu Geld? Hast du. Jeder Mensch in den westlichen Industrienationen hat eine persönliche Geldbeziehung. Das liegt daran, weil Geld alle Lebensbereiche durchdringt – Beruf, Liebe, Familie, Freundschaft, Hobbys, Wohlbefinden, Selbstwert, Teilhabe, Stellung in der Gesellschaft, Kultur, Politik, Bildung, einfach alles. Wir gehen täglich mit Geld um, unsere Existenz hängt davon ab. Deine Geldbeziehung drückt sich darin aus, wie du über Geld denkst oder sprichst und wie du mit deinem Geld umgehst. Meine Coaching-Klientin Sarah beispielsweise litt unter ihrem Umgang mit Geld:

Sarah arbeitete als Mittdreißigerin in ihrem Beruf in verantwortlicher Position und verdiente überdurchschnittlich. Sie kam frustriert ins Coaching. Sie belastete immer mehr, dass sie Dinge kaufte, die sie nicht brauchte und die sie nicht erfüllten wie die vierzigste Strumpfhose, Kosmetik, Kleidung, Modeschmuck. Ihren Geldumgang empfand sie als unerwachsen, ähnlich einem Teenager. Dieser Widerspruch zu ihrem Selbstbild belastete Sarah zunehmend. Sie war in ärmlichen

Verhältnissen aufgewachsen, musste sogar das Geld aus einem Schülerjob zu Hause abgeben. Diese Verletzung und den erlebten Mangel kompensierte sie als Erwachsene immer und immer wieder aufs Neue mit unnötigen Einkäufen. Als sie erkannte, woran es lag, konnte sie nach und nach damit aufhören.

Sarah sprach im Coaching auch das erste Mal über ihre Scham, die ihr Umgang mit Geld in ihr auslöste. Bis heute herrscht in unserer Gesellschaft dieses befremdliche Tabu, persönliche Finanzbelange nicht anzusprechen.

Bei mir war das auch so. Erst, seit ich als Finanzcoachin arbeite, kenne ich die Einkommen meiner Freundinnen und ihre Geldsorgen, weiß, ob und wie sie Vermögen aufbauen und wie sie mit ihren Partnern das Thema Geld regeln – oder nicht. Geld ist zwischen uns kein Tabu mehr. Durch diesen Austausch sind unsere Freundschaften tiefer geworden. Wie es dazu kam? Weil ich gefragt und ehrlich über meine Herausforderungen Auskunft gegeben habe.

Das aber muss man sich als Frau erst einmal trauen! Denn: Über Geld spricht man doch nicht! Das hat man. Und wer will schon als geldgierig oder unromantisch gelten? Geld macht doch auch nicht glücklich und verdirbt ohnehin den Charakter. Und vor der Macht, die die Welt regiert, muss man sich hüten. Denn Geld ist die Wurzel allen Übels. Und nur, wer hart arbeitet, hat es auch verdient. Schließlich gibt es ohne Fleiß keinen Preis. Und überhaupt: Du als Frau kannst weder mit Geld umgehen noch hast du es verdient. Vermögen ist auch nur etwas für Reiche. Einmal arm, immer arm. Pech. Sei froh mit dem, was du hast.

Ich muss ganz tief durchatmen, während ich das schreibe. Du kennst sie sicher, diese Redensarten. Und viele weitere. Solche sogenannten Geldglaubenssätze, also Überzeugungen und Denkmuster, was Geld ist und wie wir uns gegenüber Geld zu verhalten haben, sind Teil unseres »kollektiven Geldkarmas«. Kaum jemand kann sich ihnen entziehen. Sie hocken in unserem Unterbewusstsein wie mächtige Echos und sind Teil unserer Beziehung zu Geld. Sie lenken unsere Finanzentscheidungen wie eine unsichtbare Hand. Dabei haben wir uns diese Beziehung zu Geld weder ausgesucht noch bewusst angeeignet. Sie ist nicht angeboren oder ein Produkt von Bildung, Wissen, Intellekt oder Willen. Sie ist in unserer Kindheit durch verschiedene Einflüsse gewachsen. Und prägt unseren Umgang mit Geld ein Leben lang.

Wie deine Beziehung zu Geld dein Leben prägt

Deshalb gehört das erste Kapitel dieses Buches diesem Aspekt bei unseren Finanzen: Weil ich durch meine Arbeit als Finanzcoachin für Frauen erlebe, welchen zentralen Einfluss die Geldbeziehung auf unser finanzielles Wohlbefinden, unser Selbstverständnis als Frau, Mutter und autonomes Wesen sowie auf unsere Erfüllung im Leben hat. Sie beeinflusst unseren Kontostand, welche Freundschaften wir pflegen, welches Partnerschaftsmodell wir wählen, die Höhe der Rente, ob wir Vermögen aufbauen oder uns das nicht erlauben. So vieles ist eng verknüpft mit unserer Beziehung zu Geld und den Verhaltens- und Denkmustern, die sich daraus ergeben. Für Frauen halte ich es für existenziell, eine positive Beziehung zu Geld zu pflegen, mindestens eine friedliche Koexistenz, um in jeder Lebenslage frei entscheiden zu können.

Ich möchte dich einladen, dich deiner Geldbeziehung zuzuwenden. Auch wenn es dir schwerfällt, du einen Widerstand spürst und jetzt gleich am liebsten das Buch wieder weglegen willst. Lies weiter. Du wirst es dir danken. Wie Carla, eine Teilnehmerin meines Vermögenskurses:

Seit Carla denken kann, gibt es in der Familie Streit um Geld und das Immobilienvermögen der Eltern. Wenn sie ihre Meinung dazu sagte, hieß es, als Mädchen habe sie kein Talent für Geld. Durch die Abwertung zog sich Carla zurück, sie wollte mit den Streitereien nichts zu tun haben. Als Erwachsene überließ sie dem Bruder die Hausverwaltung. Sie machte dabei viele, für sie nachteilige Zugeständnisse, obwohl sie Geld gebraucht hätte. Der Bruder setzte die Abwertung ihr gegenüber fort und bereicherte sich. Im Coaching begann Carla, die schmerzhafte

Situation zu ergründen, und begriff, wie sie sich an den Rand drängen ließ – wie als Kind. Als ihr das bewusst wurde und sie sich über ihre Rechte informierte, konnte sie endlich eine eigene Haltung zu diesem Erbe entwickeln und anfangen, für sich einzutreten.

Was die Geschichten von Sarah und Carla zeigen: Wir sind unserem Verhältnis zu Geld nur so lange ausgeliefert, bis wir es erforscht und reflektiert haben. Im Alltag tun wir das gewöhnlich nicht. Vielmehr hetzen wir durch Rechnungen und finanzielle Verpflichtungen, umgeben von greller Werbung und gesellschaftlichen Zwängen. Erst, wenn uns etwas im Leben aus der Bahn wirft, kann es sein, dass wir über unsere Beziehung zum Geld stolpern. Wenn plötzlich die Ressource Geld fehlt, nie übrig oder zu viel davon da ist, beispielsweise durch eine Erbschaft. Oder wir die Renteninformation lesen, vom hohen Lohn des Arbeitskollegen erfahren, unzufrieden mit unseren Honoraren als Selbstständige sind. Oder sich unsere Lebenssituation ändert, wir Mutter werden, der Mann stirbt oder wir uns scheiden lassen möchten. Oder wir Menschen treffen, die Geld feiern, sich großzügige Urlaube leisten und genau das tun, was wir gern tun würden. Oft braucht es einen Impuls von außen, damit Bewegung in die Geldbeziehung kommt. Bei mir war es eine persönliche Krise.
Meine Geldbeziehung war immer von Distanz geprägt. Hauptsache, mein Einkommen sicherte meine Unabhängigkeit und reichte für Alltag, Reisen, Rücklagen. In der DDR, wo ich aufwuchs, war mit Geld kein Vorteil verbunden – es war ohnehin ein Auslaufmodell. Nach Karl Marx ist der Sozialismus die Vorstufe zum Kommunismus, in dem niemand mehr Geld benötigt, weil jeder nach seinen Fähigkeiten und Bedürfnissen lebt. Diese Nebensächlichkeit von Geld setzt sich fest. Mit 45 beschloss ich desillusioniert, meinen Beruf als Wirtschaftsjournalistin aufzugeben. Und schlug hart auf meinen finanziellen Realitäten auf: Selbstbestimmtheit (erst einmal) weg, Reserven gering, gesetzliche Rente trotz Vollzeit ein Witz, kaum zusätzliches Vermögen, eine kleine Lebensversicherung, keine wirklich sinnstiftende Idee für den nächsten Job. Es war eine bittere Bilanz.

Ich machte mir Vorwürfe, dass ich als Ökonomin so schlecht dastand, und fing an, Bücher und wissenschaftliche Aufsätze zu persönlichen Finanzen zu lesen. Die neue Facette von Geld, die sich mir dadurch erschloss, faszinierte mich. Ich umarmte Geld, konsolidierte meine Finanzen und die der Familie und gründete »Geldfrau – Frauen können Finanzen«. Denn mir war durch diese Recherchen ebenfalls aufgefallen, dass Frauen beim Geld weitgehend benachteiligt sind, besonders als Mütter. Dass Frauen über weniger Geld verfügen, kaum Vermögen haben und finanziell oft abhängig sind. Und: dass sie sich Geldanlegen nicht zutrauen. Als unabhängige Finanzcoachin unterstütze ich deshalb Frauen, Freude an Geld zu entwickeln, ihre Finanzen zu strukturieren, Geld zu verstehen und mutig Vermögen aufzubauen. Auf meiner Lernplattform biete ich dafür Online-Kurse an.

In der Wissenschaft[1] ist man sich einig, dass drei Einflussfaktoren unsere Geldbeziehung formen: Vorbilder in der Kindheit, geschlechtsspezifische Rollenerwartungen und -muster und das gesellschaftlich-kulturelle Umfeld. Der Prozess nennt sich »monetäre Sozialisation« oder »Geldsozialisation«. Diese Sozialisation entscheidet über unsere Werte, Gefühle, Einstellungen und Verhaltensweisen gegenüber Geld. Wenn du die Einflüsse deiner monetären Sozialisation entdeckst, kannst du deine Geldbeziehung wahrnehmen, reflektieren und dir eine neue, eigene aneignen. Der Punkt ist: Du musst den Mut haben, sie selbst zu erfahren, selbst dem Geld ins Auge zu sehen. Nur dann kannst du negative, einschränkende Denk- und Gefühlsmuster durch positive, stärkende ersetzen. Und dann hältst du den Schlüssel für ein neues Lebensgefühl in der Hand.

Was also denkst du über Geld, was fühlst du und weshalb ist das so?

Darum denkst du so über Geld

»Nicht anfassen! Das ist dreckig.« Während ich die Geldscheine aus dem Automaten nehme, höre ich diesen Ausruf und blicke neugierig zum Geldautomaten links neben mir. Dort steht eine junge Mutter. Sie hat ihre etwa dreijährige Tochter auf dem Arm. Diese hatte blitzschnell nach den Geldscheinen gegriffen, als sie mit Schwung im Ausgabefach gelandet waren. Und da warnt die Mutter: Geld ist dreckig. Fass es nicht an!

Welche Lektion über Geld hat das Kind wohl in diesem Moment gelernt? Welchen unbewussten Gedanken wird es davon in sein Erwachsenenleben mitnehmen, vor allem, wenn es diesen Satz noch öfter hört? Auf jeden Fall nicht: Geld ist wertvoll und es ist schön, es zu besitzen. Sondern: Lieber kein Geld haben. Es ist dreckig. Und wer will schon dreckig sein? Zu weit hergeholt? Ich meine, nein. Es sind genau solche unscheinbaren Aussagen im Alltag, die zum einen unsere eigene Einstellung zu Geld widerspiegeln und Vorurteile transportieren. Zum anderen vermitteln sie unseren Kindern, was Geld anscheinend bedeutet. So, wie Kindheit und Jugend das Trainingslager fürs Leben sind, sind sie es auch in Bezug auf Geld. Und Kinder kommen sehr früh mit Geld in Kontakt.

Das Vorbild der Eltern

Den bedeutsamsten Einfluss auf diese Geldsozialisation haben die Menschen, die uns nahestehen. Das sind zuerst die Eltern, aber auch Verwandte, Bekannte, Freundinnen und Freunde der Eltern. »Geldhandeln ist immer durch die eigene Lebensgeschichte geprägt«, schreibt die Kommunikationswissenschaftlerin Pia Krisch.[2] Der Einfluss wirkt unbewusst. Heranwachsende saugen wie Schwämme auf, wie die Eltern über Geld sprechen, positiv, negativ oder neutral. Was den Eltern wichtig beim Geld ist. Wie sie damit umgehen und wofür sie es ausgeben. Ob Druck mit Geld ausgeübt wird, ob die Eltern über Geld streiten oder kooperativ sind. Wie sie ihre finanzielle Lage selbst beurteilen, das Geld in der Familie verteilt und auf Konsum-

wünsche der Kinder eingegangen wird. Eine erhebliche Rolle spielen die Höhe des Familieneinkommens, die soziale Herkunft und der Erziehungsstil. Wird etwa Taschengeld nur gewährt, wenn regelmäßig abgewaschen und der Müll hinausgetragen wird, hat das einen anderen Effekt, als wenn es bedingungsfrei fließt. Sind gute Noten oder Wohlverhalten mit Geld verknüpft? Und was fühlt die Enkelin, wenn sie mitbekommt, dass Opa ihrem Bruder heimlich Geld zusteckt, sie aber leer ausgeht? Oder die Tochter erzählt stolz, dass sie Sängerin werden möchte wie ihr großes Idol Taylor Swift. Und von den Eltern hört sie: »Lern besser etwas Solides, da hast du ein sicheres Einkommen.« Sie erfährt: Geld zählt mehr als ich. Welchen Umgang die Eltern mit Geld pflegen, welche Worte sie nutzen und wie sie dabei ihre eigene Lebensgeschichte transportieren, sickert so in die Gefühlswelt der Kinder ein. Sie nehmen Verhaltensmuster, Rituale und Normen wahr, bewerten sie und entwickeln aus ihrer Kindersicht eigene Gedanken und Gewohnheiten zu Geld. So trägt sich Geldsozialisation von Generation zu Generation weiter. Im Guten wie im Schlechten. Oft im Schlechten.
In meinen Coachings habe ich schon viele Klientinnen mit sehr belasteten Geldbeziehungen erlebt. Sie schneiden tief in die Lebensqualität ein.

Eine 50-jährige Klientin erzählte mir beispielsweise, wie ihr Vater verlangte, dass sie Buch darüber führt, wie sie ihr Taschengeld ausgibt. Sie fühlte sich dadurch so kontrolliert, dass sie als Erwachsene große Schwierigkeiten hatte, Budgets als etwas Sinnvolles anzusehen und sie einzuhalten. Sie war ständig in Geldnot.

Oder Anna:

Ihre Eltern hatten Schulden. Selbst im hohen Alter. Immer war in der Familie das Geld knapp. Manchmal musste sie als kleines Mädchen sogar beim Metzger anschreiben lassen. Anna hat sich dafür sehr geschämt. Heute ist sie fast 60. Noch nie hat sie ihr selbst verdientes Geld leichtfertig und aus einer Laune heraus ausgegeben oder einen Kredit aufgenommen. Der Gedanke, kein Geld zu haben, dafür aber Schulden, versetzt sie bis heute in Panik.

Anna kam zu mir ins Coaching, weil sie sich so sehr wünschte, leicht mit Geld umgehen zu können. Sie wollte sich einfach so mal etwas Schönes leisten. Ich erinnere mich auch gut an Clarissa. Ihre Geschichte hat mich sehr bewegt.

Clarissa wuchs in materiell einfachen Verhältnissen auf, der Vater war angestellter Handwerker, die Mutter Hausfrau mit Nebenjob. Zu Clarissa sagten die Eltern oft, wenn sie als Mädchen davon träumte, später einmal ganz viel Geld zu verdienen: »Unsere Familien waren immer arm, und wir werden es auch bleiben.« Clarissa hatte später eine sehr gut bezahlte Stelle, also genau das, was sie sich erträumt hatte. Sie schaffte es dennoch nicht, zu sparen und sich eine Altersvorsorge aufzubauen. Sie konsumierte sich regelmäßig arm.

Von einer anderen Klientin habe ich diesen bitteren Satz nicht mehr aus dem Kopf bekommen, den ihre Oma zu ihr sagte: *»Dass du jetzt studierst und dich nicht schämst, deine Eltern so zu belasten.«* Da bleibt einem kurz die Luft weg. Manchmal genügt so ein Satz, um eine Kinder- oder Jugendseele nachhaltig zu erschüttern. Die US-Finanzpsychologen Brad und Ted Klontz beschreiben solche Ausnahmezustände in ihrem Buch »Mind over Money« als **»financial flashpoints«**, finanzielle Brennpunkte. Sie kerben sich tief ins Unterbewusstsein ein und beeinflussen im Erwachsenenalter finanzielle Entscheidungen äußerst stark. Jede und jeder von uns hat eine eigene Geldgeschichte und eigene Geldgeschichten – und vermutliche »flashpoints«, die unser Verhältnis zu Geld bestimmen.

Einfluss von Politik, Wirtschaft und Religion

Tiefe Spuren im Geldgedächtnis hinterlassen auch das politische, wirtschaftliche und kulturelle Klima in Kindheitstagen und Katastrophen wie Hyperinflationen, Kriege oder Börsencrashs. Die Staatsform prägt beispielsweise nicht unerheblich das Verhältnis zu Geld. In der DDR hatten alle eher wenig, materielle Werte traten hinter das Kollektiv zurück. In der BRD dagegen konnte aus dem Vollen geschöpft werden, die Lebensqualität verbesserte sich und gesellschaftlicher Aufstieg wurde möglich.

Wer in Deutschland in den 1920-Jahren mit der Hyperinflation aufgewachsen ist, hat ein anderes Verhältnis zu Geld als die Wirtschaftswunderkinder der 1950er-Jahre, als die Wirtschaft mit 6,4 % im Jahr wuchs und die Inflation bei 1,5 % lag.[3] Die Hyperinflation hinterließ bei der Bevölkerung Angst und einen ausgeprägten Sparzwang, das »Wirtschaftswunder« dagegen Konsumfreude und Sorglosigkeit. Oder der Börsencrash in der globalen Finanzkrise. Ab September 2008 herrschte weltweit Untergangsstimmung. Tausende verloren ihre Arbeitsstelle, die Regierungen legten Konjunkturprogramme auf, retteten Banken mit Milliarden. Aktieninvestments halbierten sich im Wert innerhalb weniger Wochen. Wer mittendrin steckte in diesem Sturm, wird nie die Verlustgefühle beim Blick auf sein Vorsorgedepot vergessen oder durch den abrupten Verlust des sicher geglaubten Einkommens. Das hinterlässt Spuren in der Art, über Geld zu denken.

Kulturell spielt das Christentum – genauer gesagt die Bibel – ebenfalls eine Rolle, eine eher unrühmliche in unserer Beziehung zu Geld. Geld ist hier entweder gut oder böse. Und wer Geld besitzt, muss gewarnt werden. Dass »die Liebe zum Geld« die »eine Wurzel alles Bösen«[4] ist, transportiert den Gedanken: Wer Geld mag, dem widerfährt nichts Gutes. Die Bibel bewertet und verurteilt Geld überwiegend, weil es angeblich Habgier fördert, Nächstenliebe vereitelt und zu Selbstsucht führt. Dieses negative Bild setzt seit Jahrhunderten nicht nur Gläubigen zu, sondern unser aller Geldbeziehung und ist *ein* Grund dafür, dass sich große Vermögen in den Händen nur weniger befinden. Denn die angebliche unheilvolle Macht, die von Geld ausgeht, heißt: Selbstbestimmung. **Die Wahrheit ist doch: Geld macht unabhängig und verleiht Gestaltungsmacht.** Im Tun und Sein. Für sich und andere.

Gesetze, Rollenerwartungen und -zuweisungen

Bereit für ein kleines Experiment? Stell dir bitte diese Situation vor: Du stehst am Straßenrand und ein Mercedes Cabriolet hält neben dir. Aus dem Auto steigt eine Frau um die 40 in einem Kaschmirmantel, Jeans und dunkelblauer Bluse. Was denkst du?

A. Wow, erfolgreiche Frau.
B. Na, die hat bestimmt einen reichen Mann.
C. Erben ist schön.
D. Elegante Wessifrau.

Sei ehrlich. Ich tippe auf B. Lass uns die Situation noch einmal erleben. Aus dem Mercedes steigt diesmal ein Mann in seinen 30ern. Dunkler Trenchcoat, braune Anzughose, weißes Hemd. Was denkst du jetzt?

A. Der hat bestimmt eine reiche Frau.
B. Der hat es geschafft, Anwalt oder Gründer?
C. Von Beruf Sohn!
D. Schicker Mann.

Vielleicht denkst du sogar D. Vermutlich aber doch eher B – er hat es geschafft. Es ist ein stereotypes Bild, das wir von Frauen und Männern in Bezug auf Geld, Erfolg und Rolle im Kopf und Sprachgebrauch haben. Frauen werden bis heute finanziell nicht als souverän und autonom wahrgenommen, sondern als verschwenderisch, naiv, passiv oder auch geldgeil. »Die ist doch nur hinter seinem Geld her!« ist einer dieser Sprüche. Oder: »Ohne ihn wäre sie nichts.« Männer dagegen gelten in Bezug auf Geld als gewitzt, risikofreudig, aktiv, preisbewusst – als Macher mit Status. »Er weiß, wie man Geld macht.« Oder: »Er hat es zu was gebracht.« Diese Vorurteile sind das Ergebnis des jahrhundertealten Patriarchats und seiner Gesetze. Mit der ersten industriellen Revolution um 1760 wurden Frauen in Europa immer weiter rechtlich entmündigt und in eine abhängige, passive, häusliche Rolle gedrängt.

In Deutschland regelt das Bürgerliche Gesetzbuch (BGB) das Ehe- und Familienrecht. Bis 1957 bestimmte darin in der BRD der Mann über die Frau, obwohl im Grundgesetz in Artikel 3 steht: »Männer und Frauen sind gleichberechtigt.« Sie gehörte dennoch ihm. »Dem Manne steht die Entscheidung in allen das gemeinschaftliche eheliche Leben betreffenden Angelegenheiten zu« (§ 1354 BGB). Dieser Paragraf wurde »Gehorsamsparagraf« genannt. Rechtlich war die Ehefrau zur »Führung des Haushalts verpflichtet« und durfte nur berufstätig sein, »soweit dies mit ihren Pflichten in Ehe und Familie zu vereinbaren ist« und er nichts dagegen hatte!

Im Betrieb musste sie gratis mitarbeiten. Ihr Vermögen ging mit der Heirat an ihn. Er durfte ihre Rechte einschränken, sie verlor ihre Geschäftsfähigkeit und ihren Namen. Er war Familienoberhaupt, Alleinverdiener, Bestimmer. Eine knallharte Rollenzuweisung. Diese Entmündigung hielt bis Ende der 1970er an. Und noch bis 1997 war Vergewaltigung in der Ehe legitim.[5] Das ist noch nicht lange her!

Das Ehe- und Familienrecht der DDR dagegen war von Anfang an auf Gleichberechtigung ausgelegt. Das Familiengesetzbuch schränkte die Rechte von Ehefrauen nicht ein. Lohngleichheit für Frauen wurde gesetzlich festgeschrieben. Dennoch hielten sich stereotype Rollenzuschreibungen, die denen der BRD ähnelten, und die gesellschaftliche Macht lag überwiegend in Männerhänden.

Die Entmündigung und Zuweisung der Frau ins Private hat für mich den größten Einfluss auf die Geldsozialisation von Frauen – und Männern! Es ist nicht verwunderlich, dass viele Frauen ein geringes Zutrauen in die eigene Finanzkompetenz haben und sagen: »Finanzen? Macht mein Mann.« Oder in der öffentlichen Debatte Kinder immer zu den Müttern gedacht werden, als gäbe es keine Väter. Oder Mütter niedrigere Löhne erhalten, weil der Personaler meint: »Sie haben doch einen Versorger!« Es ist gelerntes Denken und Verhalten. Erfreulicherweise bricht diese Denk- und Verhaltensverkrustung immer stärker auf. Frauen treten für sich ein, erobern sich Geld und erweitern ihre Machträume.

Mich ließ dennoch die Frage nicht los: Woher kam das, dass Männer sich herausnahmen, Frauen fundamentale Menschenrechte zu nehmen und so zu tun, als könnten Frauen nicht selbst für sich entscheiden? Bei meiner Recherche traf ich Sophie.

Kennst du Sophie?

Das schwere Erbe von Sophie

Sophie ist eine junge Frau. Sie entstammt dem fünfbändigen Erziehungsratgeber »Émile oder Über die Erziehung« des französischen Philosophen und Schriftstellers Jean-Jacques Rousseau. Es erschien 1762 und erwies sich als die »folgenreichste« Darstellung im Hinblick auf die rechtliche Stellung der Frau, schreibt die Schweizer Literaturwissenschaftlerin Verena Ehrich-Haefeli.[6] Rousseau behauptet, ohne das zu belegen, die »Natur« der Frau und ihr »weiblicher Geschlechtscharakter« liege darin, Männern zu gefallen. Rousseau schlussfolgerte daraus die »grundsätzliche Unterworfenheit unter den Mann«, so Ehrich-Haefeli. So schlicht. So verheerend.

In »Émile oder Über die Erziehung« beschreibt Rousseau zunächst, wie er sich das Erwachsenwerden von Émile vorstellt. Dieser darf sich in seiner Kindheit und Jugend frei nach seinen Talenten, Neigungen und Bedürfnissen entfalten. Er erhält Bildung und wird darauf vorbereitet, selbstbestimmt zu leben, aktiv und stark. Ein revolutionärer Ansatz in der damaligen Zeit, in der Kinder nicht als schützenswerte Individuen galten.

Buch fünf dieses Werks widmet Rousseau dann Sophie. In »Sophie, oder die Frau« erklärt er, wie der jungen Frau unter Zwang die eigenen Talente, Bedürfnisse und Gefühle abzugewöhnen sind. Sie wird erzogen zu Émiles Frau, passiv und schwach. Sie hat sich auf die häusliche Rolle zu konzentrieren, dabei schicklich zu sein, selbstkontrolliert und wohlgefällig. Ein öffentliches Auftreten ist ihr verwehrt. Rousseau formuliert das so: »So muß sich die ganze Erziehung der Frauen im Hinblick auf die Männer vollziehen. Ihnen gefallen, ihnen nützlich sein, [...] als Männer für sie zu sorgen, sie beraten, sie trösten und ihnen ein angenehmes und süßes Dasein bereiten: das sind die Pflichten der Frauen zu allen Zeiten, das ist es, was man sie von Kindheit an lehren muß.«[7]

Rousseau schreibt immer wieder von Zwang, den Sophie zu erfahren habe, er empfiehlt dafür psychische Gewaltstrategien, um die junge Frau zu entwerten und sie von ihrem Selbstbild zu entfremden. Ausgerechnet die eigene Mutter soll diese Erziehung umsetzen. Für Sophie gibt es also keine Revolution. Rousseau selbst hatte keine Erziehungskompetenzen. Er gab alle seine fünf Kinder ins Waisenhaus. Weil seine Mutter bei seiner Geburt starb, wuchs er als Pflegekind in einem von Gewalt geprägten Umfeld auf.

So groß Rousseaus Verdienste für eine freie Erziehung sind, so verheerend ist seine »programmierte Entmündigung der Frau«. Sie war mitverantwortlich dafür, dass in den folgenden Jahrhunderten die Bewegungsräume für Frauen immer stärker verengt wurden.[8] Als Rechtfertigung wurde die »weibliche Natur« angeführt. Dieser Geist zementierte in Europa ideologisch die Vormachtstellung des Mannes in der Gesellschaft, als Familienoberhaupt und Alleinernährer – und verwies die Frau in die häusliche Abhängigkeit, wo sie zu dienen und zu gefallen hatte.[9] Kommt dir das bekannt vor?

Das Geld von Frauen ist immer politisch

Das Geld von Frauen und ihre gesellschaftliche Teilhabe sind deshalb immer politisch. Weil Frauen so lange davon abgeschnitten waren und Selbstermächtigung und Freiheit immer mit ökonomischer Eigenständigkeit verbunden sind. Männer wie Rousseau haben die Beziehung zwischen den Geschlechtern vergiftet. Sie haben das Patriarchat, stereotype Geschlechterbilder und -hierarchien verstärkt. Aus ihnen haben sich schädliche Normen, Verhaltens- und Denkmuster entwickelt, die bis heute in allen Lebensbereichen fortbestehen.

Die Journalistin Alexandra Zykunov belegt in ihrem Buch »Was wollt ihr denn noch alles?!«, wie systematisch Frauen bis heute benachteiligt werden. Und Soziologin Birgit Happel beschreibt in »Auf Kosten der Mütter« eindringlich, wie vor allem Mütter gerade *nicht* gleich*berech-*

tigt sind und *nicht* die gleichen Chancen haben wie Männer oder Väter, auch wenn dieses Märchen immer wieder erzählt wird.
Willst du als Frau – und als Mann – *wirklich selbstbestimmt und gleichberechtigt leben*, gehört es zur mentalen Grundausstattung, diese Zusammenhänge zu kennen und zu *er*kennen. Wir können uns von benachteiligenden Strukturen nur abkoppeln, wenn wir um die Vergangenheit wissen und hinterfragen, wie sie in uns nachwirken. Erst dann haben wir die Chance, ein eigenes Selbstverständnis als Frau, Mann, divers oder anders identifiziert zu entwickeln und darauf eine eigene, selbst gewählte Geldbeziehung einzugehen – und eine gleichberechtigte Partnerschaft aufzubauen.

Also – was denkst du über Geld?

Gib Geld deinen Sinn

Hol dir ein Blatt Papier, einen Stift und einen Geldschein, am besten einen 50-Euro-Schein oder einen Hunderter. Nimm ihn in die Finger, fühle das Papier, die glatten Stellen des Sicherheitsstreifens, die geriffelten Kanten rechts und links. Nimm dir bewusst Zeit. Lässt du dich auf diese sinnliche Übung ein, wirst du mir zustimmen: Geld ist eine tolle Sache, jedes Stück ein Meisterwerk der Papier- und Druckkunst.
Lass uns das festhalten: **Geld ist eine Sache. Nicht mehr, nicht weniger.** Es ist da. Wir nutzen es, um Waren und Dienste nicht direkt miteinander tauschen zu müssen, sondern gegen Geld. Wir speichern in Geld einen Zahlenwert, den wir gegen etwas einwechseln können. So fließt die Sache Geld durch unser Leben. Die Europäische Zentralbank, die in der EU das Geld ausgibt, garantiert uns, dass Scheine, Münzen und das Buchgeld auf unseren Konten verlässliche Zahlungsmittel sind. Frage dich jetzt laut:

Was ist Geld?
Was ist Geld *für mich*?
Was bedeutet mir Geld?

Lass die Fragen auf dich wirken. Schreibe sie in die Mitte des Blattes. Notiere nun drumherum alle Gedanken, die dir in den Sinn kommen. Sei ehrlich zu dir. Bewerte nicht.

In meinen Workshops und Finanzkursen stelle ich den Teilnehmerinnen ebenfalls diese Fragen. Sie kommen so unscheinbar daher, sind aber sehr kraftvoll. **Über sie können wir die ersten Seiten unserer Geldbeziehung aufdecken.** Meine Teilnehmerinnen antworten meist spontan mit: Geld ist Sicherheit, Freiheit, Unabhängigkeit. Und: Geld ist unwichtig. Später fallen Sätze wie: Geld ist Streit, Stress, Macht, Verantwortung und Abhängigkeit. Je länger du darüber nachdenkst, desto mehr füllt sich dein Blatt.

Geld als Spiegel unserer Persönlichkeit

Ist es nicht faszinierend, was Geld alles zu sein scheint? Wie sich seine Bedeutung ändert, je nach Kontext und Mensch? Dabei ist Geld nur eine Sache! Die renommierte Finanzpsychologin Monika Müller beschreibt Geld als Projektionsfläche für unsere Wünsche, Sehnsüchte, Ängste und ungelösten Konflikte. Was wir über Geld denken, wie wir darüber sprechen und damit umgehen, sagt also sehr viel über uns und unsere Geldsozialisation aus.

Weshalb das so ist? Ich erkläre mir das so: Wir Menschen handeln und entscheiden überwiegend emotional und nicht rational, also nicht rein logisch, sachlich und objektiv.[10] Weil Geld sich mit allen Lebensbereichen verwoben hat, kommunizieren wir deshalb unsere Gefühle auch über Geld und nicht nur über Sprache und Körper.[11]

Ersetze jetzt auf deinem Blatt Papier »Geld« mit »ich«. Jetzt steht da: **»Was ist ich?«** Damit lassen sich alle Begriffe ergänzen mit: »Ich bin Sicherheit«, »Ich bin Streit«, »Ich bin Macht«. Wumms. Ganz schön ungewohnt! Kreise jetzt deine drei stärksten positiven und negativen Antworten ein. Danach erweitere die positiven mit dem Nachsatz »mit und ohne Geld«, die negativen mit »und das ist gut so.« Damit öffnest du den Raum für neue Perspektiven.

Ich bin sicher (Sicherheit). Mit und ohne Geld.
Ich bin frei (Freiheit). Mit und ohne Geld.
Ich bin unwichtig. Und das ist gut so.
Ich bin Macht. Und das ist gut so.

Was löst das in dir aus, wenn du das laut aussprichst? Durch den Zusatz »mit und ohne Geld« stärken wir positives Empfinden, dass wir auch ohne Geld sicher, wertvoll oder frei sind. Negative Gedanken, die blockieren und kleinhalten, lösen wir auf, indem wir diese Schattenseiten zulassen. Auch sie gehören zu uns. »Und das ist gut so.« Überlege, wie sich dein Leben ändern würde, würdest du deine Sätze leben. Wie: »Ich bin Macht. Und das ist gut so.« Oder: »Ich bin unwichtig. Und das ist gut so.« Spürst du Erleichterung? Ein Kribbeln? Neugierde? Ablehnung?

Einer *meiner* Geldstolpersteine war: »Ich bin wertlos.« Dieses Gefühl hatte sich durch eine Geste festgesetzt. In den 1980er-Jahren, mit 16, tanzte ich in einer Modenschau und verdiente für DDR-Verhältnisse viel Geld. Eines Tages erfuhr der Choreograf der Schau, dass ich kaum Taschengeld von meinen Eltern erhielt. Daraufhin drückte er mir vor der versammelten Gruppe 5 Mark in die Hand und sagte: »Damit du dir was kaufen kannst.« Sein Geld beschämte mich. Er schrieb mir eine Bedürftigkeit zu, die ich nicht empfand, weil ich selbst Geld verdiente. Der zudem geringe Betrag hinterließ ein Gefühl der Abwertung: *So wenig bin ich also wert!* Dieses unterschwellige Gefühl hielt mich lange ab, als Journalistin für höhere Honorare einzutreten – aus Furcht, ein Nein würde meine Wertlosigkeit bestätigen. Freilich war mir das nicht bewusst.

»Ich bin wertlos. Und das ist gut so.« Es hat etwas gedauert, bis diese Aussage mein Denkmuster aufbrach und ich zu fühlen begann, dass mein Selbstwert nicht an Geld geknüpft ist, sondern in mir liegt. Daraus erwuchs: »Ich bin wertvoll. Mit und ohne Geld.«

Mit der Ich-Übung kannst du dir über tiefsitzende Gefühle klarer werden, die du an Geld knüpfst. Du näherst dich damit immer weiter den Wurzeln deiner Geldsozialisation. Eine wertvolle Methode ist auch das

Erforschen der eigenen **Geldbiografie**. Diesen Begriff prägte die Soziologin Dr. Birgit Happel, als sie bei ihrer Forschung herausfand, wie intensiv die Kindheit die Haltung zum Geld bestimmt und dadurch die Lebensqualität beeinflusst.

Deine Geldbiografie: ein Blick zurück für einen neuen Weg

Der Geldbiografie nähern wir uns durch eine Reise in die Vergangenheit. Sie beginnt bei den kleinen Momenten:

- Welche ersten Erinnerungen verbindest du mit Geld?
- Wie klangen die Gespräche der Eltern über Geld?
- Wer traf welche finanziellen Entscheidungen in der Familie?
- Wurde offen über Geld gesprochen oder war es ein Tabu? Und wurde zu dir gesagt: Erzähl das bloß nicht in der Schule!
- Gab es Streit oder Harmonie, wenn es um Geld ging?
- Wurde mit Geld geprotzt? Oder war Geld nie da?
- Strafte der Vater mit Geld?
- Wurdest du als Mädchen eingebunden oder weggeschickt?
- Wie wurde über Frauen und Geld gesprochen?
- War deine Mutter finanziell abhängig oder eigenständig?

Stelle deine Antworten ins Verhältnis zu deiner finanziellen Situation und deinem Umgang mit Geld. Siehst du Parallelen? Was unterscheidet sich?
Für Marlene hat das Rollenverhalten der Eltern ihr eigenes Leben bestimmt.

Marlene ist Mitte 40, Lehrerin in Vollzeit, klug, belesen, ihr Mann ist Arzt mit eigener Praxis, zwei Kinder. Zuständig für Kinder und Haushalt ist Marlene, weil ihr Mann meint: Er verdiene das meiste Geld und deshalb habe Marlene sich um Kinder und Haus zu kümmern. So war es bei ihm zu Hause und bei ihr. Marlene fügt sich in die Rolle als Mutter, Ehefrau und Haushälterin – trotz anstrengendem Vollzeitjob.

Warum eine moderne Frau wie Marlene das mit sich machen lässt? Weil sie gelernt hat: Ordne dich unter, Frauen gehören ins Haus. Was ihr Mann tatsächlich sagt? Ich bin mehr wert als du. Wenn wir hier Geld mit »Ich« ersetzen, wird das sofort klar: »Ich verdiene das meiste Ich.« Hierarchie statt Partnerschaft. Der Blick zurück ist oft schmerzlich, führt aber zu klärenden Erkenntnissen.
Welche Geldglaubenssätze gab es bei dir zu Hause? Schreibe sie auch auf das Blatt Papier.

Geldbotschaften halten Frauen klein

Die Geldglaubenssätze der Familie und des Umfeldes, in dem wir groß werden, sind meist eine krude Mischung aus Volksweisheiten, Bibelversen, gesellschaftlichen Normen und Werten sowie persönlichen Ansichten. Selten sind sie von Autonomie und Positivität geprägt. Obwohl es sie gibt, die positiven Sätze wie »Spare in der Zeit, dann hast du in der Not« oder »Vorsorge ist die beste Sicherheit« oder »Reichtum beginnt im Kopf«. Die meisten Geldbotschaften machen jedoch meist klein, engen ein, sind negativ, weisen Frauen in ihre Schranken und lassen Geld und Vermögen als etwas erscheinen, das nur einer auserwählten Gruppe zusteht. Einige der Klassiker, die ich bis heute selbst von jungen Frauen höre, sind:

Geld allein macht nicht glücklich.
Über Geld spricht man nicht! Geld hat man.
Geld verdirbt den Charakter.
Vermögen ist was für Reiche.
Beim Geld hört die Freundschaft auf.

Von sich aus zweifelt kaum jemand solche Botschaften an. Problematisch daran: Sie bestimmen unsere Gedanken und lenken unsichtbar unser Verhalten, egal, wie idiotisch sie sind. Die emotionalen und finanziellen Schäden deswegen sind enorm.
Nimm dir Zeit, die Geldbotschaften zu notieren, die du kennst. Dann frage dich: Sind diese Sätze wirklich wahr? Und wenn sie es nicht

sind: Was könnte stattdessen wahr sein? Ein kleines Gedankenspiel mit großer Wirkung. Am Ende drehst du die negativen Botschaften ins Gegenteil: »Geld zeigt den Charakter«, »Wir werden reich sein«, »Vermögen ist was für Arme«. Und: »Beim Geld beginnt die Freundschaft.« Fühlt sich das stimmiger an? Weg mit dem destruktiven Denken. Her mit den positiven Gedanken.

Geld macht Freude.
Ich bin es wert.
Ich verdiene es.
Geld passt zu mir.
Ich darf Geld haben.

Suche dir einen neuen, stärkenden Geldsatz aus. Pinne ihn sichtbar dorthin, wo du regelmäßig hinsiehst. Mein Geldsatz lautet: *Geld steht mir richtig gut.*

Geld ist das, was du daraus machst

Am Ende bist du es, die dem Geld seinen Sinn gibt. Nicht die Gesellschaft, deine Herkunft, die Religion und nicht die alten Glaubenssätze, die du unbewusst in dir trägst. Du hast die Macht, deine Geldbeziehung zu erkunden – wie das geht, weißt du jetzt – und neu zu gestalten, wie sie dir entspricht. Deine Sprache und deine Gedanken in Bezug auf Geld werden dadurch klarer.
Eine positive Einstellung zu Geld verfestigst du über die Zeit, wenn du Verantwortung für dein Geld übernimmst und es wertschätzt wie dich selbst.[12] Ich habe festgestellt, dass besonders **Dankbarkeit** Geld aus der Schmuddelecke holt. Am Anfang meiner Tätigkeit als Finanzcoachin habe ich meine Workshopteilnehmerinnen gebeten, mich bar zu bezahlen. Geben und Nehmen, mit Blick in die Augen. Das war anfangs unangenehm, für beide Seiten, hat über die Zeit aber die Verbindung und Wertschätzung untereinander vertieft. Ich habe das beibehalten. Ich zahle viel bar und drücke damit ganz bewusst meine Dankbarkeit aus.

Sprich über Geld

Natürlich dauert es, seinen Beziehungsstatus zu Geld zu verbessern. Was Jahrzehnte gewachsen ist, lässt sich nicht über Nacht verändern. Jeder kleine Schritt bringt dich aber näher zu einem selbstbestimmten, bewussten Umgang mit Geld. Der Schlüssel liegt im Dialog: Zunächst im inneren Gespräch mit dir, dann im Austausch mit anderen. Reden wir über Geld, tauschen wir nicht nur Informationen aus, sondern wir denken über Geld nach und verbinden uns darüber mit unseren Gefühlen. Das war für mich der größte Aha-Effekt beim Thema persönliche Finanzen: **Dass wir immer, wenn wir über Geld reden, auch über uns reden,** über unsere Wünsche, Bedürfnisse, unbearbeiteten Konflikte, Erfahrungen und unbewussten Prägungen.

Für mich steht fest: Geld zu tabuisieren, beschädigt besonders die finanzielle Eigenständigkeit von Frauen und ihre gesellschaftliche und politische Teilhabe. Deshalb: Sprich über Geld mit deinem Partner, deiner Frau, Freundinnen, Arbeitskollegen und Bekannten, der Familie. Auch mit Fremden. Es ist heilsam und verbindet.

Wann machst du ein Date mit deiner Geldbeziehung?

Lesetipps

Morgan Housel: Die Psychologie des Geldes

Andreas Enrico Brell: More than Money

Daniel Kahnemann: Schnelles Denken, langsames Denken

2 Bau dir dein Finanzfundament

Kenne deine Zahlen und dein Leben – lebe nach deinen Prioritäten

Manche Menschen schaffen es, mit wenig Geld auszukommen, regelmäßig zu sparen und zufrieden zu sein. Andere verdienen Tausende Euro im Monat und klagen trotzdem immerzu, ihr Geld reiche nicht und die Schulden für Auto, Urlaub und Kücheneinrichtung drückten. Woran liegt das? Meist liegt es nicht an der Höhe des Einkommens und auch nicht am Bildungsgrad. **Finanziell zufriedene Menschen haben Struktur in ihren Finanzen.** Sie wenden dafür zwei Grundregeln an:

Regel 1: Sie sind sich ihrer Geldbeziehung zumindest im Ansatz bewusst und haben wichtige Projektionen auf Geld und Muster im Umgang mit Geld erkannt und so gestaltet, dass sie ihnen guttun.

Regel 2: Sie kennen ihre Einnahmen, haben ihre Ausgaben auf das Wesentliche optimiert und halten Budgets ein. Sie haben Reserven und Finanzroutinen. Dadurch geben sie Geld bewusst gemäß ihren Prioritäten aus, sparen und können für schlechte Zeiten und das Alter vorsorgen.

Du kannst es dir vorstellen wie bei einem Haus. Ohne ein solides Fundament, ohne tragende Wände und eine durchdachte Statik kannst du kein stabiles Haus bauen – und keine stabilen Finanzen. Von Regel 2 handelt dieses Kapitel.
Die beiden Regeln zähle ich zur **Alltagsfinanzkompetenz**, die jede und jeder sich aneignen und umsetzen kann. Ganz gleich, ob du viel Geld hast oder wenig, hoch gebildet bist oder einen Niedriglohnjob hast, jung oder alt bist, alleinstehend, verwitwet oder verheiratet. Setzt du diese Regeln um, ziehst du die Kontrolle über deine Finanzen an dich und lässt dich vom lauten Gebrüll der Konsumgesellschaft deutlich weniger beeinflussen. Gerade wenn du dich beim Geld ungerecht behandelt oder abgehängt fühlst, werde hier ganz bewusst aktiv. Nur du kannst es für dich ändern. Ermächtige dich!
Kaum jemand lernt von den Eltern, Geld als wertvolle Ressource zu sehen, es bewusst einzusetzen, die nötigen Strukturen dafür zu schaffen und dadurch die eigene Lebensqualität zu erhöhen. Dabei war es noch nie so einfach, gut mit Geld umzugehen. Das Wissen dafür ist durch die Digitalisierung, Blogs, Online-Kurse, YouTube und öffentliche Glossare leicht zugänglich geworden. Finanzwissen ist keine »Geheimwissen« mehr. Allerdings war es auch noch nie so schwer wie heute, sein Geld zusammenzuhalten. Digitale Zahlungsmethoden, Online-Shopping, Konsumhypes wie Black Friday oder »Shop now, pay later«-Angebote verleiten zu impulsivem und exzessivem Konsum, erschweren den Überblick über Ausgaben und führen leicht in die Schuldenfalle.
Hast du deine persönliche Finanzarchitektur errichtet, verändern sich dein Konsumverhalten und dein Blick auf Geld gleich mit. Ein sich selbst verstärkender Positiveffekt. Das Prinzip ist bekannt: Wer Sport treibt, ernährt sich gesünder. Wer besser schläft, ist am Tag produktiver. Und wer Strukturen in seinen Finanzen hat, geht souveräner mit Geld um.

Eines vorab für Selbstständige: Trenne strikt private von beruflichen Finanzen. Für die beruflichen Umsätze und Ausgaben ist ein eigenes Girokonto erforderlich. Mische niemals Ausgaben für den Betrieb mit privaten Ausgaben. So kannst du weder das eine noch das andere richtig steuern.

Legen wir los. Schaffen wir in acht Schritten Strukturen und das Finanzfundament.

Vorbereitung: Lege dir einen Ordner zu und hefte alle Papiere ab, die du dir erarbeitest. Für den ersten Check nutze Papier und Stift – dadurch verbindest du dich besser mit den Zahlen. Bist du eher der Digitaltyp, erstelle einen Ordner auf deinem Gerät, besser in einer Cloud. Excel- oder Google-Tabellen sind ideale Werkzeuge. Auch Smartphone-Apps helfen beim Finanz-Check.

Schritt 1: Finanz-Check – wo stehst du?

Der Startpunkt für unser Finanzfundament ist ein Finanz-Check. Hier bilanzieren wir alle Geldströme, die durch unser Leben fließen. Je genauer du deine kennst, desto besser kannst du dein Leben finanziell steuern wie eine Kapitänin ihr Schiff. Gibst du dir hier richtig Mühe, zahlt sich das sofort aus.

Einnahmen

Das Rückgrat unserer Finanzen sind die **monatlich verfügbaren Einnahmen** – also das Geld, das wir tatsächlich nutzen können. Alle Arten von Steuern und sozialen Abgaben sind davon schon abgezogen. **Worum es hier geht, ist Klarheit:** Wovon lebst du und wie kannst du dich selbst versorgen? Zu den Einnahmen gehören:

- Netto-Einkommen/verfügbarer Unternehmerinnen-Lohn
- Trinkgeld/Boni
- Kindergeld/Elterngeld/Mutterschaftsgeld
- Unterhalt

- Renten/Pensionen
- Kapitalerträge
- Mieterträge
- Wohngeld/Arbeitslosengeld
- BAföG
- Zuschüsse ...

Liste alle Einnahmen auf und addiere sie.

Lebst du in einer Beziehung und ihr habt *gemeinsames* Geld: Erstelle zwei Rechnungen. Eine für dich (mit den Kindern) und eine für die Familie. Nur so siehst du, wo *du* stehst.

Als Selbstständige: Entnimm aus der Steuererklärung den Nettogewinn (also nach Steuern und Soli) und teile ihn durch 12 Monate. Schwankt das aktuelle Einkommen stärker, ziehe den Nettogewinn der vergangenen 6 Monate heran und teile die Summe durch 6.

Realitäts-Check: Was denkst du, wenn du deine Monatseinnahmen siehst? Bist du zufrieden oder hättest du gern mehr?

Ausgaben

Sehen wir uns jetzt an, wofür die Einnahmen verwendet werden. Bei den **Ausgaben** unterscheiden wir zwei Arten: feste, regelmäßige Ausgaben und variable, unregelmäßige Ausgaben. Könntest du mir die Höhe deiner festen und variablen Ausgaben auf Anhieb pro Monat nennen, wenigstens die festen? Wenn nein, hast du deine Finanzen nicht im Griff, sondern sie dich. Lass uns den Spieß umdrehen.

Feste Ausgaben

Feste Ausgaben sind die, um die wir monatlich nicht herumkommen und die nicht einfach so kündbar sind, also grundlegende Ausgaben. Dazu gehören:

- Wohnen: Miete, Strom, Heizung, Wasser (zahlst du statt Miete eine Hypothek, notiere die Tilgungs- und Zinsrate)
- Grundnahrungsmittel
- Beitrag zur Krankenkasse als Selbstständige
- Unterhaltszahlungen
- Fahrtkosten zur Arbeit/Monatsticket für den ÖPNV
- Kitagebühren/Studiengebühren
- Versicherungen wie Haftpflicht, Berufsunfähigkeit, Kfz, Risikolebensversicherung
- GEZ-Gebühren, Smartphone-Gebühren
- Medikamente
- Raten für Konsumkredite
- Abonnements mit langer Kündigungsfrist
- dazu bei Selbstständigen ohne gesetzliche Rentenversicherung: 10 % bis 20 % vom Einkommen als Altersvorsorge

Um die Beträge zusammenzusuchen, kannst du die Kontoauszüge der vergangenen drei bis sechs Monate durchgehen. Bei jährlichen Ausgaben brauchen wir die entsprechenden Dokumente. Bewährt hat sich, auf einem weiteren Papier alle Kontobewegungen zu erfassen, die nicht zugeordnet werden können, um sie später aufzuräumen. Am Ende addiere alle festen Ausgaben.

Manche Banken bieten sogenannte Finanzmanager an. Mit ihnen kannst du deine Einnahmen und Ausgaben ebenfalls auswerten. Ich rate davon ab, weil du der Bank erlaubst, deine Kontobewegungen detailliert zu analysieren. Dadurch gewährst du ihr zusätzliche Einblicke in deine Privatsphäre.

Damit haben wir zwei relevante Zahlen: Einnahmen und feste Ausgaben.

Realitäts-Check: Teile die festen Ausgaben durch die Nettoeinnahmen und multipliziere mit 100. Dann erhältst du den Prozentsatz deines Einkommens, der für fixe Ausgaben draufgeht. Beispiel: 1.300 Euro : 2.700 Euro × 100 = 48 %. Überrascht oder zufrieden?

Variable Ausgaben

Für das Zusammentragen dieser Ausgaben benötigen wir mehr Zeit, weil sie jeden Monat anders sind. Zu den variablen Ausgaben gehört alles, was das Leben bunt macht: Lebensmittel über den Grundbedarf hinaus, Kleidung, Haushaltswaren, Ausgehen, Hobbys, Urlaub, Bildung, Kultur, Streamingdienste, Internet, Kosmetik, Wohneinrichtung, Deko, Geschenke, Musikunterricht und Taschengeld für die Kinder. Um deine variablen Ausgaben zu erfassen, nutze ein Haushaltsbuch – analog gedruckt oder digital als Tabelle, Software oder Smartphone-App. Nimm das, was dir gefällt. Halte es einfach.

Trage am Tages- oder Wochenende alle Ausgaben ein. Wichtig ist dabei ein Detail: **Teile die variablen Ausgaben in Kategorien ein** wie Lebensmittel, Kosmetik, Kinderkleidung, Außer-Haus-Essen, Kultur, Geschenke, Alkohol, Unterhaltung, je nachdem, wofür du dein Geld ausgibst. Du kannst für die Erstanalyse die größten Posten auch weiter differenzieren: Bei Lebensmitteln beispielsweise in Milchprodukte, Fleisch, Gemüse, Obst, Feinkost, Snacks, Kuchen, Brot. Dadurch siehst du auch, wie viel du allein für Grundnahrungsmittel ausgibst. Addiert werden die Ausgaben zuerst in jeder Kategorie und dann als Gesamtsumme. Zählst du alle Ausgaben unkategorisiert zusammen, bringt das keine Erkenntnis.

Ein Haushaltsbuch, so antiquiert sich das anhören mag, ist ein mächtiges Werkzeug. Springst du über deinen Schatten und machst dir die Arbeit, wirst du nicht nur sehen, wo dein Geld bleibt. Du erkennst auch

- dein Konsumverhalten und deine Ausgabenmuster,
- was du bei Geldknappheit sofort streichen und wie du damit gegensteuern kannst,
- Geldfresser,
- womit du deine Zeit verbringst,
- was dir offenbar wichtig ist (Äußerlichkeiten, Freundschaften, Image).

Und: Du wirst überraschende Veränderungen bei dir beobachten. Meine Kursteilnehmerinnen berichten mir regelmäßig davon – und ich habe es auch bei mir festgestellt. Man hinterfragt plötzlich Preise, Ausgaben und Konsumimpulse, sieht mehr die Möglichkeiten, die in Geld stecken. Das führt zu geringeren Ausgaben und mehr Freude am Geld.
Das Führen eines Haushaltsbuches ist wie eine Aufmerksamkeitsübung für unser Geld und Leben. Es macht Kaufentscheidungen sichtbar und hilft, sie an den eigenen Werten auszurichten und Prioritäten zu entwickeln. Denn: **Du entscheidest, wofür du dein Geld ausgibst** – nicht die Erwartungen, die die Gesellschaft an dich als Frau hat, nicht ausgeklügelte Marketingstrategien, nicht Kolleginnen oder Influencerinnen, die dir einreden wollen, was du brauchst.

Realitäts-Check: Ziehe von den Einnahmen die festen und variablen Ausgaben ab. Dann hast du es schwarz auf weiß, warum du dich am Monatsende gestresst fühlst, weil noch viel Monat da ist und wenig Geld, du nicht sparst, obwohl du ein gutes Einkommen hast, oder sich dein Girokonto immer mehr füllt und du nicht weißt, wohin damit.

Einnahmen
- feste Ausgaben
- variable Ausgaben

= Spar- und Investitionspotenzial

Im nächsten Schritt kannst du dich fragen: Will ich dafür wirklich mein Geld ausgeben? Ist mir das so wichtig?
Bevor du diese Fragen beantwortest und anfängst, deine Ausgaben zu trimmen, um mehr Luft und Kontrolle zu haben, reisen wir noch kurz in die Vergangenheit.

Schuldest du jemandem Geld – und wenn ja, wie viel?

Schritt 2: Raus aus dem Minus, rein ins Plus

Kredite aufzunehmen, ist gesellschaftlich so normal wie Kaffee trinken. Über 81 % der Erwachsenen in Deutschland haben privat mindestens einen Kredit – und in etwa genauso viele trinken täglich Kaffee.[13] Während Kaffee belebt, können Kredite zu seelischen, körperlichen und sozialen Problemen führen. Kredite sind wie ein süßes Gift. Ein bisschen schadet meist nicht. Zu viel davon kann zu Existenzängsten führen, zu Überschuldung und in die Privatinsolvenz.

Raten- und Konsumentenkredite sind dabei die am meisten genutzten Privatkredite. Dazu zählen auch Dispositionskredite und Kartenschulden. Mit diesen Krediten gehen **drei Risiken** einher: **Erstens** werden damit oft Gebrauchsgüter wie Autos, Küchen, Smartphones oder Fernseher finanziert, die schnell an Wert verlieren. Sie gelten deshalb als »schlechte Schulden«: Kommt es zum Zahlungsverzug, lässt sich mit den Anschaffungen kaum Geld zurückholen. Noch problematischer ist es, wenn reiner Konsum wie Urlaube oder Feiern per Kredit bezahlt wird. Ein No-Go!

Risiko Nummer zwei sind die Zinsen. Im Schnitt liegen sie zwischen 8 und 9 %![14] Der Zins ist der Preis für das Leihen von Geld. Bei den beliebten Null-Prozent-Finanzierungen versteckt er sich oft in einem höheren Produktpreis. Der teuerste Konsumentenkredit ist der Dispositionskredit auf dem Girokonto, kurz Dispo. Diesen Überziehungskredit räumen Banken und Sparkassen liebend gern ein. Er kostet teils bis zu 17 % Zins im Jahr.[15] Wird das Konto beispielsweise dauerhaft um 5.000 Euro überzogen, fallen im Jahr satte 850 Euro Zinskosten an. Folglich sind 5.850 Euro fällig. Hier schnappt die Falle zu: Zusätzlich zum Kredit müssen die hohen Zinsen beglichen werden. Woher aber kommt dieses Geld, wenn schon vorher das Geld gefehlt hat?

Tipp: Bist du ständig im Dispo, verschaffe dir sofort einen Überblick über alle Ausgaben und kürze schonungslos, auch mit Verzicht. Erhöhe deine Einnahmen durch einen zeitweiligen Zusatzjob. Schulde, wenn möglich, in einen günstigen Ratenkredit um und tilge diesen vorrangig. Sprich dazu mit deiner Bank. Stelle dein Konto auf Guthabenbasis um, *ohne* Dispo. Disposchulden gehen nicht von allein weg! Sie kleben am Konto wie das Pech an Maries Kleid. Du brauchst einen strikten Tilgungsplan und Entschlossenheit, sie loszuwerden!

Auch die bunte Digitalbezahlwelt hat ihren Preis. Das Angebot von Klarna und PayPal – »Buy now, pay later«, kaufe jetzt, zahle später – macht das Verschulden per Klick und Tap so unbeschwert, wie rosa Zuckerwatte leicht ist. Da geht der Überblick schnell verloren und kleine Beträge summieren sich unbemerkt zu Tausenden Euro. Bei bis zu 15 % Kreditzins folgt auf den Kaufrausch der Kater – und die Erkenntnis, wie teuer der Konsum wirklich ist. 55 % der Frauen und 34 % der Männer mit Konsumentenkrediten kennen ihre Kreditzinsen nicht.[16] Das birgt die Gefahr, sich zu übernehmen.

Das **dritte Risiko** ist das gravierendste: Zeigt sich das Leben von seiner rauen Seite und das sicher geglaubte Einkommen bricht weg, wird aus vielen kleinen Krediten schnell ein Überschuldungsfall. 5,6 Millionen Menschen gelten in Deutschland laut SchuldnerAtlas 2024 als überschuldet. Sie können ihre Kredite dauerhaft nicht zurückzahlen. Hauptursachen sind Krankheit und Sucht, Arbeitslosigkeit und Teilzeit, Scheidung und Tod eines nahen Angehörigen sowie unwirtschaftliche Haushaltsführung.

Überschuldung ist existenzbedrohend: Jede unerwartete Ausgabe – die kaputte Waschmaschine, Einladungen, Schuhe für die Kids – wird zur Krise. Das verändert Menschen. Die Verhaltensökonomen Sendhil Mullainathan und Eldar Shafir haben in ihrem Buch »Knappheit« erstmals die Folgen beschrieben: »Knappheit verändert unser Denken und reißt es an sich.«[17] Statt Optionen abzuwägen und das große Ganze zu sehen, versinkt das Unterbewusstsein in einem Mangeldenken und fokussiert sich auf die fehlende Ressource.

Tipp: Steckst du in diesem Kreislauf fest, suche dir jemanden, der dir hilft, deine Finanzen zu ordnen und einen Rückzahlungsplan zu erstellen. Automatisiere die Tilgungsraten, indem du einen Dauerauftrag in Höhe der Tilgung am Monatsanfang einrichtest. Konzentriere dich mit voller Energie darauf, dein Einkommen zu stabilisieren, besser noch zu erhöhen und den Kreislauf zu durchbrechen.

Natürlich kann es Notlagen geben, in denen ein kurzzeitiger Kredit aus der Patsche hilft. Sinnvoll kann auch ein Ratenkredit sein, wird damit ein Auto finanziert, um erwerbstätig zu sein. Dann bitte nicht die luxuriöse »Ich will alles«-Variante wählen, sondern die funktionale »Ich komme sicher zur Arbeit«-Variante.
Manchmal sind es auch Lebensentscheidungen, die in die Verschuldung führen. Bei mir war es der unbedingte Wille, nach dem Studium 1998 als freiberufliche Journalistin für den WDR Hörfunk in Köln zu arbeiten. Als Newcomerin waren die Aufträge überschaubar und die Honorare niedrig. Trotz eines Zusatzjobs in einem Café standen nach eineinhalb Jahren über 8.000 D-Mark auf der Kreditkarte. Ich wollte so sehr meinen Traum leben – und scheiterte top ausgebildet an der Realität. Es war beschämend. Mein Körper protestierte mit Magenschmerzen. Irgendwann war mir klar: Nur ein Befreiungsschlag kann mir hier heraushelfen. Also nahm ich eine Redakteursstelle in einer Werbeagentur an. Mein Gehalt lag so hoch, dass ich nach drei Monaten entschuldet war. Manchmal braucht es radikale Lösungen, um wieder atmen zu können.
Es gibt auch »gute Schulden«. Darunter fallen Kredite für Immobilien oder Bildung, hinter denen Werte stehen und die Erträge bringen. Aber auch solche Investitionskredite können in »schlechte Schulden« umschlagen, wenn sie zu knapp kalkuliert wurden und die Tilgungsraten die Lebensqualität stark einschränken.
Falls du Kredite hast: Erstelle eine Liste oder Tabelle mit allen **Konsum- und Investitionskrediten** inklusive Zinssätzen, Tilgungsraten, Restschuld, Laufzeit. Addiere jeweils die Restschulden und monatlichen Kreditraten, um den Überblick zu behalten. Ist ein Kredit getilgt, streiche ihn von der Liste und freue dich!

Erfasse zudem alle **Rücklagen**, die du auf dem Giro- und Tagesgeldkonto oder einem Sparbuch hast. Stelle Schulden und Rücklagen nebeneinander.

Tipp: Zahle bei Konsumentenkrediten die Kredite mit den höchsten Zinsen und dem größten Restkreditvolumen zurück. Halte dich von Restschuldversicherungen fern. Damit sichert sich die Bank auf deine Kosten für den Fall ab, dass dir etwas passiert. Dieses Ausfallrisiko zahlst du bereits über den Zins!

Realitäts-Check: Ziehe von deinen monatlichen Netto-Einnahmen deine Kreditraten *und* grundlegenden Ausgaben ab. Die Differenz ist das, was dir an Einkommen für variable Ausgaben und Vorsorge bleibt. Teile diesen Betrag anschließend durch die Netto-Einnahmen. Der Prozentwert zeigt, wie nah du an einer Überschuldung bist. Werte unter 25 % sind kritisch.

Beispiel: 2.700 Euro Einnahmen – 550 Euro Kreditrate – 1.300 Euro feste Ausgaben = 850 Euro. Diese teilen wir durch 2.700 Euro, was 31,5 % ergibt.

Im Beispiel stehen also nur noch 31,5 % für den Lebensstil *und* die Eigenfürsorge zur Verfügung. Das ist mittelfristig viel zu wenig. Hier bleibt kaum Geld für Rücklagen als Absicherung. Begleiche deine Konsumkredite so schnell und radikal es geht. Sie schränken dein Denken ein und stehen deiner finanziellen Zukunft im Weg.

Hier meine Faustregeln für Raten- und Konsumkredite:

- Du nimmst Kredite nur für wirklich Notwendiges auf.
- Du hast bei Abschluss einen klaren Rückzahlungsplan.
- Du kannst alle Raten plus Zins *locker* aus deinen laufenden Einnahmen bezahlen.
- Du kennst den Effektivzins und die Gesamtkosten des Kredits in Euro.

- Der Kredit läuft weniger als zwei Jahre.
- Du hast finanzielle Rücklagen.

Bist du bereit, deine Ausgaben zu trimmen und dir finanziell mehr Luft und Kontrolle zu verschaffen?

Schritt 3: Ausmisten – schaffe Platz in deinen Finanzen

Beim Notieren deiner Ausgaben sind dir bestimmt welche aufgefallen, die überflüssig sind. Jetzt wird aufgeräumt! Wie der Keller im Frühling. Ist das nicht immer wieder befreiend, wenn nur das Wichtige in den Regalen und Fächern liegt, das, was wir wirklich nutzen? Ich liebe es. Auch bei unseren Finanzen sammeln wir über die Zeit Ballast an. Deshalb folgt dem Auflisten das Ausmisten.

Hast du wenig Geld, klingt das womöglich zynisch, weil bei dir eh alles auf Kante genäht ist. Versuch es dennoch. Ohne Haushaltsbuch und einen genauen Überblick über alle Ausgaben bleibt ein möglicher Spielraum unsichtbar. Selbst in wenig Geld können Reserven stecken, die helfen durchzuatmen. Unser Ziel ist, die Ressource Geld zu schonen und Sparpotenziale zu heben, um Lebensqualität zu gewinnen.

Drehe jede Ausgabe um!

Wir beginnen bei den festen Ausgaben. Hier arbeiten wir uns auf der Liste von den größten Posten zu den kleinen. Das darf einige Wochen dauern. Je größer die Ausgabe, desto größer das Sparpotenzial und Kleinvieh macht auch Mist. Lege besonderes Augenmerk auf alte Verträge – von Telefon über Strom und Wasser bis zu allen Arten von Versicherungen. Hier zahlen wir oft zu teure Tarife.

Die nächste Prüfrunde gilt den variablen Ausgaben. Stelle jede Kategorie und die dahinterliegenden Ausgaben auf den Prüfstand. Werde hellhörig, wenn dein Innerstes rebelliert: »Das streiche ich auf keinen Fall!« Bist du immer knapp bei Kasse, hast keine Rücklagen und fühlst

latenten Stress beim Thema Geld, könnten das die Positionen sein, hinter denen sich die größten Geldräuber verbergen. Zum Beispiel: das Auto, die große Wohnung, Friseur- und Kosmetikbesuche, Buch- und Drogeriemarktkäufe, teure Reisen, mehrere Gläser Wein im Restaurant, ständig Mittagessen mit den Kolleginnen, Rauchen oder teure Hobbys.
Deine Ausgaben sollten so gering wie möglich sein, ohne dass du auf Wichtiges verzichtest. Als Maßstab für Hop oder Top kannst du meinen Wichtig-Check mit meinen **Klugscheißerfragen** nehmen:

- Brauche ich das? Wirklich? Weshalb ist es mir wichtig?
- Kann ich das selbst machen oder anderweitig besorgen, z. B. über Secondhand?
- Wie oft und lange nutze ich das?
- Gibt es eine günstigere, womöglich bessere Alternative?

Und diese Frage hat mir kürzlich eine Kursteilnehmerin geschenkt:

- Wohin räume ich das, wenn ich es gekauft habe?

Kündige alle nicht genutzten Abos und Mitgliedschaften und den zweiten und dritten Streamingdienst. Die fressen Zeit und müllen die Kreativität zu. Das Netz ist voller »Spartipps im Alltag«. Suche mit Google danach und setze das um, was zu dir passt. **Hebe deine Schätze!** Du wirst merken, wie viel Spaß dieses Klar-Schiff-Machen bringt. Zum Schluss kannst du die Ausgaben klären, die du im Kontoauszug nicht zuordnen konntest. Stelle sicher, dass du künftig weißt, was abgebucht wird.

Meine liebsten Spar-Hacks:

- Kaufe Qualität statt minderwertiger Massenware.
- Investiere in eine Farb- und Stilberatung, damit du das kaufst, was dir steht.
- Setze auf das Konzept der »Capsule Wardrobe«.
- Nimm Fahrrad, Bus oder Bahn statt Auto.
- Kaufe antizyklisch, z. B. Wintersachen im Frühjahr, Gemüse kurz vor Marktschluss, Weihnachtskugeln nach dem Fest.

- Warte zwei Tage, bevor du deinen Online-Kauf tätigst.
- Plane dein Urlaubsbudget pro Tag und halte dich daran.
- Kaufe keine Souvenirs.
- Verzichte auf echte Kreditkarten.
- Lies konsequent keine Kataloge.
- Gib Geld für Erlebnisse aus, nicht für Sachen oder Äußeres.

Wie ich unsere Ausgaben im Auge behalte: Die festen Ausgaben der Familie steuere ich mit Excel. Die variablen analysiere ich alle zwei Jahre. Auf Reisen behalte ich das Budget im Blick. Und in eine Haushalts-App trage ich persönliche Ausgaben ein, die ich nachvollziehen will, wie Kleidung, Kosmetik, Schuhe, Hobby, Geschenke. Ansonsten haben mein Mann und ich ein stabiles Konsumverhalten und für Extras halten wir Rücklagen vor. Der wöchentliche Blick auf das Familienkonto reicht, um bei Bedarf Alltagsausgaben anzupassen.

Was das Haushaltsbuch und mein Wichtig-Check bei mir verändert haben:

- Ich kaufe nur noch selten impulsiv.
- Ich weiß, wo ich Ausgaben einsparen könnte, ohne Verzicht.
- Ich spüre die Freiheit, die entsteht, wenn ich Nein zu Konsum zu sage.
- Ich konsumiere das, was ich brauche, mir wichtig ist und Freunden oder Familie Freude bereitet.
- Ich weiß, wofür ich Geld verwende, und kann es mit meinen Werten abgleichen.
- Ich habe Geld für Investitionen, Sparen und keine Angst mehr, dass es nicht reicht.
- Ich habe mehr Zeit, weil ich keine Kaufhaustouren mache und keine Kataloge lese.

Der Lohn dieses intensiven Aufräumprozesses wird sich schnell auf deinem Konto bemerkbar machen. Es ist wie beim Aufräumen des Kleiderschranks mit Marie Kondo: Schmeiß alles auf einen Haufen;

das sind unsere Listen. Dann prüfe jedes Stück, ob es dir Freude bereitet; das ist der »Wichtig-Check«. Alles, was ihn nicht besteht, wird gestrichen. Und dann ordnen wir alles so, dass wir den Überblick behalten. Das machen wir mit Konten und Budgets.
Vielleicht denkst du dir aber auch: »Muss ich wirklich ständig fragen, ob ich das brauche? Ich lebe doch nur einmal! Wo bleibt da der Spaß?« Berechtigter Einwand. Letztlich geht es um eine Balance zwischen einem guten Leben jetzt und morgen.
Du entscheidest. Es ist dein Leben.

Hinweis: Wenn du merkst, dass du trotz Finanz-Check deine Kredite nicht tilgen kannst, vereinbare sofort einen Termin bei einer städtischen und *kostenfreien* Schuldnerberatungsstelle. Je frühzeitiger du dir Hilfe holst, desto eher kannst du die Überschuldung abwenden.

Wie du es schaffst, gut zu leben und gleichzeitig vorzusorgen? Das verrate ich dir gleich.

Schritt 4: Lebensprinzip »Balance halten«

Im Leben und in der Natur geht es oft um Balance, nicht um die perfekte, sondern um die richtige, die das System stabil hält. Befinden sich beispielsweise Arbeit und Entspannung nicht im Gleichgewicht, werden wir krank. Essen wir viel Junkfood, drohen schlechte Blutwerte und im schlimmsten Fall ein Herzinfarkt. Geben wir für eine Sache zu viel Geld aus, fehlt es an anderer Stelle, weil die Ressource Geld nur einmal verteilt werden kann. Ist generell wenig Einkommen da, wird Stress zum ständigen Begleiter. Es fehlt die Balance, das Finanzfundament stabil zu halten.
Ich erinnere mich an eine Klientin, nennen wir sie Carmen. Sie verdiente gut. Es gelang ihr dennoch nicht zu sparen. »Es bleibt einfach nie etwas übrig!«, sagte sie frustriert.

Carmen lebte allein und arbeitete als Lehrerin. Eine detaillierte Auswertung ihrer Ausgaben ergab, dass sie etwa 80 Euro monatlich für Bücher ausgab und ähnlich viel für Kosmetik. Dazu gönnte sie sich spontane Kleidungskäufe und ging regelmäßig mit ihren Freundinnen ziemlich teuer essen. Jedes Jahr musste es mindestens eine Fortbildung für Tausende Euro sein, obwohl Carmen fachlich top war. Sie hatte deshalb Schulden und kaum Rücklagen.

Carmens Konsummuster standen in keinem guten Verhältnis zu ihrem Einkommen. Ihr fehlte nicht nur der Überblick über ihr Geld, sondern auch ein Gleichgewicht zwischen Wünschen, Ansprüchen und Eigenfürsorge. Ihre Finanzen folgten keiner Struktur. Hier setzt die **50-30-20-Regel** an. Ich nenne sie:

Die Budgetfaustformel

Die Formel haben Elizabeth Warren, US-Politikerin und Harvard-Professorin, und ihre Tochter Amelia Warren Tyagi auf der Basis jahrzehntelanger Forschung zu Insolvenzrecht und Haushaltsführung entwickelt. Sie wurde durch ihr Buch »All Your Worth: The Ultimate Lifetime Money Plan« bekannt. Ich arbeite ausgesprochen gern mit dieser Budgetfaustformel und habe sehr gute Erfahrungen damit gemacht.
Die Grundidee ist: Gib nicht mehr als die Hälfte deiner verfügbaren Einnahmen für Grundlegendes aus. Dann bleibt dir genug Geld, um dein Leben zu genießen *und* vorzusorgen. Das Herzstück der Formel sind also die verfügbaren Einnahmen. Sie werden in drei Budgets aufgeteilt:

- **50 % für Grundlegendes** = feste Ausgaben
- **30 % für Lebensstil** = variable Ausgaben, die das Leben bunt machen
- **20 % für Eigenfürsorge** = Rücklagen, Altersvorsorge, Bildung, Schulden tilgen

Du kannst die Formel auf zweierlei Arten nutzen: Einmal, um zu sehen, wo du stehst. Zum anderen, um deine Finanzen zu organisieren und im Griff zu behalten. Das ist wie bei einem Schrank. Hat er drei Schubladen, fällt es leichter, Ordnung zu schaffen und beizubehalten. Fehlt ein System, fliegt schnell alles wieder durcheinander.

Ein Beispiel: Eine Familie mit zwei Kindern hat ein Netto-Einkommen von 3.800 Euro. Nach der Faustformel 50-30-20 würde das Einkommen so budgetiert werden:

- 1.900 Euro für feste Ausgaben
- 1.140 Euro für variablen Ausgaben
- 760 Euro für Rücklagen und Altersvorsorge

Nur 1.900 Euro für feste Ausgaben? Ganz schön wenig. Machen wir den Gegencheck: Die Familie hat tatsächlich Fixkosten von 2.600 Euro im Monat. Sie gibt also 68 % statt 50 % für Grundlegendes aus. Rechne: 2.600 : 3.800 × 100. Also viel zu viel. Die Familie wird deshalb kaum Geld für Rücklagen und Altersvorsorge haben, weil vermutlich auch die variablen Ausgaben höher sind als 30 %.
Rechnen wir eine zweite Variante. Jetzt hat die Familie doppelt so viel netto, 7.600 Euro. Laut Faustformel könnte sie wie folgt budgetieren:

- 3.800 Euro für feste Ausgaben
- 2.280 Euro für variablen Ausgaben
- 1.520 Euro für Rücklagen und Altersvorsorge

Was sofort ins Auge fällt: 3.800 Euro für Grundlegendes ist selbst bei einer Großstadt-Miete üppig. Auch die 2.280 Euro für den Lebensstil sind reichhaltig. Würde die Familie wie in Variante eins fixe Ausgaben von 2.600 Euro haben, würde sich der Spielraum für Lebensstil und Vorsorge sehr stark erhöhen.

Die Beispiele zeigen zweierlei: Je höher das monatlich verfügbare Einkommen ist, desto größer ist der finanzielle Spielraum und die Budgets verschieben sich. Der Anteil der grundlegenden Ausgaben kann dann tendenziell unter 50 % sinken, die Anteile für Lebensstil und Sparen steigen. Je weniger Geld wir dagegen haben, desto schwerer wird es, überhaupt zu sparen, weil der Anteil für Grundlegendes schon viel Raum einnimmt. Deshalb steckt in der Budgetformel auch eine unumstößliche Wahrheit: **Um selbstbestimmt und frei in jedem Alter zu leben, brauchst du ein gewisses Einkommen.** Dann kannst du deine Finanzen in Balance halten *und* für dich sorgen.

So nutzt du die Budgetfaustformel:

1. Nimm deine verfügbaren Einnahmen und berechne die drei Budgets. Dann vergleiche sie mit deinen tatsächlichen Ausgaben und dem, was du sparst. Hast du keinen oder nur einen geringen Sparanteil, miste deine Ausgaben aus.
2. Andersherum kannst du auch deine Ausgaben und dein Spar- und Investitionsbeträge jeweils durch deine Einnahmen teilen und sehen, wo du bei den Budgets stehst. Optimiere deine Ausgaben so lange, bis mindestens die Relation 50-30-20 erreicht ist, besser noch 40-30-30. Arbeite gezielt darauf hin.

Ich halte die Budgetfaustformel für ein unglaublich praktisches Tool, weil sie einfach anzuwenden ist und funktioniert. Sieh die Prozentwerte als Richtwerte an und passe sie an dein Leben an. Die Formel ist kein Gesetz, sondern ein Tool, das du für dich nach deinen Prioritäten nutzt. Einzige Bedingung aus meiner Sicht: Das Budget »Eigenfürsorge« ist gesetzt. Kämpfe hier um jeden Prozentpunkt. Es steht für deine Sicherheit und Zukunft.
Wie sich Budgets in verschiedenen Lebensphasen ändern, dazu skizziere ich dir hier einige Ideen:

Erste Berufsjahre: Fokus auf Investieren und Rücklagen

Halte bewusst deine festen Ausgaben unter 40 %. Reserviere 30 % für Rücklagen und Investieren. Vom Rest lebe gut und gönne dir viele Erlebnisse. Denke vorausschauend: Erhöhe mit steigendem Einkommen deinen Investitionsanteil und *nicht* deinen Konsum. Glaub mir, du wirst dir in deinen 40ern dafür sehr danken!

Familienjahre: Fokus auf Grundausgaben und Absicherung

In der Rushhour des Lebens haben wir wegen der Kinder die höchsten festen Ausgaben. Versuche hier dennoch, die 50-Prozent-Marke nicht zu stark zu reißen, denn die Eigenfürsorge benötigen wir als Reserve, für Fortbildung und Altersvorsorge. Schrumpft dieser Anteil deutlich unter 10 %, wird es eng, um Unvorhergesehenes aufzufangen.

Durchstarterjahre: Fokus auf Leben, Fortbildung, Vermögensaufbau

Die Kinder sind aus dem Haus, die Jobkarten werden neu gemischt, Paare geschieden, das Leben intensiviert sich. Jetzt ist die Zeit, die Altersvorsorge zu boosten und 20 % (und mehr) vom Einkommen zu investieren, je nach Vermögensstand. 5 % würde ich für Fortbildungen und Rücklagen reservieren und die Grundausgaben radikal unter 45 % drücken. Der Rest gehört dem Leben. Versuche in deinen Durchstarterjahren, dein Einkommen deutlich zu erhöhen.

Ruhestand: Fokus auf Gesundheit, Soziales und Vermögensabbau

In dieser Phase müssten etwa 10 % für stabile Rücklagen als Sparanteil reichen. Der Lifestyle-Anteil kann anfangs bei 40 % liegen, für Reisen, Freunde, Hobbys.

Im Laufe der Jahre sinkt dieser Anteil gewöhnlich, dann steigt der Grundbedarf wegen höherer Gesundheitskosten. Aber auch dann würde ich versuchen, bei etwa 50 % zu bleiben.

Überlege am Anfang des Ruhestands, weiter in einem Job erwerbstätig zu sein, der dir richtig viel Freude bereitet. Das tut gut und schont dein Vermögen.

Du siehst: **Es liegt bei dir, wie du dein Geld nach deinen Werten, Prioritäten und deiner Lebenssituation aufteilst.** Knete die Formel so, dass sie für dich passt und du deine Balance findest. Vergiss nie das Morgen. Wir Frauen leben immer länger.

Es gibt natürlich viele weitere Budgettools und -ideen. Manche organisieren ihre Ausgaben über sechs Budgets, andere über zehn. Du kannst innerhalb der drei Budgets weiter ausdifferenzieren, wenn dir das hilft. Mach dir eine Skizze und spiele für dich die Ideen durch. Die 30 % Lebensstil könntest du beispielsweise in 20 % Familienausgaben, 5 % Urlaub und 5 % Anschaffungen aufteilen. Mir genügen drei Budgets für die nötige Klarheit.
Kommen wir noch mal zu Carmen: Wie bekam sie ihre Finanzen in den Griff? Sie setzte sich mit ihrer Geldbeziehung auseinander, strukturierte mit der Budgetfaustformel ihre Finanzen, räumte den Kleiderschrank auf und erstellte eine Liste mit fehlenden Stücken. Die Freundinnen treffen sich jetzt in günstigeren Restaurants, die Fortbildungen pausieren. Carmen hat dadurch viel Geld freigesetzt, ihre Schulden getilgt und an Selbstwirksamkeit gewonnen.

> Wie wäre es nun, wenn du die Eigenfürsorge so in den Fokus rückst, dass Wohlstand unvermeidlich wird?

Schritt 5: Wohlstand durch Perspektivwechsel

Es gibt ein Wohlstandsprinzip, das so simpel ist, dass es schnell übersehen wird. Ich rede hier von Wohlstand, den wir uns selbst erarbeiten, nicht geerbten oder geschenkten. Die meisten Menschen denken beim Geld nach diesem Prinzip: Was reinkommt, wird ausgegeben. Hauptsache, die Einnahmenseite stimmt. Sie leben so:

Einnahmen = Ausgaben + **Sparen, was übrig bleibt**

Durch die Budgetfaustformel hast du gesehen, dass du mit diesem Prinzip weder planvoll sparen noch Rücklagen bilden kannst, geschweige denn für das Alter vorsorgen. Am Monatsende bleibt nämlich meist nichts übrig. Wechseln wir die Perspektive:

Einnahmen = **Sparen** + Ausgaben
↓
Investieren

Das Entscheidende ist hier die Reihenfolge. Beim Wohlstandsprinzip geben wir dem Budget »Eigenfürsorge« oberste Priorität. Das ist mehr als nur ein weiterer Schritt. Das ist eine Haltung, ein Statement: **Du setzt dich und deine Zukunft an die erste Stelle. Du schützt dich vor unüberlegtem Konsum.** US-Starinvestor Warren Buffett soll diese Haltung einmal treffend so beschrieben haben: »Spare nicht, was nach dem Ausgeben übrig bleibt, sondern gib aus, was nach dem Sparen übrig bleibt.«

Die Budgetfaustformel hilft dir, diesen Perspektivwechsel strategisch umzusetzen. Mit ihr hast du von deinen verfügbaren Einnahmen 20 % für Eigenfürsorge reserviert. Diese überweist du am Monatsanfang per Dauerauftrag entweder direkt auf ein Tagesgeldkonto oder investierst es per Sparplan in deine Altersvorsorge oder dein Vermögen. Nach dem Motto: aus den Augen, aus dem Sinn. Mehr dazu erfährst du im Kapitel »Vermögen tut Frauen gut«. Den Rest deines Einkommens verwendest du für deinen Alltag. Ohne schlechtes Gewissen.

Warum Sparen an die erste Stelle setzen?

Weil du dein Geld sonst ausgibst. Wir Menschen wollen unsere Bedürfnisse befriedigen – nicht nur die überlebenswichtigen, sondern auch die, die durch Werbung, soziale Vergleiche oder den Besitz anderer geweckt werden. Die Willenskraft, die das kontrollieren soll, erschöpft sich aber schnell.

Setzen wir das Sparen an die erste Stelle, tricksen wir uns zweifach aus: Wir haben eine Barriere gegen äußere Einflüsse und schonen unsere Energie. *Nur so* erreichst du aus eigener Kraft finanzielle Stabilität und Wohlstand.

Das, was am Monatsende dann noch übrig ist, kannst du zusätzlich sparen. Unbedingt sogar!

Deine Hebel für Wohlstand

Willst du dir finanzielle Spielräume eröffnen, hast du also zwei Hebel:

- **Senke deine Ausgaben.**
- **Erhöhe deine Einnahmen.**

Die eigenen Ausgaben so weit zu senken, dass wir Freude am Leben haben, gleichzeitig unser Geld aber nicht zum Fenster hinauswerfen, empfinde ich wie beim Eiskunstlaufen als »Pflicht«. Das verfügbare Einkommen dagegen zu steigern, ist die »Kür«. Unterschätze diese Variable nicht! Deine Einnahmen sind das Rückgrat deiner Finanzen. Stärkst du sie, stärkst du dich.

Erhöhe deine Einnahmen ganz gezielt, indem du regelmäßig dein Einkommen verhandelst, dich fortbildest, die Arbeitsstelle wechselst, dir unbezahlte Care- und Hausarbeit ausgleichen lässt, auf einen angemessenen Lohn bestehst und marktgerechte Honorare verlangst. Oder gründe ein Unternehmen, nimm einen Zusatzjob an.

Werde kreativ, traue es dir zu und »setz dir Ziele, die so groß sind, dass es kribbelt und du die Buxe voll hast«, wie Bähm-Business-Gründerin Sarah Tschernigow in einem Interview zu mir sagte.[18] Du sorgst damit für dich selbst. Und Selbstfürsorge ist ein Ausdruck von Eigenverantwortung. Trainiere dieses Denken wie einen Muskel.

Balance statt Verzicht

Verinnerliche das Wohlstandsprinzip und verbinde es mit der Budgetformel. Sie sind deine universellen Leitfäden für ein Leben in Finanzbalance und Wohlstand.

Was jetzt noch fehlt? Die richtige Kontenstruktur, um deine Finanzen so übersichtlich zu organisieren, dass Eigenfürsorge zur Gewohnheit wird.

Welche Konten hast du schon?

Schritt 6: Kontenstruktur

Zum schwungvollen Gang durchs Leben gehört dieses Kontenset:

- ein Girokonto
- ein Tagesgeldkonto, besser zwei

Mit dieser Kombination geben wir unseren Finanzen die Grundstruktur und steuern unsere Budgets. Von hier aus bauen wir alles Weitere auf. Auf dem **Girokonto** organisieren wir unser Leben. Auf dem **Tagesgeldkonto** sammeln wir Liquidität und ordnen sie einem Zweck zu. Zwischen Girokonto und Tagesgeldkonto bestehen folgende Unterschiede:

Girokonto: dein Finanz-Hub

Das Girokonto ist dein zentraler Anker. Hier makelst du deine Einnahmen und Ausgaben, begleichst Rechnungen, lässt Daueraufträge und Lastschriften für Miete, die Kita oder Vereinsbeiträge abwickeln. Dein Geld ist jederzeit verfügbar. Mit der Debit- oder Kreditkarte hebst du vom Girokonto Bargeld ab und bezahlst kontaktlos. Viele Banken bieten einen Dispositionskredit auf dieser Kontoart an. Nimmst du ihn in Anspruch, werden üppige Zinsen fällig. Guthaben dagegen werden kaum verzinst.

Tagesgeldkonto: deine Liquiditätsquelle

Ein Tagesgeldkonto ist ein verzinstes, reines Guthabenkonto zum Parken und Anlegen von Geld. Es ist immer mit einem Girokonto als Referenzkonto verknüpft. Die gezahlten Zinsen werden fortlaufend an das aktuelle Zinsniveau angepasst. Du kannst jederzeit auf dein Geld zugreifen. Allerdings laufen Abhebungen nur über das verknüpfte Girokonto. Direkte Überweisungen, Kartenzahlungen, Bargeldabhebungen oder -einzahlungen sind nicht möglich.

Für beide Kontenarten gilt etwas, das in einer bargeldlosen Ära an Brisanz gewinnt: Das Geld auf deinen Konten gehört rechtlich nicht dir,

sondern stellt eine Forderung deinerseits gegenüber der Bank dar. Du hast einen Rückzahlungsanspruch. Mehr nicht. Eigentümerin deines Geldes aber ist die Bank. Das Geld auf den Konten heißt deshalb auch **Buchgeld**, weil es nicht als Münzen oder Scheine gestapelt wird, sondern es Ziffereinträge in den Kontobüchern der Bank sind. Zum Problem wird das im Insolvenzfall der Bank. Dann nutzt sie dein Geld, um ihre Schulden zu begleichen. Aber: **Beträge bis 100.000 Euro sind geschützt** und werden dir von der **gesetzlichen Einlagensicherung** erstattet. Alle Guthaben darüber hinaus fließen in die Insolvenzmasse. Die Einlagensicherung gilt pro Bank und Mensch, nicht pro Konto. Hast du Konten bei drei Banken, sind 300.000 Euro geschützt. Vermeide es also, mehr als 100.000 Euro bei einer Bank auf Giro-, Tages- und Festgeldkonten zu parken. Wann dein Geld in dein Eigentum übergeht? Wenn du es bar abhebst.
Es gibt folglich noch eine Kontenart: das **Festgeldkonto**. Beim Festgeld legst du Geld für einen bestimmten Zeitraum an, für ein Jahr oder drei Jahre beispielsweise. Pro Jahr erhältst du Zinsen. Du kannst in dieser Zeit nicht über dein Geld verfügen beziehungsweise musst eine Strafgebühr bezahlen, wenn du es doch vorzeitig haben willst. Festgeldkonten nutzen wir zum Steuern von Liquidität, wenn zu einer bestimmten Zeit eine gewisse Summe gebraucht wird – zum Hauskauf, Aufstocken der Rente, als Unterhalt für studierende Kinder.

Dein eigenes Kontenset

Die Kombination aus Giro- und Tagesgeldkonto ist für jede Frau – und jeden Mann – die gleiche. Ganz egal, ob du allein lebst, mit Partner oder Freundin oder verheiratet bist, ob du wenig verdienst oder viel oder nur einer in der Partnerschaft erwerbstätig ist. In allen Lebenskonstellationen ist sie für mich gesetzt. **Das Girokonto gibt dir die Macht, eigenständig zu handeln. Mit dem Tagesgeldkonto hältst du dir den Rücken frei.** Aus welcher Quelle das Geld auf den Konten stammt, ob aus eigener Erwerbstätigkeit, aus Familiengeld, einem Erbe oder Kapitaleinkünften ist zweitrangig. **Entscheidend ist: Du hast dein eigenes Kontenset bei der Bank deiner Wahl.**

Familienanwältinnen können Bände über die Verzweiflung finanziell abhängiger Ehefrauen erzählen und über ihre Finanzierungswege: Vermögende versetzen ihre teuren Handtaschen und Schmuck, während sich weniger Betuchte Geld von Freundinnen leihen.
Bestehen diese Möglichkeiten nicht, bleiben Frauen in lieblosen Beziehungen gefangen. Und nein, das ist nicht 1950. Das ist 2025. Und auch kein Randproblem. Im Beauty Impact Report 2023 erklärten 20 % der verheirateten Frauen, kein eigenes Konto zu besitzen. Viele von ihnen haben zudem noch nicht einmal Zugriff auf ein gemeinsames Konto![19] Wovon wird dann wohl das Alter abgesichert und woher kommt das Geld für persönliche Wünsche?
Verzichte niemals auf ein eigenes Kontenset aus Giro- und Tagesgeldkonto. Du gibst sonst die Kontrolle über dein Leben ab. Nur mit eigenen Konten bist du selbstbestimmt und kannst für dich sorgen. Mehr darüber, wie du in einer Beziehung die finanzielle Seite organisierst, liest du im Kapitel »Wer die Romantikkarte zieht, liebt dich nicht«.

Hast du die richtige Bank?

Wann hast du zum letzten Mal deine Bank gewechselt? Also dich bewusst für eine Bank entschieden? Oder hältst du noch immer der Bank die Treue, bei der schon deine Eltern waren? Es würde mich nicht wundern. Die Deutschen sind bankwechselfaul. Studien belegen, dass zwischen 45 und 50 % der Befragten noch nie ihre Hausbank gewechselt haben.[20] Dabei würden sie sich dadurch viele Gebühren sparen, einen besseren Kundenservice erhalten, sich kritischer mit dem Verhalten der Bankmitarbeitenden auseinandersetzen und nicht blind vertrauen. Frage dich: Was willst du von deiner Bank? Welche Dienstleistungen? Welchen Kundenservice erwartest du? Welche Betreuung, Ansprache, Konten? Seit die Direktbanken ING, DKB, Consors oder die comdirect sowie FinTechs wie N26, Tomorrow Bank oder Revolut die Groß- und Filialbanken aufgemischt haben, ist für jede und jeden die passende Bank dabei.

Achte auf diese Auswahlkriterien: Führe dein Giro- und Tagesgeldkonto **online**. Alles andere hält dich auf. Online-Banking ist sicher, solange du dich an die Regeln hältst. Die wichtigste: Lösche sofort E-Mails, in denen eine Bank dich auffordert, deine Konto- oder Zugangsdaten in ein Formular einzugeben – solche »Nachrichten« stammen niemals von deiner Bank.
Der **Geschäftssitz** sollte in Deutschland oder in der Europäischen Union liegen, weil dann hiesige Gesetze greifen. Beschäftige dich mit dem **Geschäftsmodell**. Arbeitet die Bank nachhaltig wie die GLS oder Umweltbank oder unterstützt sie repressive Regime? Ist sie, wie die ING Deutschland, eine reine Privatkundenbank oder betreibt sie, wie die Deutsche Bank, in großem Stil Investmentbanking? Was ist dir wichtig?
Ein Entscheidungskriterium ist ebenso, wie du den **Kundenservice** erreichst, wenn du Fragen hast. Ist der Kontakt nur per E-Mail oder auch per Telefon oder Filiale möglich? Wie fühlst du dich sicher?
Prüfe anschließend die **Konditionen**. Wie viel berechnet die Bank wofür? Was nutzt du häufig? Gratis-Girokonto oder an Bedingungen gebunden? Lies dazu das Preis- und Leistungsverzeichnis. Dort stehen alle Konditionen. Darüber hinaus zählt für mich die Möglichkeit, **Bargeld** kostenfrei abheben zu können. Wenn eine Bank meine Bedürfnisse trifft, frage ich via Suchmaschine, was andere Menschen über sie schreiben. Dazu gebe ich in das Suchfeld ein: Name der Bank + Erfahrung.

Zum Schluss noch das: Du kannst deine Bank jederzeit wechseln! Das ist keine Verbindung auf Lebenszeit. Und auch zwei oder drei Banken zu haben und mehrere Tagesgeldkonten, ist in Ordnung, wenn es der Klarheit deiner Finanzen dient.
Das Kontenset ist der letzte Baustein deines Finanzfundaments und das Gerüst für dein Sicherheitsnetz, deine Automatismen und Sparroutinen.

Bereit also für den letzten Schritt?

Schritt 7: Dein Sicherheitsnetz und deine Finanzroutinen

Ich bevorzuge bei den persönlichen Finanzen zwei Tagesgeldkonten: eines für einen Sicherheitspuffer als Reserve für Notfälle und zusätzliche Liquidität. Und eines für geplante Ausgaben. Bei einigen Banken kannst du so viele Unterkonten zum Girokonto als Tagesgeldkonten einrichten, wie du möchtest. Andere bieten nur ein oder zwei an. Mir reichen zwei. Mit der Budgetfaustformel hast du die Budgets für Eigenfürsorge und Lebensstil ausgerechnet. Durch Sparroutinen verteilst du diese Budgets teilweise auf diese Tagesgeldkonten.

Tagesgeldkonto 1: Sicherheitspuffer und Liquidität zur Eigenfürsorge

Hier parkst du einen Betrag, der mindestens dreimal (besser sechsmal) die grundlegenden, festen Ausgaben abdeckt, oder eine Summe, mit der du dich wohlfühlst. Diese Notfallreserve hält dir finanziell den Rücken frei, solltest du arbeitslos werden, ein wichtiges Haushaltsgerät kaputtgehen oder der beruflich wichtige Laptop gestohlen werden. Zusätzlich kann auf diesem Konto Geld liegen, das zum Investieren reserviert ist. Meine persönliche Familienwohlfühlsumme sind 10.000 Euro – hinzu kommen für mich als Selbstständige Rücklagen als Vorsorge für Krankheitsphasen oder Auftragsflauten.

Das Geld für den Sicherheitspuffer kommt aus dem 20-Prozent-Budget für die Eigenfürsorge. Diesen Anteil überweisen wir gemäß dem Wohlstandsprinzip am Monatsanfang per Dauerauftrag vom Giro- auf das Tagesgeldkonto.

Ist der Puffer gefüllt, folgt der nächste Schritt: der Vermögensaufbau. Beides kann auch parallel geschehen – vorrangig aber bitte zuerst den Sicherheitspuffer aufbauen und einen kleinen Teil investieren. Aber nur, wenn keine nennenswerten Konsumschulden mehr bestehen. Denn Geld in den Vermögensaufbau zu stecken, während hohe Zinsen für Konsumschulden anfallen, ist wirtschaftlich unsinnig und er-

höht das persönliche Risiko. Konsumkredite werden korrekterweise mit Geld aus dem Budget *Lebensstil* beglichen. Reicht das Geld nicht, nimm einen Teil aus dem Eigenfürsorgebudget.
Ist dein Eigenfürsorgebudget bereits stark von Beiträgen zu Lebens-, privaten Renten-, Riester- oder Rürup-Versicherungen *zusätzlich* zu deiner gesetzlichen Rente beansprucht, prüfe vorrangig, ob das sinnvoll ist. Lies dazu das Kapitel »Eigenfürsorge: Sag der Rentenlücke tschüss!«.

Tagesgeldkonto 2: Sparen für geplante Ausgaben

Auf dem zweiten Tagesgeldkonto sparen wir gezielt für Urlaube, größere Anschaffungen, Fortbildungen, den Auslandsaufenthalt der Kinder – also alles, wofür wir mehr Geld brauchen, als es unser laufendes Einkommen hergibt. Diese Sparanteile gehören zum Budget *Lebensstil*. Auch sie überweisen wir am Monatsanfang per Dauerauftrag auf das Tagesgeldkonto 2. Dazu haben wir vorher ausgerechnet, wann wir welche Summe benötigen und wie hoch der monatliche Sparbetrag dafür sein muss. Gib Sparen ein Ziel oder einen Zweck.
Du kannst aber auch jeden Monat 5 % deines verfügbaren Einkommens auf dieses Konto überweisen und deinen Urlaub dann anhand der verfügbaren Summe gestalten. Entwickle deine eigenen Sparroutinen. Sie sind zwingende Voraussetzungen für Wohlstand und Vermögensaufbau.
Als zusätzliche Routine überweist mein Mann am Monatsende den Betrag, der über 500 Euro auf dem Familienkonto liegt, auf unser Tagesgeldkonto 2. Manche Banken bieten das sogar als Service an (z. B. »Abräumsparen«). So bauen wir weitere Rücklagen auf und halten unser Girokonto übersichtlich.
Dass das Geld auf den Tagesgeldkonten oft nur gering verzinst wird, ist zweitrangig. Hier interessiert uns das Vorhalten finanzieller Reserven, nicht der Wertzuwachs.

Und jetzt eine ganz wichtige Frage: Wie bist du versichert?

Schritt 8: Sichere dich richtig ab

Wir Deutschen lieben Versicherungen. Im Schnitt hat jeder über 18 Jahren sieben private Policen – zusätzlich zur gesetzlichen Arbeitslosen-, Pflege-, Renten- und Krankenversicherung.[21] Das aber heißt noch lange nicht, dass wir auch gut abgesichert sind. Versicherungen für unser privates Leben können eingeteilt werden in: **verpflichtend, dringend angeraten, empfohlen, eventuell und überflüssig.** Die meisten gehören in die letzte Kategorie. Verpflichtend sind die **Krankenversicherung** und die **Kfz-Versicherung** für Menschen mit motorisierten Fahrzeugen. Drei weitere Versicherungen zählen zu den dringend angeratenen Rettungsankern: die **private Haftpflichtversicherung**, die **Berufsunfähigkeitsversicherung** und die **Gebäudeversicherung**, wenn du eine Immobilie oder Wohnung hast. Die Haftpflichtversicherung springt ein, wenn wir anderen Menschen unbeabsichtigt Sach-, Vermögens- oder Gesundheitsschäden zufügen. Die Berufsunfähigkeitsversicherung zahlt einen Ersatzlohn, wenn wir so krank werden, dass wir nicht mehr erwerbstätig sein können. Und die Gebäudeversicherung hilft bei Schäden, die durch Leitungswasser, Sturm, Hagel, Feuer oder Blitzschlag entstehen.

Während sich nach Angaben der Versicherungswirtschaft etwa 70 % der Erwachsenen mit einer Privathaftpflicht vor Vermögensschäden schützen, sichern den Einkommensverlust nur etwa 37 % der Erwerbstätigen ab.[22] Vor dem Hintergrund zunehmender psychischer Erkrankungen sowie Krebsdiagnosen ist das eine folgenreiche Fehleinschätzung. Ein Grund könnte darin liegen, dass die Versicherungswirtschaft es schwer macht, eine geeignete Berufsunfähigkeitsversicherung unter den vielen Tarifen zu finden. Sie baut auch Drohgebärden mit Ausschluss- und Ergänzungskriterien sowie Gesundheitsfragen auf. Bevor man da etwas falsch macht, macht man lieber nichts.

Hinweis: Ziehe für die Suche nach einer geeigneten Berufsunfähigkeitsversicherung (BU) eine unabhängige, spezialisierte Versicherungsmaklerin oder einen Makler zurate. Sie kennen den Markt, stellen anonyme Anfragen an Versicherungen und beraten mit dir den Vertragsabschluss. Schließe prinzipiell alle Versicherungen nur als **Einzelverträge** ab, niemals in Kombination mit einer Lebensversicherung oder einem anderen »Vorsorgeprodukt« wie Indexpolicen. Um in hektischen Alltagssituationen – im Elektronikfachmarkt beim Kauf eines Smartphones oder im Brillenladen – schnell und sicher zu entscheiden, ob eine Versicherung sinnvoll oder überflüssig ist, gehe systematisch vor.

Ich nutze diese beiden Fragen:

1. Ist es ein **existentielles Risiko**, das versichert werden soll?
2. Könnte dieses Risiko mich **finanziell ruinieren**?

Lautet die Antwort auf beide Fragen ja, ist die Versicherung sinnvoll. Ist eine Antwort nein, brauchen wir sie nicht. Dann können wir die finanziellen Folgen aus dem in Frage stehenden Risiko sehr wahrscheinlich selbst tragen. Dafür kann zum Beispiel der Sicherheitspuffer herangezogen werden oder zusätzliche Reserven. Deshalb sind Brillen-, Handy-, Reisegepäck-, Glasbruch-, Sterbegeld-, Kreditkarten- und viele weitere Versicherungen völlig überflüssig.

Existenzielle Risiken absichern

Existenzielle Risiken, die uns finanziell ruinieren können, sind **Krankheit, Unfälle, Erwerbsunfähigkeit und das Schädigen Dritter**. Mehr nicht. Diese Risiken decken wir mit der Kranken-, Berufsunfähigkeits- und Haftpflichtversicherung ab. Und eventuell mit einer Unfallversicherung. Reist du oft ins Ausland, ergänze deinen Schutz zusätzlich mit einer Auslandskrankenversicherung. Manchmal bietet sogar die eigene Krankenkasse einen günstigen Zusatztarif an.
Der eigene Tod wird ebenfalls oft als existenzielles Risiko genannt. Der Tod aber ist kein Risiko, sondern eine Tatsache. Allerdings kann er für die hinterbliebene Familie finanzielle Engpässe bedeuten, wenn dadurch ein Einkommen wegbricht. Deshalb wird für diese Fälle

eine **Risikolebensversicherung** empfohlen. Sie zahlt an die Hinterbliebenen eine vereinbarte Summe. Diese sollte so hoch sein, dass die Familie davon ihren Lebensunterhalt bis zur Volljährigkeit des jüngsten Kindes bestreiten kann, inklusive Tilgungsraten für eine Hypothek! 50.000 Euro Versicherungssumme sind deshalb zu wenig. 300.000 Euro realistischer. Bist du Hauptverdienerin oder auf das Einkommen deines Ehemannes angewiesen, rechne aus, welche Summe fehlen würde. Diese sicherst du ab. Lebst du als Familie unverheiratet, informiere dich über eine sogenannte Überkreuz-Risikolebensversicherung. Dabei schließt jeder Partner eine Versicherung auf den Tod des anderen ab. Dadurch vermeidet ihr im Leistungsfall die Erbschaftsteuer, die bei unverheirateten Paaren sonst im Versicherungsfall bei einer normalen Risikolebensversicherung anfallen würde.
Willst du stabilen Wohlstand aufbauen, ist die **Haftpflichtversicherung** das absolute Muss. Denn: Schädigst du beispielsweise durch einen Unfall einen Menschen, zahlst du hohe Summen an Schmerzensgeld und Schadenersatz. Dein Vermögen wäre damit futsch.

Eventuell absichern

Zu den Eventuell-Versicherungen zählen die **Rechtsschutz- und Hausratversicherung**. Sieh dir hier sehr sorgfältig an, was versichert ist. Hast du keinen teuren Hausrat, brauchst du auch nichts zu versichern. Die Anwaltskosten einer Scheidung übernehmen Rechtsschutzversicherungen regelmäßig nicht. Rechtsschutz im Mietrecht erhältst du günstig als Mitglied von Mietervereinen oder im Arbeitsrecht als Gewerkschaftsmitglied. Denke hier ein wenig »out of the box«.

Frisch verheiratet Geld gespart

Setzt euch an einem Abend gemütlich zusammen und geht eure Versicherungspolicen durch. Bei einigen lassen sich Eheleute gemeinsam versichern wie bei der Privathaftpflicht, beim Rechtsschutz oder Hausrat. Einigt euch auf eine der bestehenden Policen und sprecht die Versicherung für das Anpassen der Konditionen an – oder seht euch nach einem besseren Tarif um. Setzt euch gegenseitig als »Begünstigte« ein. Das kann jederzeit geändert werden und erspart viel Ärger, wenn es hart auf hart kommt.

Das kannst du für dich tun

Überlege dir in einer ruhigen Minute, welchen persönlichen Risiken du und deine Familie ausgesetzt sind und für wen und was – Kinder, Haus, Boot, Pferd – du verantwortlich bist. Schreibe es auf. Dann wähle die Versicherungen aus, die du brauchst. Prüfe bestehende Policen, ob sie notwendig sind – nutze dafür meine Fragen nach dem existenziellen Risiko, das dich finanziell ruinieren kann – und ob du die besten Tarife und Konditionen hast. Wenn nicht, sprich den Versicherer an oder kündige und suche dir etwas Neues. Mit diesem Ausmisten lässt sich viel Geld sparen. Mache daraus eine Routine und stelle deine Versicherungen alle zwei Jahre auf den Prüfstand.

Lesetipps

Nikolaus Braun: Über Geld nachdenken

Susan Moldenhauer: Kenne deinen Wert. Der Gehaltsratgeber für Frauen

Elizabeth Warren/Amelia Warren Tyagi: All Your Worth. The Ultimate Lifetime Money Plan

Carl Richards: The One-Page Financial Plan. A Simple Way to Be Smart About Your Money

3 Eigenfürsorge: Sag der Rentenlücke tschüss!

Die Rente und wir Frauen

Altern sei nichts für Feiglinge, soll die Hollywood-Ikone der 1930er-Jahre Mae West einmal gesagt haben. Recht hat sie. Rückt das Alter näher, macht uns vieles Angst: der körperliche und geistige Abbau, dass wir nicht mehr so leistungs- und anpassungsfähig sind, aussortiert werden, verletzlich und hilflos sind. Und: dass das Geld nicht reicht. Dass wir zu wenig haben, wenn wir nicht mehr erwerbstätig sein können. Ohne ausreichende Geldreserven stoßen wir in unserer Industriegesellschaft schnell an die Grenzen der persönlichen Würde. Deshalb gehört es zur Selbstfürsorge, sich darauf vorzubereiten und mutig hinzusehen, wo du finanziell bei der Rente stehst. Denn daran hängt nicht nur ein Teil deiner Würde, sondern dein Lebensentwurf und Selbstbild.

Wie sorgst du für dein Alter vor?

Für die meisten ist die gesetzliche Rentenversicherung die Haupteinnahmequelle im Alter. Vermutlich auch für dich. **Sie bietet dabei nicht nur eine Altersrente. Sie sichert uns auch mit einer Hinterbliebenenrente ab, wenn unsere Ehepartner sterben oder wir erwerbsunfähig werden.** Weißt du, wovon deine gesetzliche Rente abhängt und wie sie berechnet wird? Bis 2014 wusste ich das im Detail jedenfalls nicht. Es war das Jahr, in dem ich mich entschied, beruflich neu anzufangen. Dafür beschäftigte ich mich auch mit meinen Ansprüchen in der Rentenversicherung. Da war ich 45 Jahre alt und seit 23 Jahren Vollzeit berufstätig.

Die Beiträge zur gesetzlichen Rentenversicherung werden, wenn wir angestellt arbeiten, automatisch an die Rentenversicherung Bund abgeführt. Läuft also. Nee, läuft nicht. Die Sicherheit trügt. Wer sich allein auf die Gesetzliche verlässt, wird seinen Lebensstandard im Alter nicht halten können. Dafür war sie auch nie gedacht.

Aufgebaut wurde das deutsche Rentenversicherungssystem 1889 auf Initiative von Reichskanzler Otto von Bismarck. Arbeiter und Angestellte erhielten dadurch bei Invalidität und ab 70 Jahren einen »Sicherheitszuschuss zum Lebensunterhalt«. Die Renten wurden anfangs vor allem durch den Bau und Betrieb von Sozialwohnungen, Krankenhäusern und Heilstätten finanziert. Nach dem Krieg stellte die DDR die Rentenversicherung auf ein Umlageverfahren um. Die BRD wechselte in der Wirtschaftswunderzeit 1957 schrittweise ebenfalls zum Umlageverfahren. In der DDR zahlten die Betriebe die Versicherungsbeiträge. In der BRD finanzierten Erwerbstätige und Betriebe gemeinsam die Renten der Ruheständler. So ist es bis heute in Deutschland. Das Geld wird von einer Generation auf die andere »umgelegt« und die zahlende Generation erwirbt dafür Rentenansprüche.

Heute stehen zwei Versicherte für eine Rentnerin ein. Die Beitragssätze werden vermutlich weiter steigen, dazu müssen wir länger arbeiten, womöglich bis 70, und das Rentenniveau wird wohl weiter sinken. Auch wenn die Regierung das Rentenniveau bei 48 % halten will, die Wissenschaft spricht von 45 % im nächsten Jahrzehnt. Rentenniveau heißt: Würdest du 45 Jahre lang das durchschnittliche Einkommen der Versicherten verdienen, würdest du 48 % davon als Rente erhalten. 2025 wären das 2.160 Euro Rente. Eine statistische Rechengröße. Die meisten Renten liegen darunter.

Parallel wird der Bund die Zuschüsse aus dem Bundeshaushalt an die Rentenkasse weiter erhöhen (müssen). Diese Zuschüsse decken Renten an Menschen ab, die selbst keine oder nur sehr geringe Beiträge geleistet haben. Diese versicherungsfremden Leistungen müssten sachlich korrekt eigentlich direkt aus Steuermitteln finanziert werden – und nicht über die Rentenversicherung. Dazu gehören die Mütterrente, die Rente mit 63, Renten für Opfer politischer Verfolgung in der DDR und vieles mehr. Der Bundesrechnungshof hat mehrfach darauf hingewiesen, dass nicht geklärt ist, welche Leistungen exakt zu den versicherungsfremden gehören – und wie sie abgegrenzt sind. Deshalb begleicht sie der Bund auch »pauschal«.[23]

Die gesetzliche Rente gehört zu den solidarischen Kernprinzipien unserer Demokratie. Ja, sie ist nicht perfekt, könnte es aber nahezu sein, wenn das wirklich gewollt wäre. Ein Auslaufmodell ist sie nicht. Die Kosten für eine Umstellung auf ein anderes Modell wären enorm hoch und die Alternative womöglich noch teurer.[24] **Ich halte die gesetzliche Rente trotz ihrer Herausforderungen für die beste Basisabsicherung, die wir haben.** Sie bietet viele Leistungen und die ausgezahlten Renten sind noch nie gesunken.

Nur etwa 600 Euro Rente

Sehen wir uns einmal an, welche Renten Frauen erwarten können. Frauen in Westdeutschland erhalten im Schnitt 930 Euro Rente pro Monat, Frauen in Ostdeutschland 1.370 Euro. Brutto, ohne Abzüge. Der Unterschied von 440 Euro zwischen den Renten ist enorm. Die Männer haben, hüben wie drüben, etwa 1.550 Euro im statistischen Durchschnitt.[25] Auch nicht gerade viel. Gräbt man tiefer, wird das Bild noch düsterer. 31 % der Rentnerinnen haben im Bundesschnitt weniger als 600 Euro Rente. Könntest du davon leben? Ich nicht. Wie aber ergeben sich diese Renten?

Die Renten sind ein Spiegelbild unseres Erwerbslebens. Bist du sozialversicherungspflichtig beschäftigt oder freiwilliges Mitglied der Rentenkasse, zahlst du einen festen Prozentsatz deines Einkommens an die Rentenversicherung. Dadurch sammelst du für jedes Beschäftigungsjahr **Entgeltpunkte**. Viele nennen sie auch **Rentenpunkte**. Einen vollen Entgeltpunkt erhältst du, wenn du das **Durchschnittsentgelt** verdienst. Dieses Durchschnittsentgelt wird jedes Jahr neu aus den Bruttolöhnen aller Versicherten errechnet. Gewöhnlich steigt es jedes Jahr um ein paar Prozent. 2025 machte es einen zweistelligen Satz um 11 % auf rund 50.500 Euro. Das ist für Geringverdienende, Teilzeitbeschäftigte und Berufsgruppen mit geringen Löhnen keine gute

Nachricht. Also überwiegend für Frauen. Denn nur, wer ebenfalls 11 % mehr verdient, kann den Wert seiner Entgeltpunkte stabil halten. Alle anderen erhalten weniger Punkte.
Welchen Entgeltpunktwert du im Jahr sammelst, kannst du dir einfach selbst mit deinem Bruttogehalt ausrechnen. Hast du es im Kopf? Wenn nicht, schlage es nach und rechne so:

Rechnung: Dein Bruttojahresgehalt : Durchschnittsentgelt = dein Entgeltpunktwert

Beispiel: 45.000 Euro : 50.500 Euro = 0,891 Entgeltpunkte

Wer 2025 also weniger als 50.500 Euro im Jahr oder 4.208 Euro im Monat verdient, sichert sich nur einen Bruchteil eines Entgeltpunktes. Wer das Doppelte hat, darf sich über zwei Punkte freuen. Maximal kannst du bis zu 2,1 Entgeltpunkte im Jahr erwerben. Diese Punkte werden addiert und ergeben dein Rentenkapital. Beendest du deine Erwerbstätigkeit, wird deine Punktezahl mit dem aktuellen **Rentenwert** multipliziert. 2025 liegt dieser bei 39,32 Euro. Beantragst du also regulär mit 67 Jahren deine gesetzliche Rente, errechnet sie sich vereinfacht wie folgt:

Entgeltpunkte × Rentenwert = monatliche Rente

Hast du über die Jahrzehnte beispielsweise 30 Entgeltpunkte gesammelt, hättest du 2025 Anspruch auf 1.179,60 Euro monatliche Bruttorente. Hast du 22 Entgeltpunkte, wären es 865,04 Euro. Von dieser Rente müsstest du noch Beiträge zur Kranken- und Pflegeversicherung bezahlen und eventuell Einkommensteuer. Von den 865 Euro blieben dir geschätzte 765 Euro.

Merke also: Die Höhe der gesetzlichen Rente hängt ab von der
- Anzahl der Jahre der Erwerbstätigkeit und der
- Höhe des Einkommens.

Viel hilft also viel! Je höher dein Einkommen ist und je mehr Jahre du erwerbstätig bist, desto höher ist deine Rente. Je öfter du dagegen deine Erwerbstätigkeit unterbrichst, aussetzt oder nur geringfügig verdienst, desto weniger Entgeltpunkte sammelst du. Und desto kleiner ist deine Rente! Maximal können wir zurzeit eine gesetzliche Rente von etwa 3.600 Euro erhalten.

Rente als Spiegel der Erwerbsbiografie

Und deshalb lassen sich aus den gesetzlichen Renten die Erwerbsbiografien ablesen. Für Frauen mit Ostbiografie ist es eher selbstverständlich – auch als Mutter –, fast durchgängig eigenes Geld in Vollzeit zu verdienen. Deshalb sind ihre Renten fast so hoch wie die der Männer. Frauen mit Westbiografie dagegen tendieren als Mutter zu teils langen Erwerbspausen, verweilen manchmal zwei Jahrzehnte in Teilzeit und niedrig entlohnten Berufen. Darin spiegeln sich die tiefsitzenden stereotypen Rollenverteilungen wider, die durch die (früheren) Familiengesetze der BRD und das Einverdienermodell mit finanziell abhängiger Hausfrau angelegt wurden.

Wie du es für dich besser machst, ohne im Vollzeitarbeitsstress unterzugehen, liest du im Kapitel »Wer die Romantikkarte zieht, liebt dich nicht«. Denn finanziell abhängig zu sein, ist kein Lebensmodell, das Frauen guttut. Vollzeit ist aber auch nicht die Lösung.

Die Höhe deiner Rentenansprüche findest du in der jährlichen **Renteninformation**. Das erste Mal erhältst du sie mit 27 Jahren. Hefte sie nie einfach ab, sondern lies sie jedes Mal gründlich, damit du weißt, wo du stehst.

Eine kleine Rente bedeutet nicht automatisch, altersarm zu sein, wenn du noch eine Betriebsrente hast, selbst Geld anlegst oder erbst. Sie führt aber zwingend zu der Frage: **Wo kommt das Geld her, um auch als Rentnerin würdevoll zu leben?**

Teilzeit ruiniert Einkommen, Rente und Eigenständigkeit

In ihrem Berufsleben verdienen kinderlose Männer in Westdeutschland über alle Berufsgruppen hinweg statistisch betrachtet etwa 1,5 Millionen Euro, kinderlose Frauen etwa 1,3 Millionen Euro.[26] Zugegeben sind diese Lebenserwerbseinkommen ein sehr grobes Raster. Denn es gibt Anwältinnen, die 250.000 Euro im Jahr auf der Lohnabrechnung haben, und Pflegehilfskräfte mit etwas mehr als Mindestlohn. Aber so ist Statistik. Sie veranschaulicht gesellschaftliche Realität, nicht die persönliche Situation.

Was du aber siehst: Zwischen den Einkommen kinderloser Männer und Frauen in Westdeutschland besteht bereits eine Lücke. Sie beträgt etwa 13 % und wird **Gender Lifetime Earnings Gap** genannt. Allein diese Lücke ist beträchtlich und ärgerlich und nur ein Vorgeschmack darauf, was es Frauen an Lebenserwerbseinkommen kostet, wenn sie Mütter werden.

Im Vergleich zu kinderlosen Frauen büßen heute 35-jährige Mütter mit einem Kind, die in Westdeutschland wohnen, nämlich im Schnitt sogar 560.000 Euro an Einkommen ein. Also mehr als ein Einfamilienhaus. Haben sie drei und mehr Kinder, fehlen ihnen 880.000 Euro auf dem Konto – fast 70 % ihres Lebenserwerbseinkommens! 70 %!

Für diesen irren Einkommensverlust hat die Wissenschaft sogar einen Begriff geprägt: **Motherhood Lifetime Penalty.** Das lässt sich übersetzen mit »lebenslanges Bußgeld für Mutterschaft«. Dieses »Bußgeld« ist nirgends in Europa so hoch wie in Deutschland.[27] Ist das nicht verrückt?

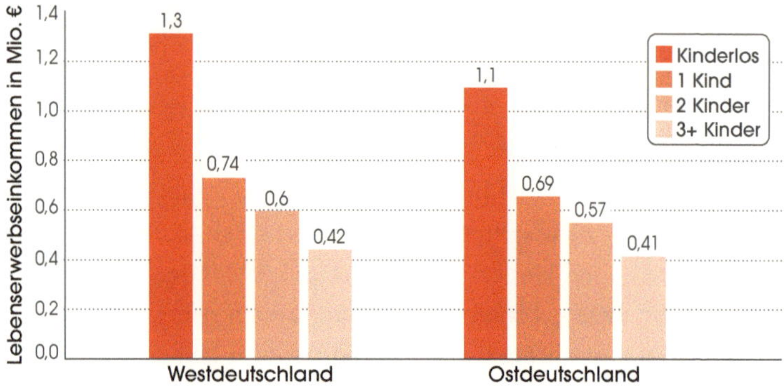

Motherhood Lifetime Penalty (eigene Darstellung, angelehnt an: Bertelsmann-Kurzexpertisen, https://www.bertelsmann-stiftung.de/de/publikationen/publikation/did/frauen-auf-dem-deutschen-arbeitsmarkt-1)

Männer dagegen stabilisieren als Väter ihre Einkommen oder erhöhen sie sogar um etwa 20 %. Statt ein Bußgeld wie die Mütter bekommen sie von ihren Chefs oft einen Karrierebooster, was ich prinzipiell großartig finde. Elternschaft sollte belohnt werden. Wird sie aber einseitig »belohnt« – hier für die Väter – wertet es das Engagement des anderen Elternteils ab, und das ist regelmäßig die Frau. Wie kann es sein, dass Frauen durch die Mutterschaft derart massive Einkommensschäden zugefügt werden, besonders in Deutschland, für die sich sogar die Wissenschaft interessiert?

Mit der Elternschaft endet die Gleichberechtigung

Es sind vor allem lange Erwerbsunterbrechungen und Teilzeitarbeit, die Mütter ein Vermögen kosten und sich für Väter auszahlt.[28] Ihre Zeit setzen die Frauen für ihre Kinder ein und erledigen den überwiegenden Teil der Hausarbeit – unbezahlt und meist, ohne dafür einen finanziellen Ausgleich einzufordern. Der Bruch kommt mit dem ersten Kind. Darauf bauen sich die Einkommenseinbußen schleichend auf und vertiefen sich. Es beginnt damit, dass fast alle erwerbstätigen Mütter mit dem ersten Kind mindestens ein Jahr Elternzeit nehmen, um den Nachwuchs ins Leben zu begleiten. Bei den Vätern fühlt sich nur ein Bruchteil zuständig, das Gleiche zu tun, obwohl schon lange nachgewiesen ist, wie wichtig das für Kinder ist (und für die Väter!). Elternzeit ist ein Schutzraum, in dem Mütter und Väter jeweils drei Jahre eine berufliche Auszeit nehmen können und nicht gekündigt werden dürfen. Elternzeit darf gleichzeitig genommen und mit Elterngeld und Teilzeit verbunden werden. Fast immer ist Elternzeit Mütterzeit. Väter halten sich größtenteils heraus. Schon in diesen ersten Monaten mit Kind verschiebt sich eine einst partnerschaftliche Beziehung in Rollenmuster früherer Generationen: Sie kümmert sich, er macht weiter wie bisher – und es wird so getan, als sei das »natürlich«.

Die Erwerbstätigkeit von Frau und Mann ist ab da nicht mehr gleichwertig: Seine steht über ihrer, sonst würden sie sich aufteilen. Kommt ein weiteres Kind dazu, summiert sich die Elternzeit bei Müttern auf mehrere Jahre. Manche Frauen verabschieden sich sogar ganz aus dem Erwerbsleben, verharren in Teilzeit oder haben einen Minijob. Zu Hause sind sie dann für alles zuständig, ohne Feierabend, ohne Lohn, oft auch ohne Anerkennung. Viele Mütter sind nur noch erschöpft.

Etwa drei von vier erwerbsarbeitenden Müttern mit Vorschulkindern gehen aus der Elternzeit direkt in Teilzeit. Bei den Vätern macht das nur jeder Zwölfte.[29] Als Teilzeit gilt jede Arbeitszeit unterhalb von 35 Stunden pro Woche. Ausgerechnet in diese Lebensphase, um die 30, fallen aber die höchsten Lohnzuwächse und nächsten Karriereschritte, von denen Teilzeitjobs eher ausgeschlossen sind. Hinzu kommt das alte Denken vieler Personaler: »Er ernährt jetzt die Familie, also braucht er mehr Geld. Sie dagegen hat doch jetzt einen Versorger, da brauchen wir ihr nicht so viel Lohn zu zahlen.« Kein Witz!

Dieses Frauen diskriminierende Denkmuster hat die frühere Bürgermeisterin von Müllheim, Astrid Siemes-Knoblich, 2021 mit einer Klage öffentlich gemacht. Sie forderte Lohngleichheit. Der Gemeinderat der Stadt hatte sie in eine niedrigere Besoldung eingestuft als ihren Vorgänger: »Der Gemeinderat fand, dass ich mich erst einmal beweisen solle. Es wurde diskutiert, dass ich ja einen gut verdienenden Ehemann habe. [...] Also brauchte ich das Geld ja nicht so dringend, fanden sie.«[30] Die Ex-Bürgermeisterin gewann die Klage. Die Stadt musste nachzahlen. Aber nur, weil sich Siemes-Knoblich gewehrt hat.

Während Väter also auf die berufliche Überholspur wechseln, Männer ohnehin oft auch noch bevorzugt werden und kinderlose Frauen beruflich Gas geben, werden die Mütter in Teilzeit immer stärker abgehängt. Der Verdienstabstand wird größer, die finanzielle Abhängigkeit nimmt zu. Die Einkommenslücke der Mütter erreicht ihren Höchstpunkt mit etwa 50 Jahren, weil selbst dann noch jede zweite Teilzeit arbeitet, obwohl selbst das jüngste Kind im Teenageralter ist.[31] Gegenüber anderen europäischen Ländern ist das ein Negativ-Rekordwert.

In Teilzeit arbeitende Mütter sind dabei doppelt gekniffen, was kaum jemand weiß. Sie werden nicht nur beruflich oft abgehängt. Sie werden auch noch geringer bezahlt. Während Männer in Vollzeitjobs im statistischen Durchschnitt 27,60 Euro brutto pro Stunde verdienen, erhalten Frauen für die gleiche Arbeit 23,28 Euro. In Teilzeit verringert sich für Frauen der Stundenlohn nochmals auf 18,32 Euro. Ein Abschlag von fast 5 Euro! Im Vergleich zum männlichen Vollzeitlohn sind es sogar über 9 Euro! Dieser sogenannte **Part Time Wage Gap** falle am stärksten bei hohen Bildungsabschlüssen aus, schreibt das Deutsche Institut für Wirtschaftsforschung in einer Studie 2019.[32]

Bereichern auf Kosten der Mütter

Nehmen wir mal die 5 Euro bei einer 20-stündigen Teilzeitstelle, ergibt das einen entgangenen Lohn von monatlich 400 Euro. Rechnen wir das auf 18 Jahre hoch, also die Zeit, bis ein Kind volljährig ist, sind wir bei einem entgangenen Lohn ohne Tarifsteigerungen von rund 86.400 Euro. Würden wir die 400 Euro monatlich in einen Aktien-Welt-ETF mit einer konservativen, realen Jahresrendite von 5 % investieren, betrüge der Vermögensschaden nach 18 Jahren mindestens 140.000 Euro.

Natürlich ist das eine vereinfachte Rechnung. Sie zeigt aber die Größenordnung, wie sich Einkommenseinbußen für Mütter allein durch Lohndiskriminierung bei Teilzeit auswirken. Nicht alle Branchen und Berufe sind davon betroffen – aber doch so viele, dass es statistisch offensichtlich signifikant ist.

Realitäts-Check: Weißt du, ob dein Stundenlohn im Vergleich zu den Vollzeit arbeitenden Kolleginnen oder Kollegen mit ähnlicher Qualifikation gleichwertig ist? Frage sie, was sie brutto verdienen und wie viele Stunden sie arbeiten. Dann hast du einen Anhaltspunkt.

Dass in Teilzeit arbeitende Frauen systematisch einen niedrigeren Stundenlohn erhalten, ist dabei kein Naturgesetz. Es ist Diskriminierung auf Firmenebene und eine Bereicherung auf Kosten der Mütter. Außerdem bedeutet ein niedriger Stundenlohn weniger Arbeitslosengeld, ein geringeres Elterngeld und eine niedrigere Rente, da diese Leistungen auf der Basis des vorherigen Einkommens berechnet werden. **Dabei ist Lohndiskriminierung gesetzlich verboten.**

Das Teilzeitfördergesetz von 2001 hat dazu geführt, dass immer mehr Frauen einer Erwerbstätigkeit nachgehen. Das ist großartig, weil sich dadurch mehr Frauen mit ihren Talenten, Ideen und Werten in Gesellschaft und Wirtschaft einbringen und ihr eigenes Geld verdienen. Die Hälfte der berufstätigen Frauen arbeitet heute Teilzeit, die andere Vollzeit. Das aber heißt: Der Hälfte der berufstätigen Frauen wird statistisch gesehen weniger pro Stunde bezahlt, als ihnen zusteht.
Das zusammengenommen hat die hohen Einkommenseinbußen besonders für in Teilzeit arbeitende Mütter zur Folge. Und das schlägt sich auf die Rente nieder – und das Spar- und Investitionspotenzial. Sehen wir uns auf der nächtsen Seite mal zwei Beispiele an:

Frau mit langer Erwerbspause Minijob, Teilzeit, Vollzeit	**Frau mit kurzer Erwerbspause** Vollzeit
4 Jahre Vollzeit. Jahresgehalt: 42.000 Euro	**4 Jahre** Vollzeit. Jahresgehalt: 42.000 Euro
6 Jahre Elternzeit, 2 Kinder	**3 Jahre** Elternzeit, 2 Kinder
9 Jahre 550-Euro-Job	**12 Jahre** Vollzeit. Jahresgehalt 45.600 Euro
10 Jahre Teilzeit. Jahresgehalt 17.000 Euro	**22 Jahre** Vollzeit. Jahresgehalt 60.000 Euro
Trennt sich vom Vater der Kinder	
12 Jahre Vollzeit. Jahresgehalt 38.600 Euro	
erworbene Entgeltpunkte: **23,04**	erworbene Entgeltpunkte: **46,3**
Rente mit 67 Jahren: **905 Euro**	Rente mit 67 Jahren: **1.820 Euro**

Modellrechnung mit Werten von 2025, Durchschnittsgentgelt: 50.500 Euro, Rentenwert: 39,32 Euro, Frau mit langen Auszeiten gegenüber Frau mit kurzer Erwerbspause

Zwischen den 905 Euro gesetzlicher Rente und 1.820 Euro in meinem Beispiel in der Grafik liegen Welten. Auf der einen Seite Rentenarmut, auf der anderen eine würdevolle Grundabsicherung. **Wer überwiegend in Teilzeit arbeitet, erhält auch nur eine Teilzeitrente.**

Du könntest jetzt einwenden: »Na ja, selbst gewählt, wenn Mütter in Teilzeit erwerbstätig sind, ist doch klar, dass sie weniger Geld verdienen und dann weniger Rente haben. Einer muss sich ja um die Kinder kümmern!« Darauf würde ich antworten: »Zu Kindern gehören in der Regel zwei Eltern. Weshalb sollte dann nur ein Elternteil finanzielle Nachteile haben? Und ist die Entscheidung wirklich freiwillig? Wäre sie das, würde sich dann nicht eine Ausgewogenheit zwischen den Eltern herstellen?« Die Grafik des Demografie-Portals lässt anderes vermuten:

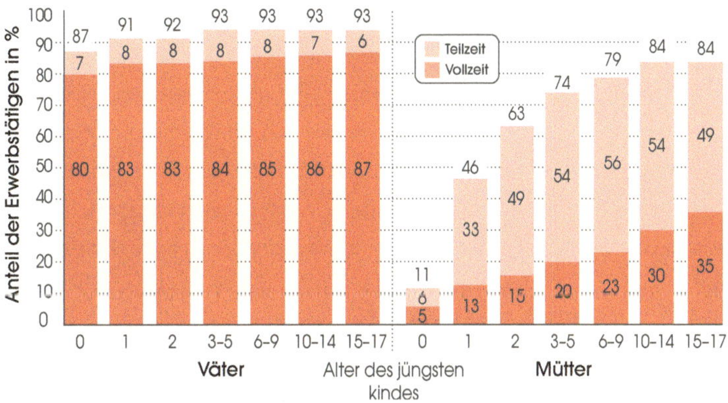

Erwerbstätigenquote von Eltern (Quelle: https://www.demografie-portal.de/DE/Fakten/erwerbstaetigenquote-eltern.html)

Würde wirklich Gleichberechtigung in Beziehungen und Gesellschaft herrschen, was die Basis freiwilliger Entscheidungen ist, hätten wir eine Balance. Was du in der Grafik siehst, ist das Gegenteil. Sind Eltern berufstätig, arbeiten Väter Vollzeit, Frauen Teilzeit. Es ist das alte patriarchalische Ernährer-mit-Zuverdienst-Modell, die traditionelle Arbeitsteilung, die Frauen in die Abhängigkeit schickt. Etwa 69 bis 75 % der Paare mit minderjährigen Kindern leben so.[33] Selbst wenn das auf dich nicht zutrifft: Die Grafik verdeutlich die gesamtgesellschaftliche Realität. Und die sieht laut Bundesstiftung Gleichstellung für Frauen so aus:

- 67 % der erwerbstätigen Frauen verdienen nicht genug, um sich langfristig selbst zu versorgen.
- 80 % der Mütter verdienen nicht genug, um sich und ein Kind langfristig selbst zu versorgen.

Und viele Frauen sind überhaupt nicht erwerbstätig. Im Klartext heißt das: **Die meisten Frauen in Deutschland können langfristig nicht**

für ihren Lebensunterhalt selbst aufkommen, weil sie sich um andere kümmern. Mich erschüttert das in dieser Eindeutigkeit und macht mich wütend, weil die finanziellen Folgen, die Kinder nun einmal bedeuten, auf die Mütter abgewälzt werden. Und die Gesellschaft tut so, als müsste das so sein. Muss es nicht. Denn damit gehen für Mütter hohe Risiken einher – besonders für unverheiratete: Stirbt der Partner oder kommt es zur Trennung, stehen diese Frauen vor einem Existenzproblem, wenn nichts geregelt und vertraglich vereinbart ist. Sie bauen auch keine oder nur geringe eigene Rentenansprüche auf und haben – als Unverheiratete – auch keine Ausgleichsansprüche an die Väter. Das wiederum lässt das Risiko der Altersarmut deutlich steigen. Wirtschaftliche Abhängigkeit erhöht zudem das Risiko psychischer, physischer und finanzieller Partnerschaftsgewalt.

Wer in Deutschland Kinder großzieht, merkt ja schnell: Beruf, Betreuung und Fürsorge sind nicht vereinbar. Hier muss organisiert, verhandelt, zurückgesteckt, Verantwortung und Arbeitspensum aufgeteilt werden. Wer das nicht aktiv tut, sondern es »geschehen« lässt, landet in stereotypen Rollenmustern und einseitigen Abhängigkeiten. Vorteil: Mann. Nachteil: Frau.

Denn ein Großteil der Wirtschaft weigert sich weiterhin, familienfreundliche Arbeitszeiten anzubieten und Führungspositionen zu teilen. Vollzeit bleibt das Ideal der männlich dominierten Leitungsetagen und wird mit Männlichkeit gleichgesetzt. Die Mehrheit der Männer stellt ihre eigene Berufstätigkeit und finanzielle Autonomie auch über die ihrer Partnerinnen. Das klingt dann so: »In meinem Beruf kann man nicht Teilzeit arbeiten!« Oder: »Teilzeit? Dann kann ich meine Karriere vergessen!« Oder: »Ich verdiene mehr! Deshalb musst du zu Hause bleiben … (und dich um alles kümmern).« Gleichberechtigte Paare bauen ihre Familie nicht auf der Basis solcher Skripte auf. Das ist Hierarchie-Talk.

Mutterschaft wird dabei gleichzeitig idealisiert und abgewertet. Vollzeit berufstätige Mütter gelten als karrieregeil, Hausfrauen als faul. Fürsorge- und Hausarbeit werden als selbstverständliche Aufgabe der Frauen angesehen und sollen bitte klaglos, geräuschlos und gratis geleistet werden, obwohl ohne sie die Gesellschaft zusammenbräche. (Hatte ich schon geschrieben, dass ich mir wünsche, Mütter würden einmal für drei Tage in Generalstreik treten? Wie in Island 1975: ein Tag Frauenstreik – und das Land stand still. Heute gilt Island als Vorreiter bei der Gleichstellung. Vielleicht sollten wir das auch mal testen. Drei Tage. Nur mal so.)

Die Soziologin Birgit Happel beschreibt in ihrem Buch »Auf Kosten der Mütter« präzise, welchen Herausforderungen sich Mütter stellen müssen. Väter nicht. Von gleichberechtigten Erwerbsstrukturen und wirklich freien, partnerschaftlichen Entscheidungen bei allen Paaren sind wir jedenfalls noch weit entfernt.

Immer mehr junge Frauen wehren sich allerdings gegen diesen Druck und die Bevormundung. Und auch junge Männer wünschen sich immer öfter eine aktive Rolle als Väter, sind zugewandte und unterstützende Partner und faire Kollegen. Weil sie gemerkt haben, dass dadurch alle gewinnen: die Frauen, sie selbst, ihre Kinder, die Gesellschaft. Das Patriarchat tut niemandem gut.

Als Paar einen eigenen, innigen Weg zu finden und sich von den Gespenstern der Vergangenheit loszusagen, erfordert Respekt, Liebe, Reflexion, klare Grenzen, geteilte Finanzen und sehr viele offene Gespräche. Teamwork statt Machttrip. **Am besten passiert das, bevor der neue Lebensabschnitt mit Kind beginnt,** und nicht erst, wenn das Kleine da ist und die Zwänge sich entfalten.

Die Politik weiß seit Jahrzehnten, dass Wirtschaft und Gesellschaft gegen den Gleichberechtigungsgrundsatz der Verfassung verstoßen. Es gibt zahlreiche Vorschläge, die viel verbessern würden, wie Anreize zur partnerschaftlichen Aufteilung von Fürsorge- und Hausarbeit, echte Entgeltgleichheit, Quoten für Leitungspositionen, Ausbau der Ganztagsbetreuung, familienfreundliche Kernarbeitszeiten, Abschaffung der Steuerklassen III und V, verpflichtende Trainings für gewalttätige Männer. Es tut sich jedoch bescheiden wenig.

Jammern aber is nich! Wir können als Frauen nicht darauf warten, dass unsere Volksvertreterinnen und -vertreter endlich ihren Job machen und Männer als Gesamtheit ihre Privilegien und anerzogenen Ansprüche hinterfragen. Das ist nicht unsere Aufgabe. Unsere Aufgabe im Leben ist es, glücklich zu sein. Das erreichen wir, indem wir für uns bestimmen, wie wir leben wollen, und das einfordern, was uns zusteht.

Und damit zurück zur Rente: **Wo stehst du mit deiner *eigenen* Vorsorge?**

Karten auf den Tisch: Was hast du an Renten und Vermögen?

Die meisten Frauen, die ich als Finanzcoachin kennengelernt habe, drücken sich sehr lange vor dieser einen Klarheit. Ich kann das gut verstehen. Sich mit Rentenansprüchen, Ersparnissen, Vermögen und allem, was wir sonst »für die Rente« abgeschlossen haben, auseinanderzusetzen, heißt: sich mit vergangenen Entscheidungen *und* der eigenen Vergänglichkeit zu beschäftigen. Wir stellen ungern einmal getroffene Entscheidungen infrage, weil es am Selbstbild kratzt, wenn wir erkennen, Fehler gemacht zu haben.

Noch emotionaler ist die Konfrontation mit dem eigenen Tod. Mir fällt sie schwer. Deswegen aber nichts tun? Undenkbar. Also lenke ich meine Gefühle auf Zahlen. Älter zu werden, ist ein Geschenk. Alt zu sein, wird ab einem gewissen Punkt beschwerlich. Bis dahin möchte ich finanzielle Ressourcen haben, um die Jahre zu genießen. Wird es beschwerlich, sollen die Reserven reichen, um das aufzufangen. Deshalb baue ich strategisch Vermögen auf und habe mir ein Ziel gesetzt, wie hoch dieses Vermögen sein soll, bevor ich »in Rente« gehe. Jedes Investment für dieses Ziel gibt mir Ruhe.

Deshalb lass dich von mir ermuntern und sieh hin. Was uns Angst macht, ist die Ungewissheit. Klarheit vertreibt sie.

Hole deine **Renteninformation** und alle Vorsorgeverträge, die du abgeschlossen hast – Betriebsrenten, private Rentenversicherungen, einen Riester- oder Rürup-Vertrag, Kapitallebensversicherungen, fondsgebundene Verträge, Bausparvertrag oder Indexpolicen – was auch immer sich die Finanz- und Versicherungsbranche an fancy Namen ausgedacht und sich bei dir angesammelt hat. Hast du bereits Aktienfonds als ETFs oder aktive Fonds, Einzelaktien und Anleihen, liste auch diese auf. Die aktuellen Werte reichen. Erfasse zudem alle Sparsummen auf Tagesgeldkonten. Vergiss deine Immobilie nicht. Denn die könntest du vermieten und daraus eine Art Rente beziehen. Du könntest sie auch verkaufen und von diesem Geld leben. »Niemals«, denkst du? Denke besser in Möglichkeiten als in Besitzständen. Das macht dich frei.

Deine Ansprüche in der gesetzlichen Rente

Auf deiner jährlichen Renteninformation findest du auf der ersten Seite rechts einen Kasten mit drei Euro-Beträgen. Der erste ist die Rente, die du bei voller Erwerbsminderung monatlich erhalten würdest.

Der zweite Eurobetrag ist die Rente, die du dir bis jetzt erarbeitet hast. Es ist deine »erreichte Rentenanwartschaft«. Sie ergibt sich aus deinen Entgeltpunkten, die mit dem gültigen Rentenwert multipliziert worden sind. Das kannst du einfach nachvollziehen. Drehe dazu die Renteninformation um. Im Kasten auf Seite 2 stehen unten deine Entgeltpunkte. Im Absatz darüber »Grundlagen der Rentenberechnung« wird der aktuelle Rentenwert genannt. Diese Rentenanwartschaft ist dir sicher, selbst wenn du jetzt aufhören würdest, weiter an die Kasse zu zahlen, weil du dich beispielsweise selbstständig machst.

Der dritte Betrag im Kasten auf Seite 1 ist deine geschätzte Regelaltersrente. Sie erhältst du zu Rentenbeginn, wenn du weiter in dem Umfang Beiträge an die Rentenversicherung zahlst wie in den vergangenen fünf Jahren. Zahlst du mehr, weil du mehr verdienst, steigt diese Regelaltersrente. Sinkt dein Lohn, sinkt auch sie.

Du siehst also mit zwei Blicken auf der Renteninformation, was du an Rente erworben hast und zu Rentenbeginn bekommen wirst. Bist du in deinen 30ern, fallen die Zahlen freilich noch nicht besonders hoch aus. Bist du in deinen 50ern, wäre es gut, wenn auf deiner Information vierstellige Beträge stünden. Kurz vor der Rente sowieso.
Bist du Beamtin, kannst du mit einer höheren Monatsrente als Pension rechnen als gesetzlich Versicherte. Allerdings wirst du nicht jedes Jahr über deine Ansprüche informiert. Du kannst dir eine Pensionsprognose erstellen lassen. Erstmals ist das nach fünf Dienstjahren möglich. Im Netz findest du diverse Pensionsrechner. Wichtig erscheint mir, dass du weißt, wie deine Pension errechnet wird, damit du überschlagen kannst, ob dir dieser Betrag zum Leben reicht. Ich würde mich nicht allein auf sie verlassen.

Das hast du sonst noch

Liste als Nächstes alle weiteren Vorsorgeverträge und Vermögenswerte auf. Sortiere die Verträge und Guthaben und frage dich: Sind die Produkte für deine Rentenzeit vorgesehen? Wenn ja, was kannst du von ihnen erwarten? Welche monatlichen Renten oder Geldbeträge? Suche auf den jährlichen Bestandsmeldungen nach garantierten oder kalkulierten Monatsrenten, garantierten Kapitalbeträgen oder Rückkaufswerten. Findest du keine Angaben, frage bei der Betriebsrente in der Personalabteilung nach, bei den Versicherern, Produktanbietern oder deinem Versorgungswerk.
Addiere die Monatsrenten und Kapitalbestände zu jeweils einer Zahl. So siehst du, was du hast.

Realitäts-Check: Wenn einige Verträge nicht für deine Rente gedacht sind, wofür hast du sie? Was ist ihr Zweck? Verstehst du, wie die Produkte funktionieren, was sie dir bringen und dich kosten? Wenn nein, mach dich schlau. Gibt es keinen Zweck, kündige sie.

Und? Bist du zufrieden mit dem, was du vor dir siehst?

Das bringt dir kein Vermögen

Seit über einem Jahrzehnt investiere ich mein Geld strategisch selbst. Als ich mich nach meiner persönlichen Krise auf diesen Weg machte, *Geldfrau* gründete und die Prüfung zur Finanzanlagen-Honorarberaterin ablegte, stand für mich eine zentrale Frage im Raum: Was ist besser und lohnt sich wirklich? Eigenverantwortlich Geld anlegen oder auf eines der unzähligen Altersvorsorgeprodukte der Versicherungen setzen? Schon diese Frage fühlte sich wie ein Tabubruch an. Denn von allen Seiten hieß es: Nimm Lebensversicherungen, mit Beitragsgarantien! Die bieten Steuervorteile! Selber Geld anlegen? Viel zu riskant, viel zu kompliziert, viel zu hohe Steuern und am Ende verlierst du alles! Überlasse das den Profis, die wissen, wie es geht. Du nicht.
Diese Erzählung hat seither durch Finanzblogs, die Verbraucherzentralen, Stiftung Finanztest, Forschungsinstitute, Vereine und Nicht-Regierungs-Organisationen tiefe Risse bekommen. Denn die Erzählung war noch nie wahr. Es geht damit los, dass uns eingebläut wird:

Die Altersvorsorge hat drei Säulen:

- die erste: die gesetzliche Rentenversicherung und berufsständische Versorgungswerke
- die zweite: die betriebliche Altersvorsorge, oft als Direktversicherung oder Direktzusage
- die dritte: private Vorsorge mit Versicherungslösungen jeder Art wie Renten- und Kapitallebensversicherungen, zu verrentende Fonds- oder Banksparpläne sowie die staatlich geförderten Riester- und Rürup-Renten – und: Geld selbst anlegen

Hierin liegen gleich zwei fundamentale Probleme. Das Bild der Säulen suggeriert: Willst du nicht, dass deine Rente kippt, brauchst du jede Säule. Zum anderen basiert jede Säule auf einer Versicherungslösung. Da ist es doch kein Wunder, dass die Mehrheit eine Heidenangst davor hat oder erst gar nicht auf die Idee kommt, ihr Geld selbst zu anzulegen, um genug im Alter zu haben.

Das Säulenbild ist irreführend: Die einzig verpflichtende Vorsorge ist die gesetzliche Rentenversicherung, wenn du zu den pflichtversicherten Beschäftigten gehörst. Oder die Versorgungswerke der freien Berufe, in die du einzahlen musst, wenn du als Ärztin, Apothekerin, Notarin, Steuerberaterin oder Wirtschaftsprüferin arbeitest. Das wars. Ansonsten kann du es halten, wie du willst.
Bei mir saß das auch im Kopf: Für das Alter spart man in eine Lebensversicherung. Und so ging ich dem netten Berater ins Netz, der mir auf dem Unicampus in Bochum, wo ich 1995 studierte, zwei Lebensversicherungen verkaufte. Als ich mich immer mehr über die hohen Verluste der Verträge ärgerte, forschte ich nach, von welchem Unternehmen der Berater da kam. Es ist der auf Akademikerinnen und Akademiker spezialisierte Allfinanzvertrieb MLP. Seine Vertreterinnen und Vertreter verdienen jedes Mal am **Abschluss** solcher Versicherungen. Denn dabei werden Tausende Euro als Abschluss- und Bestandskosten fällig. Sie werden verdeckt aus den Beiträgen der Kundschaft genommen. Kein Wunder, das meine Verträge verlustreich waren.
Natürlich reicht die gesetzliche Rentenversicherung nicht aus, das weißt du längst. Aber sind die von der Versicherungswirtschaft, Sparkassen, Banken und den »Allfinanzvertrieben« verkauften Versicherungslösungen wirklich sinnvoll, so, wie es bis heute mit viel Marketing angepriesen wird? Sinnvoll im Sinne von: **Sie liefern eine zuverlässige Rente, entwickeln sich besser als die Inflation, sind kostengünstig, verständlich, transparent und weisen eine gewisse Flexibilität auf, und der Anbieter kommuniziert auf Augenhöhe?**
Der Bund der Versicherten nannte schon in den 1980er-Jahren Lebens- und Rentenversicherungen jeder Art »legalen Betrug«, weil sie völlig ungeeignet seien, bedarfsgerecht fürs Alter vorzusorgen.[34] Das ist immer noch so. Je mehr ich über Altersvorsorge lernte und je öfter ich von Kundinnen Lebensversicherungen, Mini-Riester-Renten und vom Versicherer gekürzte Renten sah, desto wütender wurde ich. Weil mir klar wurde: Die Branche will nicht *unser* Bestes,

sie will *ihr* Bestes und tarnt ihre Selbstbedienungsmentalität mit Werbesprachwolken aus »Chancen nutzen ohne Risiko«, »Garantiekapital«, »Garantieniveau« oder »Sicherungsvermögen«. Sie versteckt die Nutzlosigkeit ihrer Vorsorgeprodukte hinter illustren Zusätzen wie »mit Cap«, »Multi-Index-Strategie«, »Hybrid-Variante« oder »Garantiefonds-Rente«. Oder es ist die Rede von »Wunschpolicen«, »dynamischen Anlagestrategien«, »Überschussbeteiligungen«, »flexiblen Umschichtungen«, »Beitragsrückgewähr« oder »Kapitalwahlrecht«. Dazu sind die Policen »fondsgebunden«, »risiko- und steueroptimiert«, »indexbasiert« und »rückgedeckt«. Der Wahnsinn tobt in der Produktpalette. Je doller, desto teurer.

Verstehst du deine Betriebsrente, Lebens- oder Rentenversicherung? Oder deinen Riester-Vertrag? Vermutlich nicht. Es ist auch nicht gewollt. Die Mehrheit der als Vorsorgepolicen getarnten Finanzprodukte ist *nicht* dazu gemacht, verstanden zu werden und uns eine Altersvorsorge an die Hand zu geben. Sie sind dazu gemacht, uns in Sicherheit zu wiegen und den Versicherungen und ihren Vertriebspartnern in Banken, Sparkassen, Allfinanzvertrieben und Maklerpools hohe Umsätze zu liefern. Diese Umsätze ergeben sich aus den Abschluss- und Verwaltungskosten, die bei Vertragsabschluss fällig werden. Diese Kosten werden aus den Beiträgen der Versicherten beglichen und gehen als Provisionen an die Vertriebe. Bei Vorsorgeprodukten summieren sich diese Provisionen auf Tausende Euro pro Vertrag und sind besonders hoch. Sie liegen um die 4 % bezogen auf die Beitragssumme. Weil die Mehrheit der Versicherten ihre Verträge vorzeitig kündigt, betrage der Kostensatz sogar bis zu 7 %, schätzt Axel Kleinlein, Versicherungsmathematiker und langjähriger Versicherungsgutachter. Wie die Branche uns verkauft, statt zu beraten, liest du im Kapitel »So erkennst du Abzocker«.

Versicherungen als Altersvorsorge? Nicht die beste Wahl

Ich könnte mit dir jetzt eine beliebige Versicherungspolice oder einen Riester-Vertrag analysieren, die Konstruktionsweise ergründen, die Abschluss-, Verwaltungs- und Anlagekosten in Höhe Zehntausender von Euro sowie Renditeprognosen und Steuervorteile durchrechnen. Ich lasse es, weil wir uns im Kreis drehen würden. Es ist ein Kreis aus Komplexität und Intransparenz, wie die eingezahlten Beträge verwendet werden (du hast keine Chance, das zu erfahren) – aus hohen Kosten (Selbstbedienung der Branche, besonders des Vertriebs), geringen Erträgen, geringer Flexibilität in der Ansparphase, überzeichneter Langlebigkeit und einem völlig unterschätzten Inflationsrisiko. Eine Rentenvorsorge muss so geplant sein, dass sie schneller im Wert wächst als die Inflation. Inflation bedeutet, dass das Preisniveau über die Zeit steigt. Wir können also morgen für den gleichen Geldbetrag weniger kaufen als heute. Deshalb heißt es Kaufkraftverlust. Renten aus Versicherungslösungen aber gleichen ihn nicht aus, weil sie nicht über die Zeit steigen. Renten aus der Gesetzlichen steigen dagegen fast jedes Jahr. Erhältst du 300 Euro monatlich aus einer Betriebs- oder Rürup-Rente, hast du bei einer Inflationsrate von jährlich 2 % nach 10 Jahren noch eine Kaufkraft von 250 Euro, obwohl 300 Euro auf deinem Konto eingehen. Nach 20 Jahren liegt die Kaufkraft bei 200 Euro. Weil Frauen im Schnitt 22 Jahre Rente beziehen, kannst du erahnen, wie nach und nach deine Mittel schwinden.

Deshalb raten diejenigen, die sich unabhängig mit Versicherungen zur Altersvorsorge beschäftigen, von Versicherungslösungen ab. Der Bund der Versicherten warnt sogar seine Mitglieder: »Alle kapitalbildenden Versicherungen wie Riester, Rürup, private Rentenversicherung und Fondspolicen sind weder zur Altersvorsorge noch zur Vermögensbildung geeignet. Die versicherten Leistungen entsprechen nicht einmal der Summe der eingezahlten Prämien.« Außerdem seien neue Rententarife wie eine Black Box. »Sie bieten eine lebenslange Rente, deren Rentenhöhe erst zu Rentenbeginn – also in 20, 30, 40 oder noch mehr Jahren – mitgeteilt werden kann.«[35] Die Verbraucherzentrale titelt »Private Rentenversicherung: zur Altersvorsorge nicht die erste Wahl«.[36] Das DIW empfahl schon 2011 ein »grundsätzliches Überdenken in der Altersvorsorgepolitik«.[37] Und das Team von Finanzwende Recherche kam 2025 nach der Analyse von 111 Riester- und Rürup-Verträgen zu dem Schluss: »Um die Einzahlungen inflationsbereinigt wieder herauszubekommen, müssten heute 37-jährige Sparende im Schnitt schon 99 oder 100 Jahre alt werden.« Außerdem erhielten die Versicherten monatlich maximal 83 Euro, die dann auch noch versteuert werden müssen![38]

Diese seit Jahrzehnten herrschende Fundamentalkritik und die toxische Mixtur aus hohen Kosten, Komplexität, Intransparenz und unterirdischen Renditen hat 2023 endlich die Bundesanstalt für Finanzdienstleistungsaufsicht (BaFin) zum Handeln gezwungen. Die BaFin überwacht die deutsche Finanzwirtschaft und erfüllt darüber hinaus Aufgaben im Verbraucherschutz. Sie gilt nicht als »scharfer Hund«. Die BaFin untersuchte bei 13 von etwa 80 Lebensversicherern Vorsorgeverträge.[39] Ihr Fazit ist vernichtend: erhebliche Defizite, mangelhafter Kundennutzen, hohe Kosten im Schnitt von mehr als 4 % und 70 % kündigen ihre Verträge vorzeitig. Den Versicherten entstehen dadurch Schäden in Milliardenhöhe, die der Finanzwirtschaft als Einnahme zugutekommen. Allein der festgestellte mangelhafte Kundennutzen spräche angesichts der Bedeutung der Altersvorsorge für ein sofortiges gründliches Nachbessern. Die BaFin als Behörde unter der Fachaufsicht des Bundesfinanzministeriums aber nimmt davon Abstand.

Die Politik könnte dem ruinösen Treiben sofort Einhalt gebieten. Tut sie aber nicht. Versicherungskonzerne zählen zu den größten Geldgebern des deutschen Staates. Durch Gesetze sind die Versicherer verpflichtet, das Geld ihrer Kundschaft vorwiegend in »risikolose« Anlagen zu investieren. Als risikolos gelten deutsche Staatsanleihen. Was für ein Zufall! Die Versicherer finanzieren also mit dem Geld ihrer Kundschaft einen Teil der Staatsschulden Deutschlands. Wirtschaftlich ist das oft nicht lukrativ, weil deutsche Staatsanleihen sehr niedrig verzinst sind. Es scheint also, als ob die Finanzminister den Versicherungen entgegenkommen und sie gewähren lassen. Zudem hat die Finanzbranche über 440 Lobbyistinnen und Lobbyisten unter Vertrag, die Einfluss auf die Abgeordneten im Bundestag nehmen. Die Branche lässt sich das mehr als die Auto- und Chemielobby zusammen kosten.[40]

Für mich waren letztlich vier Gründe ausschlaggebend, meine als Studentin abgeschlossenen Lebensversicherungen zu kündigen:

- die Intransparenz – also nicht zu wissen, wie der Versicherer mein Geld anlegt, welchen Gewinn ich erhalte und wie er mit meinem Geld haushaltet
- die beachtlichen Jahresgebühren
- die schlechte Wertentwicklung
- eine arrogante Kommunikation

Seit ich mich abgekoppelt habe von der Angstmacherei und Bevormundung und mein Geld selbst anlege, bin ich ruhiger geworden, wenn ich auf meine Altersvorsorge blicke. Ich denke jetzt in Möglichkeiten.

Was machst du jetzt mit diesen Einschätzungen?

Wenn du planst, zu riestern oder eine Rürup-Versicherung, eine kapital- oder fondsgebundene Lebensversicherung oder eine private Rentenversicherung abzuschließen, lies die Details sorgfältig auf den Internetseiten der Verbraucherzentralen nach und konsultiere einen **unabhängigen** Renten- und Versicherungsberater.

Ich halte die Beschäftigung damit allerdings für Zeitverschwendung. Gut investiert ist deine Zeit, wenn du bestehende Altersvorsorgeprodukte aufräumst und damit Geld für einen eigenständigen Vermögensaufbau freisetzt. Sehr wahrscheinlich gehörst du zu den Millionen Frauen mit einem Riester-Vertrag. Womöglich hast du auch eine Lebens- und eine private Rentenversicherung.

Sie alle hast du schon aufgelistet. Versuche, sie zu verstehen und zu bewerten. Und denk daran: Die Produktinformationen und jährlichen Bestandsmeldungen sind nicht dafür geschrieben, dass du sie verstehst. Sie sind schlicht Vorgaben des Gesetzgebers. Deshalb rede dir nicht ein, du hast kein Talent für Altersvorsorge, Geldanlage und Finanzen. Hast du. Hat jede, die es will.

Die wichtigste aller Erfahrungen: Unterschreibe keinen Vertrag, den du nicht verstehst, von dem du die Kosten nicht in Euro und Prozent kennst und bei dem du weder die Rentenhöhe noch die Ausstiegsklauseln kennst. Bestehe darauf, das zu erfahren.

Und so kannst du mit bestehenden Verträgen umgehen:

Betriebsrente und betriebliche Altersvorsorge

Deine Firma ist verpflichtet, dir eine Betriebsrente anzubieten. Du musst sie aber nicht abschließen. Die beste Betriebsrente ist die, die die Firma für dich aus eigenen Mitteln finanziert. Jackpot! Bei den anderen Angeboten nimmt deine Firma einen Teil deines Brutto-Gehalts und spart es in eine von ihr (!) ausgesuchte Versicherungslösung.
Sie ist verpflichtet, mindestens 15 % dazuzugeben. Fließen also 100 Euro monatlich in die Betriebsrente, zahlst du 85 Euro, die Firma 15 Euro. Durch diese sogenannte Entgeltumwandlung sinkt allerdings deine gesetzliche Rente. Denn die gesetzlichen Rentenansprüche beziehen sich auf den (reduzierten) Brutto-Lohn. Außerdem musst du die Betriebsrente später versteuern und zahlst zehn Jahre den vollen Krankenkassenbeitrag darauf. Zwar gibt es einen Freibetrag, die Sozialversicherungspflicht kann aber dazu führen, dass du Verlust machst. Bei der Betriebsrente überwiegen die Nachteile deshalb oft die Vorteile. Bezuschusst deine Firma die Betriebsrente nicht mit mindestens 20 %, lohnt sie sich meist nicht.
Informiere dich vorher *sehr* genau über Kosten und die Art der Versicherung und ob du sie beispielsweise zu einem anderen Arbeitgeber mitnehmen kannst. **Unabhängige** Renten- und Versicherungsberaterinnen helfen dir dabei.

Riester-Rente

Die Riester-Rente wäre eine tolle Sache, würden sich Vertrieb und Versicherer nicht so oft so unverschämt daran bedienen. Hast du einen Riester-Vertrag, zahlt dir der Staat jährlich üppige Zulagen: 175 Euro für dich und 185 Euro beziehungsweise 300 Euro für jedes Kind.

Deine Beiträge kannst du in der Steuererklärung als Sonderausgaben ansetzen; das Finanzamt prüft dann automatisch, ob dir zu den Zulagen noch eine Steuerminderung zusteht (Günstigerprüfung). Um die vollen Zulagen zu erreichen, musst du 4 % deines Bruttolohns in den Vertrag sparen. Die Zulagen werden angerechnet. Prüfe, ob du die Zulagen dauerhaft beantragt hast (Dauerzulagenantrag), sonst ist der Vertrag sinnlos.
Ein Verlustgeschäft ist Riestern bei Kinderlosen. Verdienst du sehr wenig, unter 2.000 Euro, und hast zwei Kinder und mehr, kann sich ein Vertrag dagegen lohnen. Schlag beim Verbraucherportal »Finanztip« nach, welche Policen infrage kämen. Vergleiche drei Angebote.

Rürup-Rente (Basisrente)

Die Rürup- oder Basis-Rente wurde als Rentenversicherung für Selbstständige eingeführt, als Alternative zur Gesetzlichen. Herausgekommen ist ein überflüssiges, unflexibles, intransparentes, komplexes und teures Vertragswerk, das du nicht kündigen, sondern nur beitragsfrei stellen kannst. Die Kosten laufen weiter. Du hast auch nie wieder freien Zugriff auf dein Geld und kannst es nur durch teure Zusatzklauseln vererben. Das Hauptargument der Verkäufer für Rürup ist sein Steuerstundungseffekt. Rürup-Renten rechnen sich – wenn überhaupt – allerdings erst ab einem Alter von über 90 Jahren.

(Kapital-)Lebensversicherung und private Rentenversicherungen

Bei Lebensversicherungen jeder Art erhältst du nach Ablauf des Vertrags die bis dahin angesparte Summe. Bei deinem vorzeitigen Tod profitieren die im Vertrag eingetragenen Berechtigten. Lebensversicherungen sind seit Jahrzehnten ein Verlustgeschäft und bei Rentenversicherungen muss man in der Regel steinalt werden, meist weit über 90, um sein Geld zurückzuerhalten. Und hier sind Rentenkürzungen wegen einer höheren, unterstellten Lebenserwartung nicht ausgeschlossen.

Bei Rentenversicherungen kannst du oft zwischen einer Rente und dem Auszahlen der Beitragssumme wählen. **Nimm hier besser die Kapitalsumme**, nicht die teure Verrentung in Anspruch. Du hast mehr von deinem Geld, wenn du es selbst anlegst. Sieh dir auf der jährlichen Standmitteilung deiner Versicherungsverträge die Kosten an und setze sie in Relation zum erreichten Beitragswert.

Tipp bei allen Versicherungen: Lass deine Verträge bei einer Verbraucherzentrale oder dem Bund der Versicherten prüfen. Dann kannst du entscheiden, ob es lohnender ist, weiter zu zahlen, die Beiträge zu pausieren oder den Vertrag zu kündigen. Kündigst du deine Riester-Rente, werden Zulagen und Steuerersparnis vom Vertragsguthaben abgezogen. Das verbliebene Guthaben wird dann in der Steuererklärung deinem Einkommen zugeschlagen und versteuert. Bist du gesetzlich versichert, benötigst du keine weitere Rentenversicherung. Bist du selbstständig, vergleiche eine freiwillige Mitgliedschaft in der gesetzlichen Rente mit den Konditionen einer privaten Alternative wie der Rürup-Rente. Die Gesetzliche bietet mehr Leistungen, ist rentabler, du kannst die Einzahlungen flexibel gestalten, sie steuerlich ansetzen und die Rente darf nicht gekürzt werden. **Unabhängige Honorar- und Rentenberatungen** helfen dir.

Vermögenswirksame Leistungen – mitnehmen!

Wenn dir deine Firma vermögenswirksame Leistungen anbietet, nimm sie mit! Bis zu 480 Euro zahlen Unternehmen im Jahr in eine von dir ausgesuchte Geldanlage und der Staat fördert mit bis zu 80 Euro jährlich. Entscheide dich am besten für einen Aktien-ETF-Sparplan. »Finanztest« hat sich einige Angebote angesehen und spricht klare Empfehlungen aus. Den Test findest du auf ihrer Website. Hast du noch keine vermögenswirksamen Leistungen, frage in der Personalabteilung nach.

Was also ist besser? Eigenverantwortlich Geld anlegen ist besser. Versicherungen zur Altersvorsorge liefern nicht das, was sie vorgeben. Mit der gesetzlichen Rente oder einem berufsständischen Versorgungswerk erarbeitest du dir eine gute Basisabsicherung. Deinen Lebensstandard sicherst du dir darüber hinaus mit einer Geldanlage in Eigenregie. Das lohnt sich und du behältst die Kontrolle. Deshalb: Miste bestehende Versicherungen aus, lerne investieren und baue dir dein eigenes Vermögen auf. Das können nicht nur Reiche. Das kannst du auch! Weg mit der Angst, her mit den Chancen!

Hast du dir in der gesetzlichen Rentenversicherung schon deine Ansprüche gesichert, gerade als Mutter?

So machst du es richtig mit der gesetzlichen Rente

Gesetzliche Rente klingt immer so langweilig. Sie zu haben und von ihr das bezahlen zu können, was wir brauchen, macht aber einen erheblichen Unterschied, wenn du alt bist. Dann ist sie eine wertvolle Stütze. Wenn du den Rentenantrag mit 67 Jahren unterschreibst und die Rente auf dein Konto überwiesen wird bis zum Ende deiner Tage – dann dankst du dir, dass du dich jetzt kümmerst.

Lass dich von Artikeln oder Meinungsbeiträgen nicht verunsichern, die gegen die Gesetzliche geradezu hetzen. Oft wird Unsicherheit geschürt, ohne die eigentlichen Probleme ernsthaft behandeln zu wollen und echte Lösungen zu diskutieren. Neben Vorteilen wie lebenslanger Absicherung, Hinterbliebenenschutz, einer Rente bei Erwerbsminderung und der Beteiligung an den Krankenkassenbeiträgen gibt es zwei weitere gute Gründe, deine Ansprüche zu stärken:

Die Rente wird in der Regel jedes Jahr erhöht. Die Rentner und Rentnerinnen profitieren dadurch von den Einkommenssteigerungen aller Versicherten. In den vergangenen 20 Jahren stiegen die Renten jährlich im Schnitt zwischen 2 und 3 %. Darunter wenige Jahre ohne ein Plus, und manche Jahre mit 5 und 6 %.[41] Damit schlägt die Gesetzliche ganz gut die Inflation. Private Renten, Riester- und

Rürup- sowie Betriebsrenten hingegen zahlen keinen Inflationsausgleich. Was viele nicht wissen: Beziehst du bereits eine Rente, ist ihre Höhe garantiert; sie darf nicht mehr gesenkt werden. Außerdem kann sich die Rendite der gesetzlichen Rentenversicherung durchaus sehen lassen. Die Rendite beziffert den jährlichen Ertrag einer Geldanlage im Verhältnis zum eingesetzten Kapital. Dieser Ertrag liegt für Männer zwischen 3,0 bis 3,5 %, für Frauen zwischen 3,5 bis 4 %. Frauen profitieren deshalb etwas mehr, weil sie länger leben und zusätzlich Witwenrente erhalten.[42] Für diese Berechnung wurden freilich Annahmen getroffen, die nicht auf jede Frau und jeden Mann zutreffen. Sie geben aber eine wissenschaftlich fundierte Idee darüber, was die Rente wert ist. 3,0 bis 4,5 % Rendite ist im Vergleich zu privaten Versicherungslösungen sehr passabel, die nachweisbar kaum einen Kundennutzen erwirtschaften. Siehe Prüfung der BaFin im Mai 2023.[43]

Also: Stärke deine gesetzlichen Ansprüche und pflege deine Berufstätigkeit. Du hast in der Gesetzlichen zudem einige Stellschrauben, an denen du drehen kannst – und solltest.

Jedes Jahr im Beruf zählt

In der Rentenversicherung zählt jedes Beitragsjahr, weil du nur pro Jahr Entgeltpunkte erwerben kannst. Deshalb unterbrich deine Berufstätigkeit nur so kurz wie möglich. Meide längere Auszeiten und Minijobs als Fachkraft. Deine Berufstätigkeit ist genauso viel wert wie die eines Mannes und hat nichts mit der Höhe des Einkommens zu tun. Erwerbstätigkeit ist ein Menschenrecht, um ein selbstbestimmtes Leben führen zu können. Verhandle Familienaufgaben mit dem Vater deiner Kinder, damit du Zeit für deinen Beruf hast. Er ist dafür genauso zuständig wie du.

Erhöhe dein Einkommen

Vereinbare mit dir selbst, dir einmal im Jahr Gedanken über dein Gehalt zu machen. Passt das Gehalt noch zu deiner Qualifikation, zu dem, was du für die Firma leistest? Pflege eine Liste deiner beruflichen

Erfolge, auch kleine. Schreibe sie auf eine Pinnwand, in dein Journal, ins Smartphone. Diesen Rat hat mir einmal ein Freund gegeben, als ich beruflich alles infrage gestellt habe und hinschmeißen wollte. Zu lesen, was du alles kannst, stärkt und motiviert ungemein. Auf dieser Basis verhandele regelmäßig eine Gehaltserhöhung, gerade bei Teilzeit. Das kann über die Jahre einen beeindruckenden Unterschied machen. Steigerst du dein Gehalt alle zwei Jahre um 10 %, bist du nach 10 Jahren nicht mehr bei beispielsweise 35.000 Euro, sondern bei etwa 56.000 Euro. Ein Plus von 21.000 Euro! Vorgesetzte geben dir nicht von sich aus mehr Geld. Bereite dich immer gut vor. Es gibt viele Bücher zum Thema, zum Beispiel das von Susan Moldenhauer »Kenne deinen Wert«.

Hast du das Gefühl, deine Teilzeitarbeit wird schlechter bezahlt oder dein Kollege verdient für die gleiche Arbeit mehr, gehe dem auf den Grund. Sprich mit Kolleginnen und Kollegen, der Gewerkschaft. Lohndiskriminierung ist verboten. Und nur, weil der Kollege vielleicht offensiver verhandelt hat als du, darf er nicht höher bezahlt werden. Das hat 2023 das Bundesarbeitsgericht geurteilt (Az. 8 AZR 450/21). Ein Meilenstein gegen den Gender Pay Gap. Wehr dich!

Mit Kindern punkten – schnapp dir Mütterrente und Kindererziehungszeiten

Die gesetzliche Rentenversicherung entschädigt Mütter zumindest etwas für die Arbeit, die sie in ihre Kinder stecken. Für jedes Kind, das vor 1992 geboren wurde, erhältst du 2,5 Entgeltpunkte, für jedes danach geborene 3 Entgeltpunkte. Das ist die sogenannte Mütterrente. Es wird also so getan, als hättest du 2,5 beziehungsweise 3 Jahre das Durchschnittsentgelt verdient. Die Entgeltpunkte bekommst du auch, wenn du sofort wieder berufstätig bist oder Elterngeld beziehst. Du beantragst sie über das **Formular V800 »Feststellung von Kindererziehungszeiten«**. Gleichzeitig werden deinem Rentenkonto einmalig 10 Jahre Kinderberücksichtigungszeit gutgeschrieben. Diese Berücksichtigungszeit ist für manche Leistungen der Rentenversicherung relevant.

Selbst Mütter, die nicht Mitglied der gesetzlichen Rentenversicherung oder die in einem berufsständischen Versorgungswerk pflichtversichert sind, haben Anspruch auf die Mütterrente. Damit du sie ab 67 Jahren erhältst, müssen mindestens 5 Beitragsjahre in der Kasse zusammenkommen. Bei einem Kind hast du – wegen der Entgeltpunkte – schon die Hälfte dieser Mindestbeitragsjahre. Die andere kannst du mit freiwilligen Zahlungen an die Kasse auffüllen. Erkundige dich dafür bei der Rentenversicherung. Hast du 2 Kinder, hast du 5 Beitragsjahre voll.

Achte vor allem bei Teilzeit darauf, mindestens 25 Beitragsjahre voll zu haben. Denn dadurch wird innerhalb der Kinderberücksichtigungszeit ein niedriges Einkommen rechnerisch bis zum Durchschnittsentgelt aufgewertet. Das führt zu einem Rentenplus, ohne dass du selbst zusätzliche Beiträge zahlen müsstest.

Die Kindererziehungszeiten vergibt die Kasse an nur ein Elternteil. Grundsätzlich steht sie Müttern zu. Väter benötigen die ausdrückliche Zustimmung der Mutter, damit die Entgeltpunkte auf ihrem Rentenkonto landen. Die 10-jährige Berücksichtigungszeit kann dagegen geteilt werden (Formular V820).

Beantrage die Mütterrente am besten zeitnah zur Geburt. Du kannst das Formular aber auch später ausfüllen. Du hast hier allerdings eine Holschuld. Also hol sie dir!

Alles korrekt erfasst? Die Kontenklärung

Ab 35 Jahren ist es sinnvoll, eine sogenannte Kontenklärung anzufordern. Die Rentenversicherung listet darin alle relevanten Zeiten auf, die deinem Rentenkonto bis dahin gutgeschrieben wurden. Dann kannst du kontrollieren, ob alles korrekt erfasst ist wie die Kindererziehungszeiten, Pflege von Angehörigen, Arbeitslosigkeit oder die Ausbildung. Fehlt ein Eintrag, kannst du das nachreichen. (Formular V0100). Stelle mindestens mit 50 Jahren den Antrag auf Kontenklärung, weil du ab diesem Alter deine Rente pushen kannst. Sinnvoll ist es, den Antrag zwischen dem 40. und 45. Lebensjahr zu stellen, weil wir bis dahin rückwirkend mögliche Anspruchslücken schließen können. Aber auch in jedem Alter danach ist es wichtig, Bescheid zu wissen, damit wir nicht auf Rente verzichten.

Achtung, Selbstständige: Bist du dir unsicher mit deinem Versichertenstatus, weil du mit der Selbstständigkeit deine Beitragszahlungen an die Rentenversicherung eingestellt hast, kontaktiere vor einer Kontenklärung eine unabhängige Rentenberaterin. Es könnte sein, dass die Kasse dich doch als versicherungspflichtig einstuft und du Nachzahlungen leisten musst. Es ist besser, das vorher zu wissen.

Vorsicht: Jedes Jahr früher kostet dich viel Geld

Das Alter, ab dem du eine volle Rente bekommst, hängt von deinem Geburtsjahr ab. Es liegt zwischen 65 und 67 Jahren. Du findest es auf deiner jährlichen Renteninformation. Möchten du früher in Rente gehen, mit 63 etwa, überlege dir das sehr genau. **Jeder Monat früher kostet dich dauerhaft 0,3 %** deines erarbeiteten Rentenkapitals.

Beispielrechnung: Du hast 35 Entgeltpunkte. Beantragst du mit 63 schon deine Rente, obwohl du bis 67 erwerbstätig sein müsstest, wird dein Rentenkonto um 4,4 Entgeltpunkte reduziert (–14,4 %). Das entspricht einem Gegenwert von etwa 180 Euro. Doch nicht nur dieser Betrag fehlt dir, sondern auch alle künftigen Rentensteigerungen darauf. Du verzichtest also über die Jahre auf weit mehr. Nimmst du deine Rente mit 63 in Anspruch, bleibst aber gleichzeitig weiter erwerbstätig, kann sich das für dich lohnen. Lasse dir von der Rentenversicherung deine Ideen durchrechnen oder konsultiere eine unabhängige Rentenberatung. Erst dann kannst du rational entscheiden.

Deine Beiträge zur Rentenversicherung kannst du in der Einkommensteuererklärung geltend machen – egal, ob du pflicht- oder freiwillig versichert bist. Dadurch reduziert sich dein Einkommen und du zahlst weniger Steuern. Die Rente, die du später erhältst, ist deswegen aber steuerpflichtig.

So bekommst du mehr Entgeltpunkte ab 50

Grundsätzlich kannst du als Berufstätige in der Gesetzlichen deine Entgeltpunkte nicht einfach so aufstocken. Freiwillige Zahlungen sind nur möglich, wenn du keiner sozialversicherungspflichtigen Tätigkeit nachgehst, etwa, weil du die Familie managst oder selbstständig bist.
Mit dem 50. Lebensjahr aber öffnet uns die Rentenversicherung eine Tür, um unser Rentenkonto aufzufüllen. Diese Tür ist relativ unbekannt. Ab 50 kannst du dir von der Kasse ausrechnen lassen, was es dich kosten würde, mit 63 *ohne Abschläge* in Rente zu gehen. Für jeden Monat früher in Rente müssen wir dauerhaft 0,3 % unserer Entgeltpunkte abgeben. Über freiwillige Sonderzahlungen kannst du diese Kürzung ausgleichen. Weil diese Sonderzahlungen ebenfalls steuerlich absetzbar sind, reduziert sich dein tatsächlicher Aufwand sogar. Der Clou: Niemand verlangt, dass du tatsächlich mit 63 den Job quittierst. Arbeitest du weiter, sammelst du zusätzliche Entgeltpunkte. Im Ergebnis hast du ab 65 oder 67 eine spürbar höhere Rente.
Ehepaare tun gut daran, ihre Rentenansprüche möglichst gleich hoch zu gestalten. Frauen leben länger, die Witwenrente aber beträgt nur 55 bis 60 % der Rente des Partners – oft zu wenig für ein weiterhin auskömmliches Leben. Deshalb ist es eine kluge Strategie, die Rente der Frau bewusst aufzustocken – weil sie ihre eigene Rente länger benötigt und ihr so mit dem Tod des Partners nicht zu viel Rente wegbricht.

Freiwilliges Mitglied der Rentenversicherung werden

Ich habe es bereits erwähnt: Die gesetzliche Rentenversicherung bietet Vorteile, die private Versicherungen nicht leisten. Die wichtigsten: Sie umfasst Zusatzleistungen, steigt regelmäßig und liefert eine positive Rendite – besonders für Frauen. Und: Die freiwilligen Zahlungen können flexibel gestaltet werden. Sie ist deshalb auch für Selbstständige, die nicht pflichtversichert in der gesetzlichen Rente sind, und für Familienmanagerinnen sehr interessant, auch wenn die Lobbyisten der Versicherungskonzerne das Gegenteil behaupten (ohne es zu belegen).

Unabhängige Rentenberaterinnen und -berater helfen

Eine Rentenberaterin findest du unter rentenberater.de. Sie arbeitet auf Honorarbasis. Es ist gut investiertes Geld.

Deine To-do-Liste für eine bessere Rente:

1. Nimm deine Absicherung im Alter ernst.
2. Beantrage eine Kontenklärung (Selbstständige: Versicherungsstatus vorher prüfen).
3. Sichere dir die Kindererziehungszeiten.
4. Prüfe freiwillige Beiträge als Selbstständige oder Familienmanagerin.
5. Verhandele Ausgleich für Zeiten für die Familie (mehr dazu im Kapitel »Wer die Romantikkarte zieht, liebt dich nicht«), verhandele regelmäßig dein Gehalt und kläre Lohndiskriminierung.
6. Kontaktiere eventuell eine Rentenberaterin und besprich mit ihr deine Optionen für die Rentenzeit.

Mit diesen Schritten legst du die Basis für eine stabile und selbstbestimmte Rente.

Lesetipps

Alexandra Zykunov: Was wollt ihr denn noch alles?!

Birgit Happel: Auf Kosten der Mütter

Anette Weiß: Geld & Gloria. Ruhestand ohne Reue (für Selbstständige)

4 Vermögen tut Frauen gut

Du brauchst einen Finanzplan

Neulich erzählte mir eine Frau Anfang 50, sie habe sich vor ein paar Jahren selbstständig gemacht und die Beitragszahlungen zur gesetzlichen Rentenversicherung eingestellt – es lohne sich nicht, meinte sie. Seitdem habe sie nichts mehr für ihre Altersvorsorge getan. Nun mache ihr das zunehmend Sorgen. Auf meine Frage, wie viel gesetzliche Rente sie erhalten werde, antwortete sie: etwa 800 Euro. Das ist weniger als die Grundsicherung!

Ohne Erbe, versorgenden Partner, Immobilien oder einen gezielten Vermögensaufbau wird sie im Alter kaum über die Runden kommen. Denn woher nimmt sie die fehlenden Finanzmittel, wenn sie nicht mehr arbeiten kann? Solche Gespräche sind für mich eindringliche Momente: Sie zeigen, wie wichtig ein Finanzplan ist und wie oft Menschen ihre finanzielle Basis vernachlässigen – unabhängig von ihrem Bildungsstand, ihrer Herkunft oder beruflichen Erfolgen.

Mir ging das früher ähnlich. Mein kurzfristiger Finanzplan war ganz passabel. Mein langfristiger aber? Puh! Der war nicht wirklich vorhanden. Das Leben planlos zu genießen, mag bei spontanen Reisen und in jungen Jahren reizvoll sein. Doch beim Thema Geld ist ein solcher Ansatz fatal. Ohne einen Plan für unsere Finanzen riskieren wir finanzielle Abhängigkeit, den Verlust unserer Autonomie und später Altersarmut. Gleichzeitig ist das Risiko für finanzielle Gewalt in der Partnerschaft erhöht und die Selbstbestimmung eingeschränkt.

Was soll dein Geld für dich tun?

Lass uns einen Moment innehalten. Und stelle dir diese Frage: **Was will ich von meinem Geld? Welche finanziellen Grundlagen brauche ich, um meine Wünsche an mich und das Leben wahr werden zu lassen?**

Die Antworten auf diese Fragen sind persönlich und wegweisend. Was soll Geld für dich tun, das Geld, das du mit deinem Beruf verdienst, das aus der Familienkasse kommt oder das du als Ausgleich für Care- und Hausarbeit verhandelt hast? Sei ehrlich zu dir. Einige Antworten können sein:

Sicherheit: »Ich möchte jederzeit genug Geld haben.«
Selbstbestimmung: »Ich möchte frei entscheiden, wie ich mein Leben gestalte.«
Träume: »Ich will reisen, mir ein Haus mit Garten kaufen und meine Hobbys pflegen.«
Soziales Leben: »Ich will Zeit für meine Familie und Freundinnen haben und finanziell sorgenfrei sein.«
Leichtigkeit: »Ich möchte, dass Geld wie eine verlässliche Freundin ist.«
Zukunft: »Ich will auch im Alter genug haben.«

Wenn du ehrlich überlegst, was *du* von Geld willst, und nicht, was die Gesellschaft von dir erwartet, öffnet sich ein Raum, in dem du erkennst, welche Rolle du Geld zuweist. Das hilft dir, richtige Entscheidungen *für dich* zu treffen. Sei es für die Berufswahl, ein unabhängiges Leben, deine Weiterentwicklung, Mutterschaft, Ehe, den Umfang der Erwerbstätigkeit, die Ausschöpfung deiner persönlichen Talente.

Die Frage fordert dich gleichzeitig heraus, deine Karten auf den Tisch zu legen: **Was tust du selbst dafür, um das, was du vom Geld – und vom Leben – willst, zu erreichen?**

Mach dein Ding: Ein Finanzplan zeigt dir den Weg und sichert dich ab

Ich erlebe oft, dass Frauen zögern, finanzielle Wünsche und Ziele klar, selbstbewusst und auch mal großspurig zu formulieren. Meist erlauben sie es sich nicht, überhaupt nach finanziellen Zielen zu streben. Weshalb? Weil sie mit Vorurteilen rechnen und die Selbstzensur durch das Patriarchat tief sitzt.

Antworten Frauen beispielsweise offensiv: »Ich will Millionärin sein, Immobilieninvestorin oder Unternehmerin«, werden sie belächelt: »Träum weiter, Mädchen, bist doch gar nicht der Typ dafür!« Oder sie werden abgewertet: »Boah, bist du geldgeil. Konzentrier dich lieber auf deine Kinder, nicht auf Geld. Du haust doch eh alles raus.« Oder der Klassiker: »Geld ist doch nicht alles!« Im schlimmsten Fall reden wir es uns selbst ein.

Es ist die alte, stereotype Leier, um Frauen abhängig und kleinzuhalten. Weg damit. Ich kann es nicht oft genug schreiben. Weg damit. Solche Gedanken haben in deinem Leben nichts verloren, sie schränken dich nur ein.

Ersetze sie lieber mit: **»Mein Leben. Mein Geld.«** Dein Weg, deine Entscheidungen! Und wenn dich mal wieder jemand ungefragt bevormunden will, sag nichts oder: »Mein Leben, mein Geld!« Und mach dein Ding.

Trau dich, dir Fragen nach deinen finanziellen Zielen und Wünschen zu stellen. Du kannst nirgendwo hinreisen und ankommen, wenn du nicht weißt, wohin du willst.

Auch wenn du sonst dein Leben nicht gern planst – **hab zumindest einen Finanzplan mit dem Ziel, selbstbestimmt zu leben und Vermögen aufzubauen.** Er beschützt dich, gibt dir Kontrolle, Stabilität und Klarheit und schafft die Grundlage, dass du jederzeit genug Geld hast. Dadurch wirst du emotional gefestigter, lebst gesünder und bist weniger anfällig für äußere Krisen wie Wirtschaftseinbrüche, Jobverlust oder die Folgen einer Trennung.

Martina vs. Sabine: der Unterschied, den ein Plan macht

Sehen wir uns zwei Beispiele an:

Martina, 33 Jahre alt, Mutter einer Tochter

- Netto-Einkommen 80-Prozent-Stelle: 2.800 Euro
- spart monatlich: 200 Euro (für Urlaube, Anschaffungen)
- investiert monatlich: 300 Euro als zusätzliche Altersvorsorge
- Sicherheitspuffer: 4.900 Euro als Tagesgeld
- Konsumrücklagen: 3.000 Euro
- Vermögen nach 8 Jahren: 40.000 Euro (MSCI-ACWI-Aktien-ETF, 300 Euro im Monat)

Sabine, 33 Jahre alt, Single

- Netto-Einkommen Vollzeit: 2.800 Euro
- spart: kaum etwas, gibt aus, was sie verdient
- investiert: nichts
- Sicherheitspuffer: 450 Euro auf dem Girokonto
- Konsumschulden: 1.400 Euro

Martina hat einen Plan. Sabine hat keinen.

Martina weiß, was sie vom Leben will. Sie achtet auf ihr Einkommen, verhandelt regelmäßig ihr Gehalt, bildet sich weiter, gibt Geld bewusst aus und investiert strategisch für ihre Altersabsicherung. Sogar die Hälfte ihres Weihnachtsgeldes steckt sie in ihren All-Country-World-Aktien-ETF. Sie sorgt für sich und möchte ihrer Tochter ein Vorbild sein.

Sabine hingegen lebt ohne Struktur von Monat zu Monat, hat Konsumschulden und investiert nicht. An die Zukunft denkt sie nicht, sie findet das zu kompliziert.

Martina wird auch im Rentenalter finanziell abgesichert und eigenständig sein, während Sabine abhängig von äußeren Umständen bleibt und riskiert, spätestens im Alter in finanzielle Schwierigkeiten zu geraten. Dafür lebt Sabine üppiger.

Übernimm Verantwortung unabhängig von deiner Startposition

Natürlich sind manche wegen ihrer Herkunft besser mit finanziellen Ressourcen, Finanzwissen und auch Chancen ausgestattet als andere. Sie haben deshalb einen Vorsprung. Da gibt es nichts zu beschönigen. Wenn du nicht dazu gehörst, verzweifle nicht, sondern nutze die Möglichkeiten, die du hast, und erarbeite dir neue. Besonders, wenn du wenig Geld hast, räume deinen Finanzen Priorität ein. Das wird deine Situation grundlegend verbessern.

Wie ein Finanzplan aussieht

Ein Finanzplan ist keine wissenschaftliche Ausarbeitung. Er muss auch nicht perfekt sein und du brauchst keine komplizierte Software dafür. Ein Finanzplan ist ein persönlicher Wegweiser, wie du dein Geld sinnvoll einsetzt, um deine Bedürfnisse und Wünsche zu decken, dich für Notfälle abzusichern und langfristige (Vermögens-)Ziele zu erreichen. Hier sind die wichtigsten Bausteine:

Lebenssituation betrachten: Bist du Single, in einer Beziehung mit oder ohne Kind? Deine Lebensphase bestimmt die Ausrichtung deines Finanzplans. Setze Prioritäten. Halte schriftlich fest, was dir im Leben wichtig ist und wie du dein Geld einsetzt. Das Führen eines Haushaltsbuchs hilft dir dabei.
Sicherheitsrücklage aufbauen: Prüfe deine Einkommenssituation. Sie beeinflusst die Höhe deiner Rücklagen. Lege einen Sicherheitspuffer als Tagesgeld an (grundlegende Ausgaben mal drei, besser mal sechs).
Zusatzrücklagen planen: Spare Geld gezielt für größere Konsumausgaben (z. B. Urlaube, neue Waschmaschine, Hobbys) und spezielle Verantwortungen (z. B. Gesundheitsvorsorge).
Risiko absichern: Sichere dich mit existenzsichernden Policen ab wie Haftpflicht, Berufsunfähigkeit, eventuell Risikolebensversicherung.
Basis-Altersvorsorge stärken: Sorge dafür, dass du deine gesetzliche Rente als Grundpfeiler deiner Altersvorsorge stabilisierst.

Lebensziel Vermögen: Beginne so früh wie möglich, beherzt und zielstrebig Vermögen aufzubauen. Setze es dir als Lebensziel, um finanziell stets selbstbestimmt zu sein und genügend Reserven zu haben.
Selbstbewusstsein festigen: Arbeite daran, finanzielle Entscheidungen selbstständig zu treffen, dir eine fundierte Meinung zu bilden und deine Ressource Geld für die geplanten Ziele einzusetzen und nicht zu verplempern.

Grenze die einzelnen Schritte sauber voneinander ab. In den ersten drei Kapiteln habe ich dir das Wichtigste an die Hand gegeben, um deinen Finanzplan zu entwerfen. Darauf baust du auf und passt ihn regelmäßig an deine Lebenssituation an – als Routine der Eigenfürsorge. Ein Finanzplan wandelt sich mit dir. Also, frage dich: **Was willst du von deinem Geld? Was willst du von deinem Leben?**
Ein Finanzplan bringt beides in Einklang und legt den Grundstein für dein Vermögen. Ja, auch für *dein* Vermögen.

Vermögen als ein Lebensziel – und für innere Zufriedenheit

Vermögen ist kein Privileg für Reiche, Männer oder Menschen, die besonders clever sind oder schon viel Geld haben, auch wenn sich dieser Irrglaube hartnäckig hält. Vermögen bedeutet auch nicht, Millionen zu besitzen, die Umwelt durch Luxus zu belasten, Menschen auszubeuten, Steuern zu hinterziehen, Macht zu missbrauchen oder rücksichtslos Gewinne auf Kosten anderer einzustreichen.
Ein eigenes Vermögen ist unerlässlich, wenn wir würdevoll bis ins hohe Alter leben möchten. Es sichert uns den Lebensstandard und schafft Freiräume.

Erlaube dir, Vermögen zu haben – trau es dir zu!

Um dein Geld so anzulegen, dass Vermögen entsteht, brauchst du weder einen Doktortitel noch ein Diplom und du musst auch nichts Einschlägiges studiert haben. Nur eines ist erforderlich: **Du musst dich entscheiden: »Ich mache das jetzt und übernehme diese Verant-**

wortung.« Darauf baut alles auf. Vermögen entsteht nicht von allein und auch nicht nebenbei. Es braucht deine Tatkraft und Aufmerksamkeit – aber bedeutend weniger Zeit, als du womöglich denkst. Vermögen entsteht nicht, indem wir nur sparen. Sparen ist das Sprungbrett. Vermögen entsteht, indem wir investieren.

Hast du eine Ahnung, wie viel es dich kostet, wenn du Geld auf dem Giro- oder Tagesgeldkonto für das Alter nur sparst, statt es zu investieren?

Was dich Nichtstun kostet

Stell dir vor, du hast deinen Sicherheitspuffer und deine privaten Rücklagen gefüllt und sparst weiter. Jeden Monatsanfang überweist du einen festen Betrag auf dein Tagesgeldkonto. Zwar sind die Zinsen niedrig, aber du freust dich, wie clever du dein Geld anlegst.

Nach ein paar Jahren hast du eine ansehnliche Summe auf deinem Konto. Sagen wir 20.000 Euro, vielleicht auch 60.000 Euro. Was machst du jetzt damit? Das Geld liegen lassen, weil du kein Risiko eingehen und dich nicht damit beschäftigen willst und es schätzt, dass dein Gespartes wegen der Zinsen stetig ein bisschen mehr wird? Oder wäre es doch klüger, »in Krypto zu machen« wie dein Bruder oder »diese ETFs« zu kaufen wie die Kollegin? Oder du denkst über das Beratungsangebot der Bank nach. Oder solltest du einfach weiter sparen – auf ein Startkapital für eine Immobilie? Über solchen Gedanken gehen die Jahre ins Land und du findest: »Ach, ich mache doch alles richtig. Mein Geld wächst und ich schlafe ruhig. Warum sollte ich etwas ändern?«

Selbst wenn du nicht so denkst, viele Menschen tun es. Das Problem daran: Sie haben die Rechnung ohne die Inflation gemacht. Als **Inflation** wird der meist schleichende, selten abrupte Anstieg des Preisniveaus über die Zeit bezeichnet. Die Inflationsrate misst diesen Anstieg in Prozent. Um die Inflationsrate für Deutschland zu berechnen, vergleicht das Statistische Bundesamt die Preise eines Warenkorbs mit-

einander – also typischer Waren und Dienste, die wir im Alltag kaufen. Es prüft, wie teuer diese heute im Vergleich zum entsprechenden Monat vor einem Jahr sind und bildet daraus eine durchschnittliche Preisentwicklung. Diese heißt offiziell aber gar nicht Inflationsrate, sondern **Verbraucherpreisindex**. In Deutschland schwankte dieser Verbraucherpreisindex seit der Jahrhundertwende zwischen jährlich 0,3 % (2009) und 6,9 % (2022). Als volkswirtschaftlich gesund wird eine Inflationsrate von 1 bis 2 % angesehen.
Eine Inflationsrate unter null ist ein eher seltenes Phänomen. Sie wird *Deflation* genannt und erhöht den Wert des Geldes.

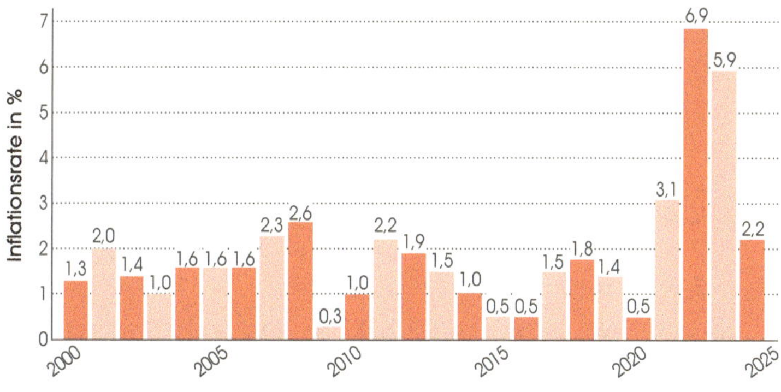

Inflationsrate in Deutschland von 2000 bis 2024 (eigene Darstellung in Anlehnung an https://de.statista.com/statistik/daten/studie/1046/umfrage/inflationsrate-veraenderung-des-verbraucherpreisindexes-zum-vorjahr/)

Wie du siehst, steigt das Preisniveau in der Regel Jahr für Jahr. Auf die Teuerung des Vorjahres folgt nahtlos die nächste. Wir können uns also für den gleichen Geldbetrag jedes Jahr immer ein bisschen weniger kaufen. Unser Geld verliert an Wert und damit Kaufkraft. Die Inflation zählt zu den größten Risiken unserer finanziellen Stabilität. Der Wert unseres Geldes drückt sich nicht in den Zahlen auf unserem Kontoauszug aus, sondern darin, wie viel wir dafür kaufen können. Jetzt *und* in Zukunft. Ganz praktisch merkst du es, wenn die Miete schon wieder angehoben wird und die Preise für Brot, Äpfel, Olivenöl und den Nahverkehr teurer werden, dein Einkommen aber dasselbe bleibt. Zwischen 2000 und 2024 büßten 1.000 Euro durch die Inflation 375 Euro an Kaufkraft ein.

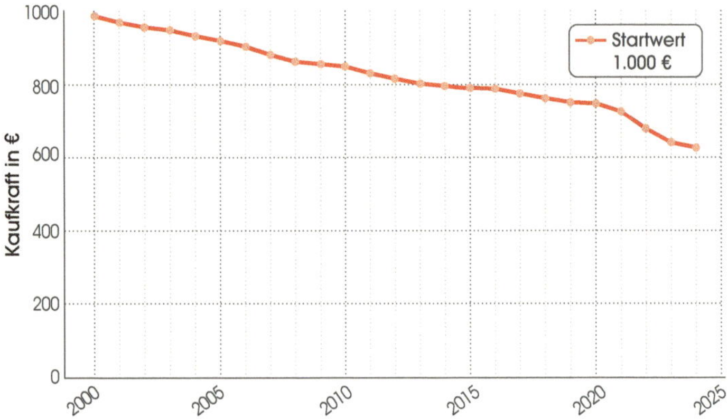

Kaufkraftverlust durch Inflation

Bleiben wir bei den 20.000 Euro im Beispiel: Nehmen wir an, die Inflationsrate beträgt jährlich 3,5 %. Deine 20.000 Euro auf dem Tagesgeldkonto werden mit 1 % verzinst. Nach 10 Jahren auf dem Konto sind sie nur noch rund 15.660 Euro *wert*. Auf dem Konto stünden aber 22.090 Euro, wenn du die Zinsen liegen gelassen hast. Dieser Zuwachs würde dich in Sicherheit wiegen. Tatsächlich hättest du innerhalb der 10 Jahre 6.430 Euro Geld*wert* eingebüßt – wegen der Inflation.

Deshalb ist es so fatal, wenn du Geld für die Rente nur auf einem Tagesgeldkonto oder Sparbuch sammelst. Denn Guthabenzinsen neutralisieren die Inflationsrate nur selten. Das Gleiche gilt für private Renten aus Versicherungen wie Riester oder Rürup.

Denke die Inflation immer mit

Ziehe also von Wertentwicklungen und den Zinssätzen, die dir deine Bank nennt, stets die Inflationsrate ab. Im Fachjargon heißt das Ergebnis **inflationsbereinigt**. Nur so siehst du, ob du einen **tatsächlichen,**

realen Wertzuwachs hast oder nur einen **nominalen Zahlenzuwachs**. Wandele also **nominale** Zinswerte stets in **reale** um:

- nominal = Zahl, die auf dem Papier steht
- real = tatsächlicher Wertzuwachs nach Abzug der Inflation

Die aktuelle Inflationsrate findest du auf destatis.de. Die Deutsche Bundesbank veröffentlicht auch regelmäßig die *reale* Verzinsung von Tages- und Festgeld. Im Oktober 2022 erreichte sie einen traurigen Rekordwert von –8 %.
Um also lebenslang abgesichert zu sein, muss unsere Geldanlage für die Altersvorsorge stärker wachsen als die Inflation.

Doch welche Anlageform schafft das – und worauf ist zu achten, damit wir dabei auch ruhig schlafen können?

Damit baust du Vermögen auf

Medien, Börsenbriefe, Finanznewsletter und die »sozialen« Netzwerke produzieren beim Thema Geldanlage minütlich Lärm. Da wird mit den »besten Dividendenaktien« oder »Top-Investitionen in diesem Jahr« geworben – oder »Milliardäre investieren hier – du auch?«. Als wenn Geld anlegen ein Wettbewerb wäre. Andere halten Gold für die einzige Rettung und wer bei Krypto nicht dabei ist, ist ohnehin verloren. Dazu wird alles als »kinderleicht« und »easy-peasy« dargestellt und sehr oft mit viel Drama.
Diesem Lärm entfliehst du nur mit Wissen, einem Finanzplan und einer Strategie. Stell dir Vermögen immer als einen Garten mit Obstbäumen und Gemüse vor. Zuerst entwickelst du eine Idee, wie dein Garten aussehen soll. Von deinem Geld kaufst du dann Samen und Stecklinge, die robust sind und hohe Erträge liefern, und pflanzt sie ein. Der Regen fällt, die Sonne wärmt, was Fotosynthese und Wachstum anregt und Obst und Gemüse reifen lässt. Du lockerst ab und an den Boden und sorgst dafür, dass Schädlinge nicht am Grün knabbern. Einmal im Jahr erntest du. Einen Teil des Obstes und Gemüses isst

du selbst. Den Überschuss verkaufst du und kaufst dafür neue Samen und Stecklinge. So wächst dein Garten Jahr für Jahr – und irgendwann reicht dein Geld dafür, dir eine Hütte zu bauen, in der du wohnst oder die du vermietest, wodurch du Geld einnimmst. Die Bürgermeisterin des Ortes hat Regeln erlassen, was du in deinem Garten tun darfst und was nicht – denn er ist Teil der Gemeinschaft. Deine Entscheidungen tragen also zusätzlich dazu bei, wie es der Gemeinschaft geht.
Im Grundsatz funktioniert unser Wirtschaftssystem, die Marktwirtschaft, wie ein Garten in einer Gemeinschaft: Jemand hat eine Idee (Tomaten anbauen), leiht sich dafür Kapital (Geld), nutzt Rohstoffe (Samen, Erde, Regen, Sonne) und Arbeitskräfte (die Mitglieder der Gemeinschaft) und setzt die Idee in ein Produkt oder eine Dienstleistung um – unter Beachtung der gesetzlichen Vorgaben und ohne im besten Fall Mensch, Tier und Umwelt zu schädigen. Andere finden das gut und kaufen das Produkt oder die Dienstleistung. Und so wächst die Firma (der Garten). Eine Produktionshalle wird angemietet, weitere Produkte mit neuem Kapital entwickelt, mit zusätzlichen Rohstoffen und weiteren Arbeitskräften. Mit den Einnahmen (Verkauf der Tomaten, Gurken, Birnen) bezahlt die Firma die Miete, die Rohstofflieferanten, entlohnt die Arbeitskräfte und entschädigt die Kapitalgeberinnen für ihren Mut, der Firma Geld anvertraut zu haben. In welcher Rolle findest du dich in dieser Metapher wieder? Als Arbeitskraft? Als Konsumentin? Vielleicht als Unternehmerin mit der Idee? Hoffentlich bald als Kapitalgeberin und Investorin – oder Vermieterin der Produktionshalle. Denn das sind unser Hebel, nicht nur die Inflation zu schlagen (die Schädlinge), sondern gezielt Vermögen aufzubauen, das uns und andere wie ein Garten ernährt. Das erreichen wir aber nur, wenn wir unser Geld als Kapital in den Wirtschaftskreislauf geben. Für diesen Mut werden wir entschädigt.

Lass dein Geld für dich arbeiten. Wirklich?

Diesen Satz lese ich ständig: »Lass dein Geld für dich arbeiten.« Hast du jemals Geld arbeiten sehen? Ich nicht. Menschen arbeiten. Maschinen arbeiten. Und vielleicht auch Tiere – hoffentlich keine Kinder.

Ich habe festgestellt, dass es zur Klarheit beiträgt, Zusammenhänge so zu benennen, wie sie sind. Und keinen Unsinn zu verbreiten. Denn falsche Bilder führen zu falschem Denken und münden leicht in Fehlentscheidungen. Die Wahrheit ist: Vermögen wird immer von Menschen geschaffen. Von uns.
In der Marktwirtschaft haben wir 5 plus 1 Möglichkeiten, Geld anzulegen. Diese werden Anlageklassen, Assetklassen oder Vermögenswerte genannt. Mit einigen von ihnen können wir – basierend auf historischen Daten – zuverlässig Vermögen aufbauen und damit einen Wertzuwachs erzielen, der die Inflation aushebelt. Denn das ist der Unterschied zwischen Sparen und Investieren: Beim Sparen sammeln wir Geld wie Eichhörnchen ihre Nüsse als Vorrat für den Winter. Beim Investieren denken wir in Jahrzehnten und setzen auf Wachstum und Ertrag wie eine Gärtnerin.

Die 5 plus 1 Anlageklassen untergliedern sich in drei Sachwerte und zwei Geldwerte:

- **Sachwerte:** Unternehmensbeteiligungen, Immobilien/Land, Rohstoffe
- **Geldwerte:** Anleihen, Guthaben auf Giro-, Tages- oder Festgeldkonten

Du meinst, da fehlt etwas? Diese »ETFs«, von denen alle reden? ETF steht für Exchange-Traded Funds (dazu später mehr). Sie sind aber keine Anlageklasse, auch wenn das oft so dargestellt wird. ETFs sind, wie fast alles, was du im Produktdschungel der Finanzindustrie findest, »Verpackungen«.

Unterscheide Anlageklassen von »Verpackungen«

Verpackungen selbst liefern keinen Wertzuwachs. Sie bieten manchen Vorteil, haben eigene Risiken und kosten Geld. In den Verpackungen findest du als Inhalt immer die fünf Anlageklassen – entweder als Mischung oder in Reinform. Beispiele für solche Verpackungen sind

Lebensversicherungen, bei denen der Inhalt überwiegend aus Anleihen besteht. Oder Fonds wie ETFs, die in Reinform vor allem Aktien oder Anleihen beinhalten, aber auch Rohstoffe wie Gold oder Silber. Weitere Verpackungen sind Riester- und Rürup-Renten, Discount-Zertifikate, Rentenversicherungen, Investmentfonds, Aktienanleihen oder Put-Optionsscheine. Die Liste ist fast endlos: Allein an der Frankfurter Börse waren 2024 etwa 1,3 Millionen unterschiedlichster Zertifikate handelbar.[44] Und das bei Anlageklassen, die du an einer Hand abzählen kannst! Jetzt hast du auch eine Idee, weshalb es so schwer erscheint, das Richtige bei der Geldanlage zu tun. Die schiere Zahl der Verpackungen lenkt vom Wesentlichen ab und verwirrt nachhaltig. Dabei sind ihre Inhalte überschaubar und gut zu verstehen. Die Wahrheit ist: Nur sehr, sehr wenige Verpackung bieten Privatanlegerinnen echte Vorteile. Die meisten kannst du ignorieren – das musst du sogar, wenn du vermögend werden *und* bleiben willst!

Tipp: Halte Verpackung und Anlageklasse auseinander. Kläre sorgfältig, welche Anlageklassen in einem Finanzprodukt stecken. Erst wenn du das weißt, ist es möglich, die Chancen und Risiken dieser Geldanlage zu erkennen, abzuwägen und zu bewerten – sonst verschwendest du dein Geld und deine Zeit.

Neben den Sach- und Geldwerten kannst du in eine weitere Anlageklasse investieren: in dich selbst! Und zwar in deine Fähigkeiten, Fertigkeiten, deine Erfahrung und Persönlichkeit. Die Wissenschaft nennt das **Humankapital**. Deine Eltern haben dafür den Grundstein gelegt, indem sie dir Bildung und Werte mitgegeben haben – vielleicht auch Lehrerinnen, Mentorinnen oder Arbeitgeber, die dein Potenzial sehen und fördern. Am meisten kannst du selbst für dein Humankapital tun. Tu das ganz bewusst, nähre und pflege deine Arbeitskraft und deine Persönlichkeit, entwickle sie. Du hast über deine Lebensspanne hinweg sehr große Chancen, durch Fortbildungen, Berufs- oder Stellenwechsel oder Unternehmertum viel mehr Geld zu verdienen, als du mit einer Geldanlage an Erträgen erzielen kannst.

Du hast hier einen enormen Hebel. Nutze ihn! Besonders, wenn du in Teilzeit erwerbstätig bist, pflege deine Berufsqualifikationen und persönlichen Fertigkeiten, damit du nicht abgehängt wirst.
Angenommen, du bist 45 Jahre alt und verdienst im Monat 3.000 Euro netto, macht das im Jahr 36.000 Euro. Einfach hochgerechnet auf den Rentenbeginn mit 67 Jahren wären das 792.000 Euro (36.000 Euro × 22 Jahre), die du zu deiner Verfügung hättest. Würde dein Gehalt jedes Jahr um 2,5 % steigen, weil du verhandelst oder den Job wechselst, hättest du 1,05 Millionen Euro bis zur Rente verdient, in nur 22 Jahren! Findest du es nicht erstaunlich, welche finanziellen Potenziale in uns stecken?
Das ist auch ein Teil, den ich als ehemalige DDR-Bürgerin an der Marktwirtschaft sehr schätze. Wer eine Idee hat, daraus ein Geschäftsmodell entwickelt und ein Unternehmen gründet oder selbstständig arbeiten möchte, darf es im Rahmen der Gesetze tun. Auch die freie Berufswahl ist eine wertvolle Errungenschaft unserer demokratischen Gesellschaft. Beides sind immense Chancen – für die persönliche Selbstbestimmung und Vielfalt unserer Gesellschaft.
Zu beschönigen ist freilich nicht, dass unsere Art zu wirtschaften auch lebensbedrohliche Entwicklungen hervorgebracht hat – von hemmungsloser Ressourcenausbeutung über Produktion ohne universelle Recyclingpflicht bis hin zu fehlenden Technologiefolgeabschätzungen, einem aufgeblähten Finanzsektor und Steuergesetzen, die Einzelinteressen bevorzugen. Deswegen aber an der Seitenlinie zu stehen und zu denken, das hat alles nichts mit dir zu tun, ist falsch. Du bewegst dich tagtäglich in dieser Marktwirtschaft. Sie ist trotz ihrer Schwächen – die die Schwächen von Menschen sind – das beste System, das wir haben. Es hat für Milliarden zu einem gesünderen und stabileren Dasein geführt. Und du kannst als Investorin darin eine Rolle spielen, die du definierst.
Sehen wir uns die einzelnen Anlageklassen kurz an und klären: Was wächst stärker als die Inflation?

Die Sachwerte

Aktien als Unternehmensbeteiligungen

Mit einer Aktie werden wir Miteigentümerinnen an Aktiengesellschaften (AG). Dir gehört dann ein ganz kleiner Teil der Maschinen, Patente, Büros, Produktionsstandorte sowie des Kapitals und Knowhows des Unternehmens. Die Aktien eines Unternehmens sind damit begrenzt – mal sind es Hunderte Millionen, mal Milliarden Stück. Die Besitzerin einer Aktie ist mit Namen und Adresse im Aktienregister hinterlegt. Aktien gelten als »**Sondervermögen**« und gehen im Insolvenzfall der Bank, die sie aufbewahrt, *nicht* in die Insolvenzmasse ein.
Als Eigentümerin dürfen wir in der jährlichen Hauptversammlung, dem wichtigsten Gremium der Aktionäre, über die nächsten Schritte der Firma mitbestimmen. Und wir haben ein Anrecht auf einen Teil des Jahresgewinns. Dieser wird **Dividende** genannt und pro Aktie und Jahr ausgezahlt – aber nur dann, wenn die Hauptversammlung es beschließt.
Als Privatanlegerin ist es klug, nur solche Aktien zu erwerben, die an einem öffentlichen Marktplatz angeboten werden. Dieser Marktplatz heißt Börse. Die führende Börse in Deutschland ist die Frankfurter Börse, in den USA ist es die New York Stock Exchange und in Großbritannien die London Stock Exchange. Dazu gibt es regionale Börsen wie die Hamburger Börse oder die Börse Stuttgart.
Börsennotierte Unternehmen begleiten uns im Alltag überall. Worauf fällt beispielsweise morgens dein zweiter Blick? Auf ein iPhone oder eine Samsung-Smartwatch? Beide hergestellt von börsennotierten Konzernen. Für das Lieblingsparfum hat womöglich die Symrise AG aus Holzminden die Duftstoffe geliefert. Den Kaffee verfeinert die Hafermilch des schwedischen Herstellers Oatly. Der Bus, der dich zur Arbeit bringt, könnte von MAN aus München stammen. Der Arbeitslaptop von Dell kommt aus den USA, die Prozessoren darin von Intel und NVIDIA. Im Büro kommunizieren wir via Microsoft Teams, der Chat mit den Freundinnen geht über WhatsApp vom Meta-Konzern. Und wenn du abends mit der Nachtpflege von Estée Lauder auf der

Gesichtshaut die neueste Serie bei Netflix startest, nutzt du weitere Produkte von Unternehmen, an denen wir uns über die Börse beteiligen können. Konsumentin und Eigentümerin – warum nicht von den Gewinnen profitieren, zu denen wir mit unserer Nachfrage beitragen? Der Preis einer Aktie heißt Kurs. Er ergibt sich grundsätzlich aus Angebot und Nachfrage und wird von verschiedenen Entwicklungen beeinflusst. Aktienkurse schwanken deshalb fortlaufend; darum gelten sie als risikoreich. Mit einer Aktie gehen wir das Risiko ein, dass wir den gezahlten Kurswert beim Verkauf nicht oder nicht vollständig zurückerhalten. Gleichzeitig haben wir aber die Chance auf künftige **Dividenden** und **steigende Kurse**. Sie entschädigen uns für das potenzielle Verlustrisiko.

Aktien als Teilhabe am Wohlstand

In seinem Buch »Das Kapital im 21. Jahrhundert« analysiert der Ökonom Thomas Piketty, wie sich Kapital und Arbeit über die vergangenen Jahrhunderte entwickelt haben. Eine seiner zentralen Thesen ist: Kapitalerträge aus Aktien beispielsweise wachsen langfristig schneller als Einkommen aus Arbeit. Kapitalbesitzer profitieren also viel stärker vom Wohlstand als Menschen, die hauptsächlich von ihrer Arbeit leben. Deshalb: Gehören uns Teile des Aktienvermögens dieser Welt, können wir die bestehenden Ungleichheiten ein Stück weit ausgleichen – und den mit Kapitalerträgen verbundenen Wohlstand dorthin verschieben, wo er erarbeitet wird: zurück ins Volk. Aktien bedeuten deshalb **demokratische Teilhabe am Wohlstand**. Sinnloser Reichtum oder sinnstiftendes Vermögen? Das bestimmst du.

Immobilien

Bei Immobilien investieren wir in Gebäude wie Wohnungen, Häuser oder Gewerbeeinheiten. Diese können wir selbst nutzen oder vermieten. Der Ertrag bei vermieteten Immobilien setzt sich aus den Mieteinnahmen zusammen, abzüglich Bewirtschaftungs- und Erhaltungsausgaben, und aus der Zunahme des Marktwerts. Bei einer selbstgenutzten Immobilie fließt uns kein Ertrag zu. Dennoch hat es Vorteile, eine Immobilie selbst zu bewohnen:

- Vorteil eins liegt in der eingesparten Miete.
- Vorteil zwei ist emotional: Wir wohnen in einem Umfeld, das wir nach unseren Wünschen als Zuhause gestalten können.
- Vorteil drei: Die Immobilie kann an Wert gewinnen, den wir bei einem Verkauf sogar steuerfrei vereinnahmen können, wenn wir etwa zwei Jahre selbst darin gewohnt haben.

Vorsicht vor diesem Denkfehler: »Meine Immobilie ist meine Altersvorsorge.« **Eine selbst bewohnte Immobilie ist keine Altersvorsorge.** Sie kann **ein Teil** davon sein. Eine Altersvorsorge führt dazu, dass du jeden Monat bis an dein Lebensende genügend **Geld auf deinem Konto hast**, um deine Ausgaben zu bestreiten. Eine selbst bewohnte Immobilie kostet dagegen fortlaufend Geld. Erst wenn du sie vermieten würdest, hättest du Einnahmen.
Für Immobilieninvestments benötigen wir Eigenkapital. Ihr Kauf ist aufwendig, teuer und für viele sehr emotional. Das führt leicht zu falschen Entscheidungen wie überdimensionierten Objekten oder stilistisch eigenwilligen Ausstattungen. Ein Verkauf zieht sich dann oft über mehrere Monate hin. Und es ist kein Automatismus, dass Immobilien im Wert steigen. Oft braucht es aufwendige Gutachten, um den Wert überhaupt festzustellen. Immobilien sind deshalb riskanter, unflexibler und zeitaufwendiger, als es viele wahrhaben wollen – und beim Kauf beachten. Dennoch: Mit Immobilien streben wir **Mieteinnahmen** und/oder **Wertsteigerungen** plus Lebensqualität an.
Eine Zusatzkategorie ist **Land** oder landwirtschaftliche Flächen. Diese können wir selbst nutzen oder verpachten. Als Erträge fließen uns **Pachteinnahmen** zu und ebenfalls eventuelle **Wertsteigerungen**, wenn wir das Land verkaufen.

Rohstoffe

Zu den Rohstoffen zählen wir natürliche Ressourcen, die wir im Produktionsprozess nutzen – wie seltene Erden, Öl, Gas, Kupfer, Soja, Kakao, Weizen oder Holz. Und freilich Edelmetalle wie Gold und Silber. Rohstoffe liefern keine laufenden Erträge. Ihr Ertragspotenzial liegt allein in einer **Wertsteigerung**: günstig einkaufen, teuer verkaufen. Direkt in Rohstoffe können wir nur sinnvoll in Edelmetalle über Barren und Münzen investieren. Denn wer stellt sich schon eine Kiste mit Kakaobohnen in den Keller? In Rohstoffe wird deshalb meist indirekt über »Verpackungen« wie Fonds, ETFs oder Zertifikate Geld angelegt. Rohstoffpreise sind Wirtschaftszyklen unterworfen und von Wetterereignissen, politischen Krisen, Wirtschaftseinbrüchen oder technologischen Entwicklungen stark beeinflusst.

Die Geldwerte

Anleihen

Anleihen sind die weltweit dominierende Anlageklasse. Ihr Marktvolumen übersteigt das der globalen Aktien. Kein Wunder – schließlich ist Geld der Schmierstoff der Wirtschaft. Anleihen sind die zentrale Finanzierungsquelle für Staaten und große Unternehmen, vor allem bei langfristigen Investitionen und Milliardenprojekten. Grundsätzlich gibt es zwei Arten:

- **Staatsanleihen**, herausgegeben von Nationalstaaten, und
- **Unternehmensanleihen**, herausgegeben von Firmen.

Anleihen funktionieren ähnlich wie Kredite: Sie haben eine **feste Laufzeit** – meist 3, 5, 10 oder 30 Jahre, manche bis zu 100 Jahre – und sind mit einem **Zins** ausgestattet. Die größten Abnehmer von Anleihen sind Zentralbanken, Pensionsfonds, Investmentbanken, Regierungen, Staatsfonds, Versicherungen, Unternehmen, Vermögensverwalter – und ja, auch wir privaten Anlegerinnen.

Der Prozess ist folgender: Ein Staat oder ein Unternehmen legt fest, wie viel Kapital benötigt wird und unterteilt diese Summe in kleinere Einheiten. Diese Einheiten haben einen festen Betrag, den sogenannten **Nennwert** – sagen wir 1.000 Euro pro Stück. Diese Einheiten werden nun über die Börsen verkauft. Im Gegenzug sichert der jeweilige Schuldner zu, dass er nach der Laufzeit das Geld vollständig zurückzahlt. In unserem Beispiel bedeutet das: Am Ende erhalten wir unsere

1.000 Euro zurück – und **jährlich Zinsen**. Diese Zinszahlungen sind ein wichtiger Grund, in Anleihen zu investieren – sie bieten einen kalkulierbaren Geldstrom.
Weil Anleihen wie Aktien über Börsen gehandelt werden, haben sie einen Kurs. Dieser schwankt um den Wert 100, da wir am Ende der Laufzeit idealerweise 100 % des Nennwerts zurückerhalten. Ist die Nachfrage hoch, steigt der Kurs über 100 %, ist sie gering, fällt er darunter. Der Kurs wird deshalb meist in Prozent ausgedrückt und selten in einer Währung.

Ein Beispiel: Kaufen wir eine Anleihe mit einem **Nennwert von 1.000 Euro** zu einem Kurs von **105 %**, zahlen wir **1.050 Euro**.

Die Rechnung: 105 % : 100 × 1.000 Euro = 1.050 Euro.

Am Laufzeitende erhalten wir vom Schuldner **100 % des Nennwerts** zurück, also **1.000 Euro**. Rein rechnerisch ergibt das für uns in diesem Beispiel einen Verlust von 50 Euro. Dieser scheinbare Verlust kann sich dennoch lohnen – nämlich dann, wenn die Anleihe besonders hohe Zinsen zahlt. In diesem Fall sind die 50 Euro gewissermaßen das »Eintrittsgeld« für attraktive Zinsen.
Die beiden Vorteile dieser Anlageklasse liegen – je nach Zahlungsfähigkeit des Schuldners – in ihrem relativ stabilen Wert über die Zeit und in den regelmäßigen Zinsflüssen. Ein weiterer Vorteil ist, dass wir große Mengen Geld parken können. Denn Anleihen sind wie Aktien »Sondervermögen«. Sie gehören uns, selbst wenn die Bank, die die Anleihen für uns aufbewahrt, pleitegeht.
Ein wichtiges Entscheidungskriterium bei Anleihen ist die **Bonität** des Schuldners, also die Fähigkeit, die Schulden am Laufzeitende zurückzuzahlen. Diese Zahlungswahrscheinlichkeit entscheidet über die Höhe des Zinses. **Grundregel: Je höher die Wahrscheinlichkeit eines Zahlungsausfalls, desto höher ist der Zins.** Deutsche Staatsanleihen gehören zu den sichersten der Welt, weshalb Deutschland oft nur sehr niedrige Zinsen zahlt.

Für Anleihen gibt es viele verschiedene Begriffe: Rentenpapier, Obligation, Schuldverschreibung, verzinsliches Wertpapier, Pfandbrief, Bond oder Treasury und Fixed Income. Sie meinen alle dasselbe: Anleihen. Bei Anleihen interessieren uns also der **Zins**, der stabile Wert und mögliche **Kursgewinne**.

Was die Aktie von der Anleihe unterscheidet: Bei einer Aktie wirst du **Eigentümerin** eines Unternehmens und hast verschiedene Rechte. Dein Einsatz ist der von dir gezahlte Aktienkurs. Bei einer Anleihe wirst du **Gläubigerin** eines Unternehmens oder Staates und schließt einen Vertrag: Du verleihst dein Geld und erhältst es nach einer Laufzeit zurück – plus Zins. Als Gläubigerin hast du im Insolvenzfall des Unternehmens gute Chancen, einen Teil deines Geldes zurückzubekommen. **Gläubigerinnen haben Vorrang vor Aktionärinnen.**

Geldguthaben

Mit dieser Anlageklasse gehst du täglich um. Geldguthaben umfassen Bargeld und Bankguthaben auf Giro-, Tages- und Festgeldkonten. Sie sind schnell verfügbar und wertstabil. Für Guthaben erhalten wir oft einen Zins, der pro Jahr gezahlt wird. Liegt die Inflationsrate über diesem Zins, verliert unser Geld an Kaufkraft.

Geld auf Dauer bei einer Bank auf niedrig verzinsten Konten zu horten, schadet deshalb dem Vermögensaufbau. Außerdem sind nur Beträge bis 100.000 Euro im Fall einer Pleite der Bank durch die gesetzliche Einlagensicherung geschützt. Jeden Euro darüber hinaus darf die Bank für die eigene Abwicklung verwenden.

Geldguthaben dienen also vor allem dazu, **Ausgaben zu planen, Investitionen wie einen Hauskauf vorzubereiten** und **für Notfälle genügend Reserven vorzuhalten**.

Diese Anlageklassen lohnen sich

Klären wir jetzt die Frage aller Fragen: Welche Anlageklassen lohnen sich, um Vermögen aufzubauen und die Inflation möglichst auszuhebeln? Und welche können wir vernachlässigen? Die Antwort darauf ist schnell gefunden, denn es gibt umfangreiches Datenmaterial aus verschiedenen Quellen. Gerd Kommer, prominenter Finanzautor und Experte für Vermögensbildung, listet in seinem Buch »Souverän investieren vor und im Ruhestand« die realen Renditen der Anlageklassen über einen Zeitraum von 1900 bis 2018 auf.

Die **reale Rendite** ist der tatsächliche Wertzuwachs. Renditen umfassen sämtliche Erträge einer Anlage – wie Zinsen, Dividenden und Kursgewinne oder -verluste – und werden in Prozent zum eingesetzten Kapital angegeben. Renditen werden fast immer ohne den Zusatz »real« veröffentlicht. Das signalisiert dir: Die Inflation ist sehr wahrscheinlich nicht herausgerechnet. Wird eine Rendite dagegen abzüglich der Inflation angegeben, steht »real« dabei. Das ist die Rendite, die für uns wirklich von Interesse ist.

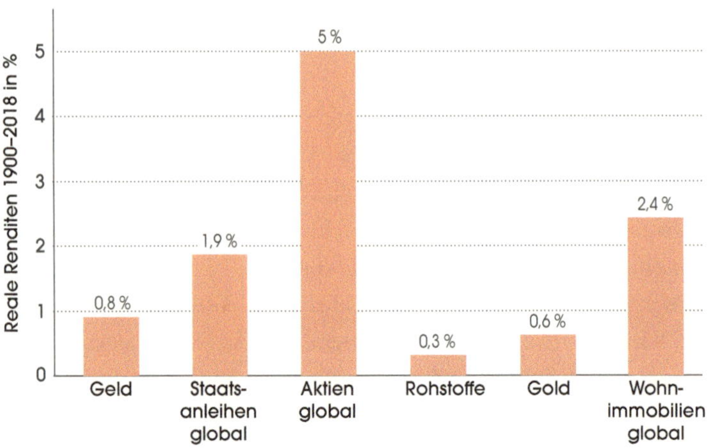

Die realen Renditen der Anlageklassen (eigene Darstellung in Anlehnung an: Gerd Kommer, Souverän investieren vor und im Ruhestand, 2020)

Aus der Grafik wird deutlich: Rohstoffe und Gold spielen eine untergeordnete Rolle beim Vermögensaufbau. Den größten Ertrag liefern globale Aktien – jedoch nicht als einzelne Titel, sondern als breit gestreute Gesamtpakete. **Sie erzielten über 119 Jahre mit 5 % realem, jährlichem Wertzuwachs die beste Performance.** Dahinter folgen mit 2,4 % Wohnimmobilien und mit 1,9 % langfristige, globale Staatsanleihen.

Die 5 % reale Rendite bei globalen Aktien stellen eher die Untergrenze der zu erwartenden Rendite dar. Auswertungen über andere Zeiträume ab 40 Jahre kommen auf reale Renditen bis zu 7 %, kürzere Zeitspannen von 20 Jahren liefern reale Renditen um 11 %. **Merke dir diese realen Renditen als Anhaltspunkte, die du bei globalen Aktien, Immobilien und Anleihen langfristig erwarten kannst:**

5 % – 3 % – 2 %

Verspricht dir jemand eine höhere *reale* Rendite oder differenziert überhaupt nicht zwischen real und nominal, sei skeptisch. Erstens sind höhere Erträge nur mit höheren Risiken möglich, die sehr schnell zu hohen Verlusten führen können. Und zweitens können wir nicht von der Vergangenheit auf die Zukunft schließen.
Aktienkurse sind *nicht* vorhersehbar, weder für ein einzelnes Unternehmen noch für Branchen wie Technologie oder erneuerbare Energien oder ganze Volkswirtschaften wie Indien, China oder die USA. Bei Investments, egal ob in Sach- oder Geldwerte, wissen wir immer erst *im Nachhinein*, wie gut sie sich entwickelt haben und wie sie sich auszahlen. Orientiere dich deshalb an den langfristig erwarteten, realen Renditen als Richtschnur.
Achte immer darauf, ob eine Rendite als **real** angegeben wird oder als **nominal**, damit du den wahren Wertzuwachs erkennen kannst.

Der Zinseszinseffekt

Erinnere dich jetzt noch mal an unseren Garten. Damit dein Reich wächst und gedeiht, darfst du eines nicht machen: Alle Früchte jedes Jahr aufessen. Stattdessen säe erneut Samen, kaufe mit den Früchten neue Pflanzen, erweitere deinen Garten und vergrößere deine Anbaufläche. Mit jeder neuen Pflanze entstehen im nächsten Jahr mehr Früchte – und diese bringen wieder neue Samen. Bezogen auf unsere Investments bedeutet das: Konsumiere die Erträge nicht, sondern lasse sie weiter dein Vermögen mehren. Genau das ist mit dem **Zinseszinseffekt** gemeint: Die Erträge selbst und natürlich auch

Renditen führen zu einem Zusatzwachstum, das wiederum weitere Erträge schafft, und so weiter.

Wie aus 25.000 Euro mehr als 300.000 Euro werden

Der Zinseszinseffekt belohnt Geduld und *langfristiges* Denken und Handeln.

Beispielrechnung – theoretische Geldanlage: In der Grafik siehst du, wie beeindruckend dein Vermögen wachsen kann, wenn du Jahr für Jahr ausschließlich investierst, ohne Erträge zu entnehmen.

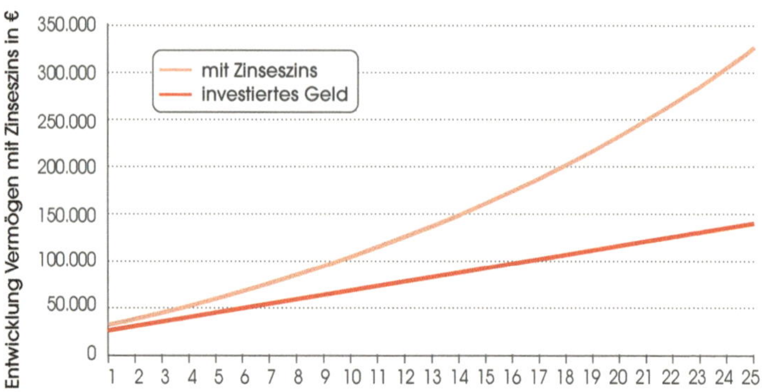

Der Zinseszinseffekt (25.000 € Einmalanlage, 400 € monatlich, 5 % Rendite)

Die Grafik ist eine Modellrechnung: Einmalig werden 25.000 Euro in einen globalen Aktienkorb investiert und dann jeden Monat weitere 400 Euro – 25 Jahre lang. Bei einer jährlichen, realen Rendite von 5 % entsteht so ein Vermögen von 326.300 Euro. Beeindruckend sind Rendite und Zinseszinseffekt. Sie tragen zusammen 181.300 Euro zum Vermögen bei.

Beispielrechnung – tatsächliche Geldanlage: Lass uns einen Blick in die Wirklichkeit werfen. Wer ab Juli 2012 einmalig 25.000 Euro und zusätzlich über 12,5 Jahre jeden Monat 400 Euro in einen global gestreuten Aktien-ETF investiert hätte, hätte bis Januar 2025 Vermögen im Wert von 247.175 Euro aufgebaut:

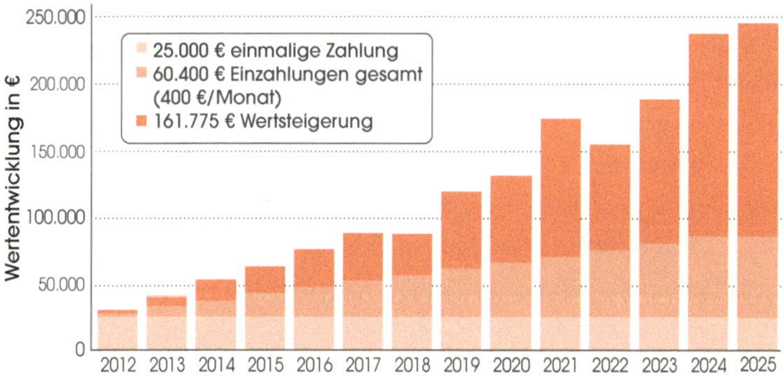

Wertentwicklung All-World (Zendepot, ETF auf den ACWI, https://zendepot.de/etf/etf-backtest)

Jetzt weißt du auch, weshalb Menschen mit Vermögen immer reicher werden: Weil sie auf ihr Kapital Erträge erhalten, die wie Staubsauger weitere Erträge anziehen. Deshalb wüchsen Vermögen selbst dann, wenn der Staat bei Hochvermögenden eine Vermögenssteuer von 1 oder 2 % einführen würde. 5 % Rendite minus 2 Prozentpunkte Steuer ergäben immer noch 3 % Vermögenswachstum.

Jedes Investment muss sich an der Inflationsrate messen lassen

Für die Altersvorsorge setzen wir langfristig auf die Anlageklassen, deren Renditen zuverlässig höher sind als die Inflationsraten: Und das sind Aktien und Anleihen.

Freilich können auch Immobilien hohe Renditen liefern, besonders vermietete. Immobilieninvestments aber erfordern erheblich mehr Verwaltungsarbeit als Investmentdepots, dazu brauchst du Startkapital, Zeit, Muße, Planung und spezielle persönliche Kompetenzen. Willst du dir einen Immobilienbestand für das Alter aufbauen, baust du dir ein Unternehmen auf. Als Vermieterin hast du sehr viel mit

Menschen zu tun wie mit Handwerkerinnen, Mietern, Steuerbehörden, Versicherungen, Bankmitarbeitenden oder sogar Anwältinnen, wenn es Ärger gibt. Immobilien liefern also *kein* passives Einkommen, wie es oft propagiert wird. Du musst ziemlich viel aktiv dafür tun! Darauf musst du Lust haben. Lies dich schlau, fange klein an, beschäftige dich mit betriebswirtschaftlichen Kalkulationen und rechtlichen Fragen.

Selbst bewohntes Eigentum kann ebenfalls eine gute Entscheidung sein, aber nur, wenn es finanziell tragbar, flexibel und durchdacht in deine Lebensplanung und Vermögensstrategie passt. Bücher der Stiftung Finanztest, von der Verbraucherzentrale und Gerd Kommer helfen bei der Entscheidung – damit du Freude an deinen vier Wänden hast. Die Anlageklassen Aktien und Anleihen sind im Vergleich zu Immobilien pflegeleicht. Deshalb eignen sie sich als Hauptbestandteil jedes Altersvermögens. Und wie sicherst du dir jetzt die tollen Renditen? Indem du langfristig denkst, bei Aktien und Anleihen klotzt und nicht kleckerst und die Kosten deiner Geldanlage niedrig hältst. Beginnen wir mit den Kosten:

Lass dir die Rendite nicht wegnehmen

Wie so oft im Leben hast du auch bei der Geldanlage die Wahl zwischen teuer oder günstig. Denn wenn wir Geld anlegen, fallen immer Kosten oder Gebühren an. Diese sind manchmal versteckt, oft unnötig und immer fressen sie sich in das Vermögen so zuverlässig wie eine hungrige Maus in einen Käse. Welche Kosten es gibt, hängt davon ab, ob wir in eine Anlageklasse direkt investieren oder indirekt – über eine Verpackung – beispielsweise in eine Versicherung oder einen Fonds.

Ein Fonds ist eine rechtlich eigenständige Gesellschaft, die in verschiedene Anlageklassen investiert – entweder gemischt oder in Reinform. Du kannst das mit einem Einkaufscenter vergleichen. Anstatt selbst einzelne Geschäfte (Aktien oder Anleihen) zu besitzen, wirst du Miteigentümerin am gesamten Center und erwirbst Anteile. Der Betrieb des Centers kostet freilich Geld. Es fallen vor allem Verwaltungsge-

bühren für das Management an, für Marketing, Dekoration, Strom und den Hausjuristen. Dazu kommen Transaktionskosten, wenn ein Laden aufgeben oder ausziehen muss. Diese laufenden Kosten können hoch oder sehr gering sein. Sie sagen nichts über die Qualität des Fonds aus.
Jährliche Kosten sind hoch, wenn sie über 1 % liegen. Bei manchen Anlagen auch schon über 0,5 %.

Ein Beispiel: Eine jährliche Rendite von 8 % nominal klingt sehr gut. Hast du aber laufende Kosten von jährlich 2 %, was nicht ungewöhnlich ist bei Vorsorgeprodukten, bleiben nur noch 6 % Rendite bei dir. Du meinst, das klingt doch auch nicht schlecht? Dann sieh dir mal die Zahlen dazu an, welchen gewaltigen Unterschied das über die Jahrzehnte macht:
Investierst du 30 Jahre lang monatlich 300 Euro zu 8 %, ergibt das einen Unterschied im Endvermögen, falls die Gebühren einmal 2 % und einmal 0,2 % im Jahr betragen:

Sparrate pro Monat	300,00 €
nach 30 Jahren, 8 % jährliche Rendite *	425.300,00 €
Endvermögen bei 2,0 % Gebühren pro Jahr	287.100,00 €
Endvermögen bei 0,2 % Gebühren pro Jahr	408.500,00 €
Vermögensdifferenz 2 % vs 0,2 %	121.400,00 €

* *nominal*

Kosten einer Geldanlage

Über 30 Jahre summieren sich die Kosten also enorm: Bei 2 % Gebühren zahlst du rund 62.600 Euro, bei 0,2 % nur 8.000 Euro. Zusätzlich entsteht der Verlust durch entgangene Erträge und Zinseszinsen – und so wächst die Vermögensdifferenz auf über 121.400 Euro an. Du kannst dir vorstellen, wie groß die Unterschiede werden, wenn du höhere Summen anlegst.
Hohe laufende Gebühren und einmalige Kosten ruinieren jeden Vermögensaufbau. 2 % oder 1,5 % klingen nach »nicht viel«. Sie machen

aber über die Zeit einen riesigen Unterschied, den der Zinseszinseffekt verstärkt.
Wie du dich schützt: Je mehr Fachjargon und Exklusivität dir verkauft wird, desto misstrauischer sei bitte. Geldanlage ist nicht Haute Couture – hier macht nicht diejenige »bella figura«, die die höchsten Gebühren zahlt, sondern diejenige, die klug wählt und Kosten in Euro vergleicht. Hinterfrage immer die Kostenstruktur aus einmaligen und laufenden Gebühren, lass sie dir zeigen und vorrechnen – und rechne selbst.
Die Kosten unserer Geldanlage können wir also durch gezieltes Auswählen steuern. Wie sich Aktien- und Anleihekurse oder auch Immobilienpreise entwickeln – und damit unser Vermögen –, darauf haben wir keinen Einfluss. Wir können aber klug vorgehen und so die durchschnittliche Rendite sichern.

No Risk, no return: das große Missverständnis Sicherheit

Bei der Geldanlage neigen wir dazu, einen Begriff überzustrapazieren: Sicherheit. »Ich will mein Geld sicher anlegen.« Mit »sicher« ist oft verlustfrei gemeint. Das ist verständlich. Denn Verluste tun weh, psychologisch sogar doppelt so stark, wie uns Gewinne Freude bereiten. Das zeigen Experimente der US-Finanzpsychologen Amos Tversky und Daniel Kahneman. Dieses Phänomen ist als **Verlustaversion** bekannt. Die Verlustangst begünstigt paradoxerweise Entscheidungen, die Kosten und Verluste nach sich ziehen. Also genau das bewirken, was vermieden werden soll.
Vielleicht nickst du jetzt und denkst: Ertappt. Weil du nichts falsch machen willst, sparst du auf deinem Tagesgeldkonto, ohne zu merken, wie dein Geld durch die Inflation an Wert verliert. Oder gehst in die Bank, fragst nach Beratung und erhältst eine »sichere« Riester-Rente, die letztlich vor allem Verlust für dich bedeutet.

Leben bedeutet Risiko – und das gilt auch für Geld

Es ist ein großes Missverständnis. Geldanlage kann nicht »sicher« sein – genauso wenig, wie das Leben »sicher« ist. Leben bedeutet immer Risiko. Jeden Tag kann etwas passieren. Wenn du über die Straße gehst, könnte dich ein Auto erfassen. Wenn du dich auf eine Partnerschaft einlässt, könntest du enttäuscht werden. Hält uns das vom Leben ab? Nein! Und so verhält es sich auch bei der Geldanlage. Risiko gehört dazu. Und so, wie wir unsere Lebensrisiken managen, indem wir nach rechts und links sehen, bevor wir über die Straße gehen, uns im Auto anschnallen oder eine Krankenversicherung abschließen, so managen wir auch die Risiken von Geldanlagen.

Risiken kennen, managen und Chancen nutzen

Streiche deshalb das Wort »sicher« aus deinem Finanzwortschatz. Es ist eine Illusion. Ersetze es mit »risikoarm« oder »risikobewusst«. Erst dann kannst du dich den zwei Seiten des Investierens nähern, die wie Yin und Yang miteinander verbunden sind: Risiko und Chance. Wagst du nichts, gewinnst du nichts.

Wagen wir Investments in Aktien und Anleihen, **haben wir die Chance, Rendite zu gewinnen**. Rendite sind Dividenden, Zinsen und Kursgewinne bezogen auf das eingesetzte Kapital abzüglich Kosten und Steuern. Die Rendite wird auch als **Risikoprämie** bezeichnet, weil sie uns für das Risiko entschädigt, das wir eingehen. Sie ist bei Aktien am höchsten. Ob unsere Strategie aufgeht, hängt davon ab, wie gut wir die Risiken der Anlageklassen kennen und steuern.

Welche Risiken gibt es? Und wie gehen wir damit so um, dass wir Verluste vermeiden und Chancen realisieren?

Die Antworten auf diese Fragen füllen ganze Bibliotheken. Sehr kluge Köpfe haben darüber ausführliche, teils brillante Abhandlungen geschrieben. Ich mache es kurz: Die Kapitalmarkttheorie bezeichnet **Risiko als Eintreten eines Verlustereignisses mit einer bestimm-**

ten Wahrscheinlichkeit. Übersetzt: Wir haben zu einem bestimmten Zeitpunkt weniger Geld als vorher. Entweder tatsächlich oder nur »auf dem Papier«.

Bei Einzelaktien wäre so ein Verlustereignis eine Firmeninsolvenz beispielsweise durch Bilanzbetrug wie beim Zahlungsdienstleister Wirecard im Jahr 2020. Ein Totalverlust. Ein Verlustereignis kann aber auch ein Aktiencrash sein wie bei der Finanzkrise 2008. Hier verlor der MSCI World Index von seinem Zwischenhoch im Mai 2007 bis März 2009 fast 49 % seines Werts. Der Index repräsentiert die Entwicklung der großen und mittelgroßen börsennotierten Unternehmen der Industrieländer. Er brauchte bis Februar 2013, also vier Jahre, um sich zu erholen. Bis Dezember 2024 hat sich sein Wert dann mehr als vervierfacht.

Der »Verlust« 2009 von 49 % war also nur für all jene ein wirklicher Verlust, die im Tief verkauft haben. Für alle, die den Stress aushielten und *nicht* verkauften, waren die Einbußen nur vorübergehend.

Bei Einzelanleihen kann ein tatsächliches Verlustereignis ein Schuldenschnitt sein, wenn also der Schuldner nur einen Teil des geliehenen Geldes zurückgibt. Ein Verlust rein auf dem Papier sind dagegen Kursschwankungen, ausgelöst beispielsweise durch Entscheidungen der Zentralbanken.

Und das sind auch die zwei grundlegenden Risiken, denen wir uns bei der Geldanlage stellen müssen: **Ausfallrisiko** (links) und **Schwankungsrisiko** (rechts).

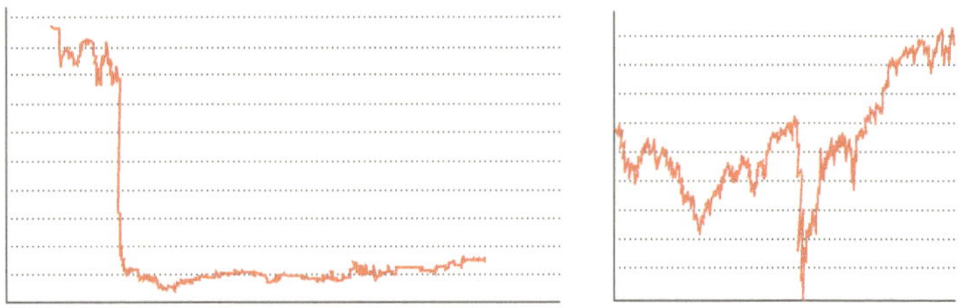

Ausfallrisiko und Schwankungsrisiko

Das **Ausfallrisiko** steht für die **Gefahr, dass unser Geld unwiederbringlich verloren ist**. Das **Schwankungsrisiko** spiegelt **temporäre Kursverluste** wider, die sich langfristig ausgleichen. Beide Risiken werden durch spezifische Einflüsse ausgelöst wie Managementfehler, politische Instabilitäten, Währungsrisiken, konjunkturelle Entwicklungen, Betrug, Zinsänderungen, Zahlungsausfälle, unternehmensspezifische Risiken, Branchenrisiken, geopolitische Risiken, Auswahl falscher Anlagevehikel, Naturkatastrophen oder Schocks wie Kriege.

Die **Chance auf Rendite ergibt sich** – logischerweise – nicht aus dem Ausfallrisiko. Sie ergibt sich **aus dem Schwankungsrisiko**. Sehen wir uns dafür den Kursverlauf des Aktienindex *MSCI All Country World* an. Dieser repräsentiert die Wertentwicklung der großen und mittleren börsennotierten Unternehmen aus Industrie- und Schwellenländern. Was ein Index ist, erkläre ich in den folgenden Kapiteln näher.

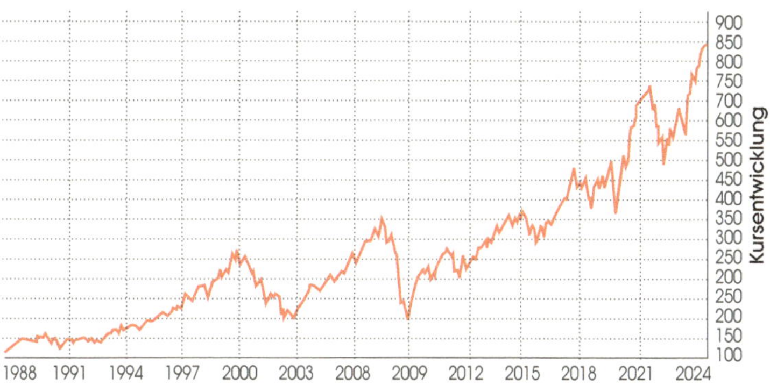

Kurs-Chart: MSCI ACWI (Tradingview bei Onvista, https://www.onvista.de/index/chart/MSCI-All-Countries-World-Index-ACWI-Index-1342039)

Wie du in der Grafik siehst, geht es teils rapide abwärts und wieder stetig aufwärts. Ende der 1990er-Jahre etwa führte der Hype um Internetfirmen weltweit zur sogenannten Dotcom-Blase. Sie platzte 2000, weil viele der jungen Firmen überhaupt keine Gewinne erzielten und die Nachfrage nach ihren Aktien reinem Wunschdenken entsprang. Daraufhin fielen die Kurse weltweit bis 2003. Vier Jahre später standen sie wieder auf Vorkrisenniveau. Du erkennst auch den Kurssturz während der Finanzkrise 2007 bis 2009, den Corona-Crash 2020 und den Beginn des Ukraine-Krieges 2022 – und die jeweilige Erholung im Anschluss. Anleihen »guter« Schuldnerinnen schwanken im Wert in keiner Weise so stark.

Das teils extreme Auf und Ab schürt bei vielen Menschen Ängste vor der Börse. Sie finden, Aktien seien viel zu gefährlich. Dabei sind die Schwankungen, wie du selbst siehst, ein Spiegelbild kurzfristiger Ereignisse und Schocks. Langfristig stellt sich das Bild anders dar. Langfristig gewinnen die Geschäftsmodelle und die Innovationskraft der Unternehmen. Sie führen zu steigenden Gewinnen, höheren Kursen und damit zu Renditen und Vermögen. Koppele dich also ab vom kurzfristigen, hektischen Blick und vom Getöse um einzelne Unternehmen, Trends und politische Einflüsse. Vermögensaufbau ist Durchhalten und langer Atem, nicht hektisches Gehechel.

Damit wir durchhalten und erwartbare Renditen erwirtschaften, legen wir unser Geld systematisch und strategisch an. Dafür denken und handeln wir langfristig *und* diversifizieren. Das heißt: Wir investieren in mindestens zwei Anlageklassen und haben von beiden so viel wie möglich.

Langfristig Denken sichert Rendite

Betrachtet man den Index MSCI World, also das Zusammenspiel globaler Aktien aus Industrieländern, zeigen verschiedenen Analysen:[45]

- Nach 10 Jahren Anlagezeit betrug die Wahrscheinlichkeit eines Verlusts nur noch 1,8 %.
- Ab 13 Jahren waren 97 % aller historischen Zeiträume positiv.
- Ab 14 Jahren gab es historisch keine Verluste mehr.

Langfristiges Geldanlegen reduziert also zuverlässig das Schwankungsrisiko – und damit die Wahrscheinlichkeit eines Verlusts – fast auf null. Wichtig: Das gilt nur für breit gestreute, globale Märkte.

André Kostolany, Investorenlegende, Journalist, Autor und Spekulant hat diesen Zusammenhang einmal so formuliert: »An der Börse sind 2 mal 2 niemals 4, sondern 5 minus 1. Man muss nur die Nerven haben, das minus 1 auszuhalten.« Also die Schwankungen.
Wie du das mental schaffst und nicht in Panik verfällst, wenn es mal wieder abwärtsgeht an den Börsen dieser Welt als Spiegel aktueller Ereignisse? Indem du dir Wissen aneignest, es umsetzt, Erfahrungen sammelst und dranbleibst. So wie alle Investorinnen vor dir. Alle gehen durch diesen Prozess.

Realitäts-Check: Aus vielen Gesprächen mit Frauen weiß ich, dass sie die Risiken von Aktien eher scheuen und mit dem Thema Altersvorsorge am liebsten nichts zu tun haben möchten. Sie unterschätzen, dass ihr größtes Risiko darin liegt, sich lebenslang finanziell abhängig und damit unselbstständig und fremdbestimmt zu machen. Dagegen sind die Risiken am Aktienmarkt ein Klacks.
Setze also die richtigen Prioritäten und formuliere konkrete Ziele inklusive Weg, damit du über die lange Zeit auf Kurs bleibst.

> Also: Wofür willst du Geld anlegen? Für die Rente, die Kinder, den Hauskauf?

Ziele als Wegweiser zum Vermögen

Ohne ein klares Ziel vor Augen laufen wir oft gar nicht erst los – oder verlieren unterwegs die Richtung. Deshalb ist ein Finanzplan so wichtig. Er hilft uns, Prioritäten zu setzen, Entscheidungen strukturiert zu treffen und dranzubleiben, damit wir finanzielle Reserven aufbauen und langfristige Stabilität erreichen. Der erste Schritt dahin ist: eigene Wünsche und Träume ernst zu nehmen. Erinnere dich an das Kapitel »Was bedeutet dir Geld?« und an die zentrale Frage für den Finanzplan: »Was willst du von deinem Geld?« Aus den Antworten darauf kannst du dir deine finanziellen Ziele ableiten, die richtigen Vermögensklassen auswählen, sinnvolle Schritte definieren und motiviert bleiben. Und wenn wir unsere Ziele dann noch positiv formulieren, können wir gar nicht anders, als sie zu erreichen.

Merke: Kurz- und mittelfristige Ziele bis zehn Jahre sind Sparziele – sie dienen der Absicherung, dem Konsum oder größeren Anschaffungen. **Langfristige Finanzziele ab zehn Jahren hingegen sind Investitionsziele.** Sie zielen auf den Vermögensaufbau ab, auf Erträge, Wachstum und finanzielle Sicherheit. Vor allem bei langfristigen Zielen ist es wichtig, sie klar zu formulieren und sie in Geldbeträge zu fassen.

Ich bin, ich habe, ich besitze

Vera Birkenbihl, Pionierin des gehirngerechten Lernens, betonte in ihren Vorträgen stets die Kraft der Sprache und wie sie unser Denken beeinflusst. Sie empfiehlt, **Ziele in der Gegenwart zu formulieren**. Das helfe dem Gehirn, das Ziel als bereits realisiert anzusehen und unterbewusst darauf zuzuarbeiten. Anstatt also zu denken: »Ich möchte gern ein Haus«, formuliere so, als hättest du es bereits: »Ich besitze ein Haus am Stadtrand mit Garten.« Oder: »Ich bin in drei Jahren auf Weltreise.« Nicht: »Eine Weltreise wäre schön!« Oder: »Ich besitze ein Vermögen von 450.000 Euro.« Nicht: »Ich möchte eine gute Rente.« Sonst bleibt es beim Wunsch.
Hast du dein jeweiliges Ziel formuliert, fehlt noch der Weg. »Ich bin in drei Jahren auf Weltreise. Dafür benötige ich 15.000 Euro und spare ab sofort monatlich 420 Euro.« Ziel und Weg. Oder: »Ich besitze ein Haus am Stadtrand mit Garten. Dafür spare ich ab sofort am Monatsanfang 500 Euro (um es bald zu kaufen).« Die Chance ist sehr groß, dass du mit solchen Formulierungen in drei Jahren auf Weltreise gehst und dein Haus fest im Blick behältst.

Mit drei Schritten vom Wunsch zum Ziel:

1. **Was will ich?** → Formuliere dein Ziel in der Gegenwart inklusive Geldbetrag. »Ich habe 300.000 Euro an Vermögen für mein Alter.«

2. **Wie komme ich dahin?** → Definiere eine klare Handlung mit finanziellem Input. »Ich investiere ab sofort monatlich 500 Euro in meinen Aktien-ETF.«
3. **Bis wann will ich es erreicht haben?** → Setze eine möglichst genaue Frist. »Mit 65 besitze ich 300.000 Euro Vermögen.«

Jetzt du! Zeichne auf ein Blatt Papier einen Zeitstrahl und trage dort deine Wünsche ein. Danach ordnest du sie in kurz-, mittel- und langfristige Ziele und formulierst sie mithilfe der drei Schritte: »Ich habe …«, »Ich bin …«, »Ich besitze …«. Errechne dann, wie viel Geld du für jedes Ziel brauchst, und lege fest, welche Anlageform zu welchem Ziel passt. Danach errechnest du die Beträge, die dich über die Zeit zu deinem Ziel bringen. Schreib alles auf! Dann kannst du deinen Finanzplan jederzeit anpassen. Ziele definieren ist ein Prozess, der nie abgeschlossen ist. Was heute ein Wunsch ist, kann morgen irrelevant sein. Überprüfe deine Ziele regelmäßig.

Mit Vermögen die Rentenlücke schließen

Beim Thema Rente und Vermögensaufbau stoßen wir schnell an unsere emotionalen und rationalen Grenzen. Denn die entscheidenden Fragen können wir uns nicht wirklich beantworten: Wie viel Rente ist genug – und wie lange muss sie reichen?
Denn wir wissen nicht, wann wir in Rente gehen, wie lange wir leben, was Miete, Lebensmittel oder Medikamente dann kosten. Unklar ist auch, wie sich unser Vermögen entwickelt, wie hoch die gesetzliche Rente tatsächlich ausfällt und welche Steuergesetze oder Krankenkassenbeiträge gelten. Was wir aber tun können: grobe Zielschätzungen anstellen, die uns den Weg weisen. Mehr ist nicht drin – aber ehrlich gesagt auch nicht nötig.

Starte mit deiner eigenen Vorstellung von »genug«

Überlege dir: **Wie möchtest du mit 70 oder 75 leben?** Möchtest du reisen? Deine Kinder unterstützen? Oder einfach nur finanziell sorgenfrei leben? Denke deine Rente immer als Geldstrom, der Monat für Monat auf dein Konto fließt – und frage dich: Woher kommt dieses Geld?

Gib als Nächstes diesem zukünftigen Leben ein finanzielles Gerüst. Gehe dafür von deinen heutigen Grundausgaben aus (die du im Kapitel 2 »Bau dir dein Finanzfundament« erfasst hast). Schätze daraus eine **monatliche Mindestrente** ab. Zusätzlich überlege dir eine **Wunschrente.** Hier kannst du von deinem heutigen Netto-Einkommen ausgehen. Rechne Mindest- und Wunschrente sowohl für dich allein aus – als auch für dich und deinen Partner, deine Partnerin.

Jetzt schlagen wir pauschal **30 %** auf die Mindest- und Wunschrente auf, um Steuern, Kranken- und Pflegeversicherung abzudecken. Dann ziehe bereits bestehende Rentenansprüche ab – also die gesetzliche Regelaltersrente, Betriebs- oder eine Riester-Rente, private Renten. Die Differenz ist die (grobe) Rentenlücke – also das, was uns aktuell an der Mindest- oder Wunschrente fehlt.

Hier eine Beispielrechnung:

	Mindestrente	Wunschrente
Gewünschte Rente	2.000 €	3.500 €
+ 30 % für Steuern & Abgaben	2.600 €	4.550 €
– Gesetzliche Rente und andere (z. B. Betriebsrente, private Renten, Riester)	– 1.200 €	– 1.200 €
= Rentenlücke	**1.400 €**	**3.350 €**

Je höher die gewünschte Rente ist und je länger wir leben, desto mehr Vermögen brauchen wir. Das kann erst mal überwältigend wirken – aber keine Angst, große Zahlen gehören dazu. Zum Vergleich: Beziehst du 23 Jahre lang eine gesetzliche Rente von 1.200 Euro (von 67 bis 90 Jahre) ohne Anpassungen, summiert sich das auf 360.000 Euro. Große Beträge sind also völlig normal, wenn wir in langen Zeiträumen denken.

Rechne dein benötigtes Vermögen aus

Überschlagen wir jetzt, wie viel Vermögen nötig ist, um die Lücke im Beispiel zu schließen – und wie viel wir monatlich investieren müssten, um dieses Ziel zu erreichen. So bekommst du eine erste, grobe Orientierung. Plane deine Altersvorsorge niemals nur bis 83 oder 85 Jahre, wie der statistische Schnitt. Frauen leben etwa fünf Jahre länger als Männer. Unterschätze das nicht. Plane deine Rente so, dass sie bis 90 oder 95 reicht.

Wir haben zwei Möglichkeiten, Vermögen im Ruhestand zu nutzen:

- **Variante 1:** Wir verbrauchen es.
- **Variante 2:** Wir leben von den Erträgen.

Rechnung Variante 1

Die meisten werden sich darin wiederfinden: Wir legen uns einen **Vorrat als Vermögen an, von dem wir im Ruhestand zehren**. Damit schließen wir die Rentenlücke. Um herauszufinden, wie viel wir für den Vermögensaufbau monatlich anlegen müssten, nutzen wir den **Vorsorgerechner** bei zinsen-berechnen.de. Steuern sowie Kauf- und Verkaufskosten berücksichtige ich nicht, um die Rechnung einfach zu halten. Jetzt wählst du »**Sparrate berechnen**« und gibst diese Werte ein:

- **Ansparzeit:** Jahre bis Rentenbeginn
- **Entnahmerate:** fehlende Rente (im Beispiel bei Mindestrente: 1.400 Euro)
- **Rentendauer:** 28 Jahre (von 67 bis 95)
- **Zinssatz:** »separate Zinssätze«: **Investitionsphase 7 %, Entnahmephase 3 %**
- **Zinsperiode:** monatlich

Auf »Berechnen« klicken. Ergebnis: Um eine monatliche Rentenlücke von **1.400 Euro** bis zum Alter von 67 zu schließen, betrüge die monatliche Investitionsrate:

- mit 30 Jahren: **150 Euro**
- mit 40 Jahren: **330 Euro**
- mit 50 Jahren: **810 Euro**

Zu Rentenbeginn würden wir in diesem Beispiel ein Vermögen von rund **320.000 Euro** zur Verfügung haben. Nicht schlecht! Und du siehst: Je früher du anfängst, desto niedriger ist der Geldbetrag, den du dafür einsetzen musst.

Rechnung Variante 2

Bei dieser Variante entnehmen wir nur die **Erträge des Vermögens**. Das bedeutet: Das Kapital muss deutlich größer sein und wir brauchen eine Entnahmerate, die unser Vermögen unangetastet lässt. Die richtige Balance zwischen Entnehmen und Erhalten wurde in der »Trinity Study« (1998) untersucht. Sie analysierte, wie lange eine Mischung aus Aktien und Anleihen hält, wenn jährlich ein fester Betrag entnommen wird. Daraus entstand die bekannte **»4-Prozent-Regel«**: Demnach kannst du jährlich 4 % des Vermögens entnehmen, ohne dass es innerhalb von 30 Jahren aufgebraucht wird. Die Regel wurde wissenschaftlich intensiv diskutiert und gilt als grober Anhaltspunkt.
Weil wir vorsichtig sind, rechnen wir mit 3 % Entnahme statt 4 %. Um das *zum Rentenbeginn* benötigte Vermögen zu ermitteln, teilen wir den Betrag, der uns fehlt, durch 0,03 (also 3 %). Im Beispiel sähe das so aus:

Für die Mindestrente:

- Rentenlücke: **1.400 Euro** × 12 Monate = 16.800 Euro pro Jahr
- notwendiges Vermögen: 16.800 Euro : 0,03 = **560.000 Euro**

Und wie viel müsstest du dafür ab jetzt investieren? Um das herauszufinden, nutze den **Sparrechner** auf zinsen-berechnen.de. Wähle: »Sparrate berechnen«. Für die Mindestrente trage in die Rechenmaske ein:

- **Endkapital:** 560.000 Euro
- **Zinssatz:** 7 %
- **Zinsperiode:** monatlich
- **Anzahl der Jahre bis Rentenbeginn**

Wieder »Berechnen« klicken. Um die 560.000 Euro bis 67 Jahre aufzubauen, bräuchten wir als monatliche Investitionsrate:

- mit 30 Jahren: **270 Euro monatlich**
- mit 40 Jahren: **580 Euro monatlich**
- mit 50 Jahren: **1.400 Euro monatlich**

Die Zeit arbeitet, wie du siehst, für uns. Der Zinseszinseffekt hilft, das Vermögen wachsen zu lassen. Die Zeit ist aber auch eine Gegenspielerin. Deshalb: Je später wir starten, desto höher muss die monatliche Investition sein, um das Ziel zu erreichen.

Formuliere jetzt dein Renten- bzw. Vermögensziel, schriftlich und mit Zahlen: »Ich habe mit 67 Jahren 320.000 Euro an zusätzlichem Vermögen aus Aktien- und Anleihen. Dafür investiere ich ab sofort 400 Euro jeden Monat.« Selbst wenn du mit 67 dieses Vermögen nicht erreichst, weil du nur 200 Euro investieren kannst – jeder investierte Betrag zählt und macht später vielleicht den entscheidenden Unterschied aus.

Du kannst auch mit mir deine Investitionsrate ausrechnen. Gehe dazu auf: www.geldfrau.de/finanzbuch

Du hast jetzt dein Ziel, investierst langfristig und hältst die Kosten niedrig. Bleibt die Frage: Wie legst du jetzt deine Investitionsrate an und schläfst auch gut dabei, während die Renditen auflaufen?

Weg mit der Angst, her mit Aktien und Anleihen

Stell dir vor, du bist eine Koryphäe der Finanzwelt und hast die Geldanlage revolutioniert. Du hast ein mathematisches Verfahren entwickelt, wie Geld bestmöglich auf die Anlageklassen verteilt werden kann. Risiko minimieren, Rendite maximieren – das ist dein neuer Ansatz für den perfekten Anlagemix. Kein Zocken, keine Glücksfee, stattdessen Wissenschaft als Ergebnis deiner mathematischen Eleganz. Dafür wird dir sogar der Nobelpreis verliehen. Also: Was machst du am besten mit deinem Geld? 50 % investierst du in den US-Aktienmarkt und 50 % in US-Staatsanleihen. Fertig. Keine ausgeklügelte Strategie, kein Guru-Flair. Einfach halbe-halbe aus risikoreicher und risikoarmer Anlageklasse. Passt.

Das ist die Geschichte von Harry Markowitz, dem genialen US-Ökonomen, der in den 1950er-Jahren die **Portfolio-Selektionstheorie** entwickelt hat. Er wies nach, dass die Rendite einer Geldanlage steigt, wenn die risikoreiche Anlageklasse Aktien mit der risikoarmen Klasse Anleihen gemischt wird. Mehr Rendite durch weniger Risiko – das ist wie mit Rückenwind bergauf fahren. Bis dahin hieß es: entweder … oder. Entweder Aktien oder Anleihen. Dazu immer viel Bauchgefühl, Gerüchte und Glaube. Markowitz brachte Systematik, Wissenschaft und das Rezept **Diversifikation** in die Geldanlage: **Verteile dein Geld klug auf verschiedene Anlageklassen und innerhalb dieser auf möglichst viele einzelne Werte.**

Weshalb er privat auf die einfachste Formel seiner Forschung setzte? Er drückte es einmal so aus: »Ich habe mir meinen Kummer vorgestellt, wenn der Aktienmarkt explodieren würde und ich nicht dabei wäre – oder er in den Keller sacken würde, und ich alles in Aktien angelegt hätte.«[46] Der Mann, der also wusste, wie ein nahezu »perfekter« Anlagemix aussehen könnte, ließ sein Gefühl mitreden. Er wählte pragmatisch und selbstfürsorglich.

Und das tun wir auch: Wir diversifizieren beim Vermögensaufbau für die Altersvorsorge global, legen nach wissenschaftlichen Kriterien an und halten alles einfach. Denn: Einfach ist klug! Kompliziert nicht. Unseren klugen Anlagemix betten wir in einen Plan ein, den wir verstehen, durchhalten und pflegen können, ohne uns zu überfordern, und mit dem wir ruhig schlafen. **Dieser Plan heißt Anlagestrategie.**

Ohne Anlagestrategie kein Vermögensaufbau

Die Anlagestrategie, mit der wir zuverlässig Vermögen schaffen, basiert auf einem effektiven Prinzip: **Buy and Hold.** Wir kaufen und bleiben investiert – unabhängig davon, was an den Märkten los ist. Wir üben uns in Geduld und werden mit Erträgen belohnt. Auf dieser Basis entwickeln wir unsere Anlagestrategie als Verhaltensplan. Dieser steckt den Rahmen ab, motiviert und hält uns auf Kurs – wie ein Gartenplan, der vorgibt, welche Pflanzen wir einbuddeln und pflegen.
Wir denken, wie erwähnt, in Zeiträumen von Jahrzehnten, weshalb Einflüsse und Störfaktoren wie Inflation, spezielle Verlustrisiken der Anlageklassen, persönliche Veränderungen wie Karrieresprünge, Krankheitsphasen oder eine Familiengründung von vornherein mit berücksichtigt werden. Anlagestrategien entwickeln sich. Wirst du Mutter, passt du deine Investitionsrate womöglich an (bitte nicht aussetzen), machst du den nächsten Karriereschritt, erhöhst du sie.

Halte deine Anlagestrategie schriftlich fest. Ihre **Basisbestandteile** sind:

- dein (errechnetes) Ziel mit Zwischenzielen
- dein Zeithorizont
- gewählte Anlageklassen und ihre Zusammenstellung
- wie viel du investierst und wie oft – einmalig oder regelmäßig

Notiere in Stichworten, warum du diese Strategie wählst. Das hilft bei späteren Anpassungen und wenn die Märkte mal wieder verrücktspielen.

Wir klotzen, statt zu kleckern: Fonds senken das Ausfallrisiko

Das **Ausfallrisiko** können wir deutlich reduzieren, indem wir nicht dem Glauben anheimfallen, wir könnten mal nebenbei im Alltag die besten aller besten künftigen Gewinneraktien aus den weltweit etwa 58.000 börsennotierten AGs erraten. Wir setzen stattdessen auf **Fonds**. Ein Aktienfonds beispielsweise investiert gleichzeitig in Tausende Unternehmen. Bei einer Einzelaktie besteht immer das Risiko des Totalverlusts. Haben wir Aktien von zwei Unternehmen, halbiert sich das Risiko. Bei zehn Unternehmen sinkt das Ausfallrisiko weiter und bei 2.000 AGs geht es für alle zusammengenommen gegen null. An einem Fonds können wir uns beteiligen, indem wir Anteile daran erwerben. Der Kurs dieser Anteile ergibt sich aus dem Wert der im Fonds enthaltenen Anlagen.

Fonds ist nicht gleich Fonds: Das musst du wissen

Fonds werden von drei Eigenschaften geprägt: Die Struktur ist entweder **offen** oder **geschlossen**, die Anlagestrategie **aktiv** oder **passiv**. Und ein Fonds ist entweder **an einer Börse handelbar** oder **nicht**.

Offen bedeutet: Du kannst jederzeit Anteile kaufen oder verkaufen. Bei **geschlossenen Fonds** bleibt die Anzahl der Anteile immer gleich; sie sind nur schwer bis gar nicht verkäuflich.

Passiv heißt: Der Fonds kauft Aktien so ein, wie es eine regulierte Börsenkennzahl wie ein Index vorgibt, ähnlich wie Malen nach Zahlen. Das macht das Verwalten von passiven Fonds so viel günstiger und transparenter im Vergleich zu aktiven Fonds. Bei **aktiven Fonds** stellt ein Managementteam die Anlageklassen zusammen und versucht, besser als der Markt, abgebildet in einem Index, zu sein – selten mit Erfolg, dafür meist sehr teuer.

Börsengehandelt sind Fonds, die wir an öffentlichen Börsen kaufen und verkaufen können. Das sorgt für Preistransparenz und Flexibilität. Ist ein Fonds **nicht börsengehandelt**, können die Anteile nur über die Fondsgesellschaft ge- und verkauft werden, ohne dass du den Preis öffentlich nachprüfen kannst.

Mein dringender Rat: Investiere nur in Fonds, die du **über eine Börse** erwerben kannst. **Finger weg von geschlossenen Fonds** wie Schiffs- oder Immobilienfonds! Sie sind hochspekulative unternehmerische Beteiligungen, bei denen Totalverlust und zusätzliche Zahlungen drohen. Auch offene Immobilienfonds eignen sich nicht, um Vermögen aufzubauen. Sie sind hochriskant mit kümmerlicher Rendite und ein Einfallstor für Anlagebetrug.[47]

Für die **Altersvorsorge** setzen wir auf **offene Fonds, die passiv gemanagt und börsengehandelt** sind – das sind die Exchange-Traded Funds, kurz **ETFs.** »Exchange« steht für Börse, »Traded« für gehandelt, »Funds« für Fonds. ETFs sind also börsengehandelte Fonds. Sie sind die beste Geldanlage für vielbeschäftigte, selbstbestimmte Frauen – und natürlich auch Männer.

Die meisten ETFs sind Aktien-ETFs. Dazu kommen Anleihen-, Geldmarkt-, Gold-, Silber- und Krypto-ETFs. Die Abkürzung ETF allein sagt dir also nur, dass es ein Fonds ist. Mehr nicht.

Ohne Index kein ETF: die Basis deiner Geldanlage

Einem ETF liegt gewöhnlich ein **Index** zugrunde, der wie ein Rezept vorgibt, welche Aktien oder Anleihen gekauft werden sollen. Es gibt zwar auch ETFs, die keinem Index folgen. Ich halte mich bei meinen Investments aber an die Grundidee. Lass uns deshalb zuerst klären, was ein Index ist.

Ein Index ist eine sehr wichtige Kennziffer der Börsenwelt. Du kannst sie dir als eine Art Best-of-Liste für Musik aus einem Land vorstellen oder als Best-of-Compilation mit Hits aus der ganzen Welt. Die Titelauswahl erfolgt nach festen, öffentlich einsehbaren Regeln. Die meisten »Hitlisten« gibt es für **Aktien.**

Der DAX, der Deutsche Aktienindex, ist beispielsweise das »Best of Germany« und umfasst die 40 größten börsennotierten Unternehmen Deutschlands. Mit dabei »Chartstürmer« wie SAP, Allianz, Siemens, Mercedes Benz oder BASF. Je höher ihr Marktwert, desto größer ihr Anteil im Index. Steigen die Kurse vieler Unternehmen,

steigt auch der DAX. Wenden sich Investorinnen und Investoren dagegen ab, sinken die Kurse und damit der Indexwert. Ein Index zeichnet also die Kurs*entwicklung* aller gelisteten Unternehmen meist inklusive ihrer Dividenden als Zahl nach und zeigt an, wie es ihnen wirtschaftlich geht.
Die wichtigsten Indizes bei Aktien sind die von MSCI und FTSE. MSCI steht für den weltweit wichtigsten Indexanbieter *Morgan Stanley Capital International* aus New York und FTSE für *Financial Times Stock Exchange.* Er gehört zu FTSE Russell, einer Tochter der London Stock Exchange Group.

Mit Indizes die Welt im Depot

Über Aktien-Indizes von MSCI und FTSE und anderen können wir in die gesamte Welt der börsennotierten Unternehmen investieren, ohne Angst, die falschen herausgepickt zu haben oder bei den Topfirmen nicht mit dabei zu sein. Und wir können uns so die durchschnittliche Rendite von Aktien schnappen. Durch Indizes ist es auch möglich, gezielt in Regionen wie Indien, Nordamerika oder Europa zu investieren oder in einzelne Sektoren wie KI und Gesundheit. Themen-ETFs zu Nachhaltigkeit oder erneuerbaren Energien werden ebenfalls angeboten. In der ETF-Welt ist sehr viel möglich. Ob das alles sinnvoll ist, steht auf einem anderen Blatt.
Bei **Anleihen**-Indizes sind die Staaten oder Unternehmen mit den meisten Schulden am prominentesten vertreten. Anleihen-Indizes werden dabei nach Art des Schuldners (Staat oder Unternehmen), nach Anleihen-Laufzeiten (kurz, mittel oder lang) und nach Kreditwürdigkeit (zuverlässig oder ausfallgefährdet) zusammengestellt. Ihr Kurs ist ein Spiegelbild der Entwicklung der enthaltenen Anleihen und schwankt gewöhnlich sehr gering.
Indizes helfen der Finanzindustrie, Investmententscheidungen zu treffen und Geldanlagen zu bewerten. Sie dienen als Vergleichsmaßstab. Welche Indizes für uns als Basisinvestment relevant sind, um das Vermögensziel Rente zu erreichen? Die großen. Und nur die.

Empfehlenswerte Aktienindizes

Industrie- und Schwellenländer-Indizes: Der *FTSE Global All Cap* und der *MSCI All Country World IMI* sind die breitesten mit bis zu 9.500 Unternehmen jeder Größe – mit ihnen investieren wir in etwa 90 bis 95 % des weltweiten Aktienmarktes. IMI steht für *Investable Markets Index* und gibt an, dass auch kleine Unternehmen im Index sind. Der *FTSE All-World* und *MSCI ACWI* sind mit bis zu 4.000 großen und mittleren Unternehmen etwas schlanker.

Industrieländer-Indizes: Der *MSCI World IMI* umfasst etwa 5.000 Unternehmen jeder Größe. Der klassische *MSCI World Index* fokussiert sich auf rund 1.600 große und mittlere Unternehmen. Er deckt etwa 75 % des Weltaktienmarktes ab. Zu den Industrieländern zählen unter anderem USA, Kanada, Japan, Deutschland und das Vereinigte Königreich.

Schwellenländer-Indizes: Die umfangreichsten sind der *MSCI Emerging Markets IMI* mit ca. 3.000 Unternehmen jeder Größe und der *FTSE Emerging Markets Index* mit bis zu 2.000 großen und mittleren Firmen. Die wichtigsten Schwellenländer sind China, Indien, Brasilien, Mexiko und Thailand.

Empfehlenswerte Anleihen

Bei Anleihen sind besonders die Indizes der **eb.rexx-Familie** relevant. Sie bildet eine breite Palette deutscher Staatsanleihen verschiedener Laufzeiten in Euro ab. Deutsche Staatsanleihen gelten als ausfallsicher.

Die **iBoxx €-Indexfamilie** umfasst eine breite Palette von Staats- und Unternehmensanleihen der Eurozone wie den *iBoxx* € Sovereigns für Staatsanleihen und den *iBoxx* € Corporate mit Unternehmensanleihen.

Der weltweit umfangreichste Anleihenindex ist der **Bloomberg Global Aggregate Bond Index**. Er deckt eine enorme Bandbreite von Staatsanleihen, Unternehmensanleihen und anderen Anleihen aus über 70 Ländern ab.

Mit der genialen Verbindung von Fonds und Index können wir das **Ausfallrisiko** von Einzelaktien oder -anleihen stark reduzieren. Das

Schwankungsrisiko minimieren wir durch einen langfristigen Anlagehorizont und kombinieren wie Harry Markowitz mindestens zwei Anlageklassen – also Aktien- mit Anleihen-ETFs (oder Tagesgeld).

Mit der richtigen Mischung langfristig zum Vermögen

Nach wissenschaftlichen Standards teilen wir also Geld für den Vermögensaufbau mindestens auf zwei Anlageklassen auf: einen Renditebringer und einen Sicherheitsanker. Gerd Kommer hat dafür im Zusammenhang mit ETFs den Begriff des »Weltportfolios« geprägt.

Gehe dafür so vor:

1. **Renditebringer:** Investiere in globale Aktien-ETFs aus Industrie- und Schwellenländern, über alle Branchen und Themen hinweg.
2. **Sicherheitsanker:** Nutze Anleihen-ETFs in Euro oder lege bis 100.000 Euro aufs Tagesgeldkonto.
3. **Langfristig handeln:** Finde eine Aufteilung zwischen Aktien und Anleihen, die du emotional aushältst und mindestens 14 Jahre und mehr durchhältst.
4. **Setze auf ETFs:** Sie sind günstig, passiv, transparent. Meide aktiv gemanagte Fonds.
5. **Ruhig bleiben:** Kaufen, liegenlassen, weitermachen. Kein Hin und Her, kein Hype. Sparpläne sind deine Verbündeten.

Und so setzt du es um: Für den Aktien-ETF-**Renditebringer** haben sich zwei Varianten bewährt:

- **puristisch:** Du willst es am liebsten einfach und pflegeleicht? Dann sind ETFs auf die Indizes *All Country World (ACWI)* oder *FTSE All-World* das Richtige für dich, vielleicht sogar in der *IMI*-Variante. Damit hast du die ganze Welt aus Industrie- und Schwellenländern in einem Paket. Fertig.
- **flexibel:** Willst du mehr Kontrolle, kombiniere einen Industrieland- mit einem Schwellenland-ETF. Die Industrieländer bildet der *MSCI World* ab und der *FTSE Developed World*. Die Schwel-

lenländer der *MSCI Emerging Markets Index* und *FTSE Emerging Markets*. Wenn du die ETFs wie beschrieben kombinierst, **bleib in derselben Indexfamilie – also entweder MSCI oder FTSE**. So stellst du sicher, dass es keine Lücken bei der Länderauswahl gibt.

Wichtig: Ausschließlich in einen *MSCI World ETF* zu investieren und damit allein auf die Industrieländer zu setzen, weil der in den vergangenen Jahren höhere Erträge lieferte als der *MSCI ACWI* inklusive Schwellenländer, ist kurzfristig gedacht. Niemand weiß, wie sich die Weltwirtschaft in 30 oder 40 Jahren entwickelt haben wird – das aber sind unsere Anlagehorizonte. Halte dich besser an die Wissenschaft und mische »World« mit »Emerging Markets« oder setze auf die All-inclusive-Variante *ACWI* oder *All-World*.

Für den **Sicherheitsanker** gibt es ebenfalls zwei Basisoptionen:

- **superrisikoarm:** ETFs mit deutschen Staatsanleihen aus der *eb.rexx-Indexfamilie*. Alternativ kommen *Eurozone Government Bonds* infrage. Achte auf kurze Anleihe-Laufzeiten im Fonds von 1 bis 3 Jahren.
- **risikobewusst:** Willst du auch im Sicherheitsanker ein bisschen Chance, findest du sie bei den Unternehmensanleihen *Eurozone Corporate Bond* oder *iBoxx* € Corporate. Bei einem sehr langen Anlagehorizont können auch *Global Aggregate Bond* ETFs spannend sein, die wegen längerer Anleihen-Restlaufzeiten riskanter sind.

Du kannst auch mischen: 50 % superrisikoarm, 50 % risikobewusst. Von sogenannten Hochzinsanleihen würde ich Abstand nehmen. Das sind Anleihen von Schuldnern mit niedriger Bonität.
Du siehst: Du kannst in der einfachsten Variante mit zwei ETFs dein Altersvermögen aufbauen. Oder mit drei ETFs, wenn du Industrie- und Schwellenländer kombinieren willst. Kümmere dich zuerst um die Aktien-ETFs. Ist das erledigt, suche dir Anleihen-ETFs aus, um dich nicht zu

verzetteln. Mehr als fünf ETFs finde ich zu viel. Dann fängt die Struktur an zu verlottern und mit ihr im schlimmsten Fall deine Disziplin. Außerdem ist es nicht sinnvoll, eine Investitionsrate von beispielsweise 300 Euro auf fünf ETFs aufzuteilen. Auf zwei oder drei schon.

Und wo findest du deine passenden ETFs?

Drei Plattformen helfen dir beim Auswählen:

- extraetf.com
- justetf.com
- finanzfluss.de/informer/etf/suche

Schau, was dir optisch und funktional gefällt. Mein Favorit ist extraetf.com.

Neben dem Index gibt es viele weitere Auswahlkriterien. Ich möchte dir hier die wichtigsten *ganz kurz* vorstellen. Wie du die Auswahlkriterien sicher anwendest, um deine ETFs zusammenzustellen, zeige ich dir ausführlich in meinem Online-Kurs »Selbst und sicher Vermögen aufbauen«. Du kannst auch in Büchern einiges dazu nachlesen. Hier würde es zu viel Raum einnehmen.

Die wichtigsten Auswahlkriterien für Aktien-ETFs

Index: Welcher soll es sein? Auf Aktien oder Anleihen? Willst du global investieren oder regional begrenzt auf die Industrieländer? Das entscheidest du als Erstes.

Replikationsmethode: Wähle die sogenannte *physische* Replikation als »Indexnachbildung«. Hierbei kauft der ETF die Aktien direkt in den Fonds.

Fondsvolumen und Alter: Bevorzuge ETFs mit über 300 Millionen Euro Volumen und mindestens 3 Jahren am Markt.

Jährliche Kosten: Fondsverwaltung verursacht Kosten. Bei passiven ETFs sind diese minimal, weil kein Managementteam die Aktien oder Anleihen aktiv auswählt. Die Kosten werden **Total Expense Ratio** genannt, kurz **TER**. Sie gibt an, wie viel du jährlich bezogen auf deinen Fondswert zahlst. Eine TER von unter 0,4 % ist gut, optimal sind 0,2 %.

Gewinnverwendung: Die Dividenden der Unternehmen im ETF fließen an die Fondsgesellschaft. Sie werden entweder automatisch in neuen Aktien angelegt – also **thesauriert** – oder an die Anteilseignerinnen **ausgeschüttet**. Thesaurierende ETFs sind in der Investitionsphase bequemer, ausschüttende in der Entnahmephase vorteilhaft. In der Investitionsphase bauen wir Vermögen auf. In der Entnahmephase bauen wir es ab. Je jünger du bist, desto eher eignen sich Thesaurierer, im Alter eher Ausschütter. Beim Vermögens*aufbau* lege die ausgeschütteten Beträge selbst in neue ETF-Anteile deines Fonds an.
ETF-Anbieter: Jeder ETF wird von einer Anlagegesellschaft herausgegeben, verwaltet und gepflegt. Zu den größten zählen BlackRock (iShares), die Vanguard Group und Amundi von der Crédit Agricole Group. Vanguard und BlackRock sind die größten Vermögensverwalter der Welt, ansässig in den USA. Vanguard ist genossenschaftlich organisiert, BlackRock börsennotiert. Amundi ist einer der wenigen großen europäischen Player.
Nachhaltigkeit: Nachhaltige ETFs erkennst du an Kürzeln wie ESG, SRI oder ex. *ESG* steht für *Environmental, Social, Governance* also Umwelt, Soziales und gute Unternehmensführung. *SRI* ist *Socially Responsible Investing* – sozial verantwortliches Investieren mit ethischen, sozialen, ökologischen Ausschlusskriterien. *Ex* steht für »exkludierend«. Hier schließen Fonds Branchen aus. Nachhaltige Fonds sind ein komplexes Thema. Mehr darüber liest du im nächsten Kapitel.
Automatisiert investieren: Über sogenannte **Sparpläne** investieren wir regelmäßig und planbar, eine Art Dauerauftrag auf unsere Investments.

Bei Anleihen-ETF zählen zusätzlich diese Kriterien

Schuldner: Du kannst zwischen Staats- und Unternehmensanleihen wählen. Staaten gelten als ausfallsicherer. Ausnahmen bestätigen aber diese Regel.
Beste Bonität: Investiere nur in ETFs mit Anleihen bester Zahlungsfähigkeit, also geringster Ausfallwahrscheinlichkeit. Sie drückt sich als Rating-Note »Investment-Grade« aus.

Euro als Fondswährung: Unsere Währung ist der Euro, deshalb wähle nur Anleihen-ETFs in Euro. Damit vermeidest du Wechselkursrisiken.
Restlaufzeit der Anleihen: Willst du sehr risikoarm investieren, setze auf kurze Restlaufzeiten bis drei Jahre. Je länger die Laufzeiten im ETF, desto stärker ist er Kursschwankungen ausgesetzt.
Fondsvolumen und TER: Wähle Anleihen-ETFs mit über 500 Millionen Euro Fondsvolumen aus und eine TER möglichst unter 0,2 %.

Nachhaltig investieren: Wunschtraum oder echter Hebel?

Du lebst bewusst nachhaltig – kaufst oft Bio-Produkte, fährst Fahrrad statt Auto und versuchst, durchdacht zu konsumieren. Was liegt da näher, als auch bei der Geldanlage keine »faulen« Kompromisse einzugehen. »Ich will nicht in Unternehmen investieren, die gegen meine Werte verstoßen!« Dieses Statement höre ich oft von meinen Kursteilnehmerinnen.
Lass es uns ehrlich angehen. Wenn du Meta übergriffig findest – bist du so konsequent und löschst Instagram, Facebook und WhatsApp? Und Google mit seiner Marktmacht? Kein googeln mehr, kein Gmail? Und was ist mit deiner Kosmetik? Frei von Mikroplastik und PFAS? Und dein Saugroboter, der mit Militärtechnik saugt?
Die Wahrheit ist: Wir wissen erschreckend wenig über Herstellungsprozesse, Geschäftspraktiken, Lieferketten und Stoffkreisläufe. Unser Alltag steckt deshalb voller Widersprüche und Kompromisse. Weshalb erwarten wir dann von unserer Geldanlage so viel mehr? Mehr Ethik, Umweltschutz, Ressourcenschonung, obwohl wir es selbst nicht praktizieren können? Kann Geldanlage deshalb überhaupt »nachhaltig« sein?

Teuer, riskant, unrentabel – aktive »grüne« Fonds setzen auf Marketing

Banken und Fondsanbieter werben oft mit »nachhaltigen Fonds«, die sie mit »eigener Expertise« und »aufwendigem Research« zusammengestellt haben. Klingt klasse! Besonders Frauen werden gezielt mit emotionalen Slogans und der Beruhigungspille »gutes Gewissen« angesprochen. Wie aber kannst du die Expertise und den Auswahlprozess nachprüfen? Antwort: gar nicht. Was die Anbieter zudem unter *nachhaltig* verstehen und wo sie die Grenzen ziehen, bleibt ebenso verborgen. Und: Aktiv gemanagte »Nachhaltigkeitsfonds« sind fast immer viel riskanter, weil sie in nur wenige Unternehmen investieren. Dazu sind sie teurer – mit Gebühren zwischen 1,5 und 3 % im Jahr. Bedeutet: höheres Risiko, höhere Kosten. Häufig liefern aktiv gemanagte »grüne« Fonds deshalb nur mickrige Erträge oder machen sogar Verluste. Vertrauensselig in grün gelabelte Bankfonds zu investieren, um das Gewissen zu beruhigen, führt eher zu Vermögensschäden und finanziellem Frust als zu Wertaufbau. Und ob Natur, Mensch und Klima profitieren, wird nicht belegt.

Von Rio bis heute – wie Nachhaltigkeit zur Finanzstrategie wurde

Lass uns kurz durch die Geschichte des nachhaltigen Investierens eilen. 1992 auf dem Earth Summit von Rio formulierten die Staaten ein Leitbild für nachhaltiges Wirtschaften, orientiert an der Forstwirtschaft: »Die Bedürfnisse der Gegenwart befriedigen, ohne die Möglichkeiten künftiger Generationen zu gefährden.« Auf konkrete Regeln einigten sich die Staaten nicht. Erst die 17 UN-Nachhaltigkeitsziele von 2015 brachten Struktur. Da Geldströme mächtige Lenkungsmechanismen sind, setzte die Politik in den folgenden Jahren auf zwei Hebel: auf gesetzliche Rahmenbedingungen, die die Wirtschaft zu nachhaltigerem Handeln verpflichten (z. B. das Lieferkettengesetz und der Green Deal der EU). Zum anderen sollen über die Finanzwirtschaft Investitionen in die nachhaltige Transformation der Wirtschaft gelenkt werden.

Um Unternehmen vergleichbar zu machen, wie sie sich an den 17 UN-Zielen ausrichten, wurden ESG-Kriterien entwickelt: E steht für Environmental (Umwelt), S für Social als soziale Verantwortung und G für Governance als gute Unternehmensführung. Die ESG-Kriterien sind damit ein Managementinstrument, umgesetzt vom Vorstandsgremium. Zwar gibt es Berichtspflichten, aber ohne einheitliche, nachprüfbare Vorgaben. Deshalb besteht die Gefahr, dass ESG oft mehr PR ist als echte Veränderung.

ESG, SRI, Taxonomie?

Auch deshalb gibt es zusätzliche Rechtsvorgaben – wie die EU-Taxonomie. Sie stuft wirtschaftliche Aktivitäten danach ein, ob sie geeignet sind, die Nachhaltigkeitsziele der EU zu erreichen. Und die Sustainable Finance Disclosure Regulation (SFDR) verpflichtet Vermögensverwalter dazu offenzulegen, wie nachhaltig ihre Finanzprodukte sind.
Die SFDR-Regulation teilt Fonds in drei Gruppen ein:

- Artikel-6-Fonds sind konventionell.
- Artikel-8-Fonds folgen Nachhaltigkeits*aspekten*.
- Artikel-9-Fonds haben Nachhaltigkeit als Haupt*ziel*.

Zu diesen Rahmenwerken hat sich ein »moralisches« Auswahlverfahren etabliert – das Socially Responsible Investing, kurz SRI. Mit dieser Strategie werden in Fonds Negativ- und Positivkriterien angewandt. Bestimmte Branchen und Geschäftsmodelle werden ausgeschlossen, andere bevorzugt.
Wie du siehst: Es ist ein bunter, kaum zu überblickender Flickenteppich.

So werden ETFs nachhaltig – und warum das nicht perfekt ist

Bei aktiv gemanagten Fonds mit Nachhaltigkeitslabel entscheiden ein Team und die Philosophie der Fondsverwalterin, welche Firmen als nachhaltig und grün gelten. Nachhaltige Aktien-ETFs werden dagegen von einer klassischen Index-Variante (Parent Index) schrittweise in eine nachhaltige Variante überführt: Entweder werden zuerst aus der Gesamtheit der Unternehmen im Index problematische Branchen ausgeschlossen wie Waffenhersteller, Öl- und Kohlekonzerne, Tabak- und Glücksspielanbieter. Das ist das Ausschlussprinzip. Von den übrigen dürfen dann die bleiben, die in ihrer Branche die nachhaltigsten sind. Das ist der Best-in-Class-Ansatz.

Beispiel »MSCI World SRI ETF«: Er sortiert zuerst aus dem Parent Index »MSCI World« kontroverse Firmen aus und behält im nächsten Schritt nur die, die besonders nachhaltig gemäß den ESG-Kriterien wirtschaften.

Beispiel »MSCI World ESG Leaders«: Er macht es andersherum. Er filtert den Index nach Unternehmen mit hohen ESG-Ratings und schließt danach kontroverse Geschäftsfelder wie Waffen, Kohleabbau und Atomenergie aus. Es ist also wichtig nachzulesen, wie der Auswahlprozess erfolgt.[48]

Je strenger die Kriterien, desto weniger Unternehmen verbleiben im Aktien-ETF. Für uns bedeutet das: geringere Diversifikation, etwas höhere Kosten.
Es gibt auch nachhaltige Anleihen-ETFs, die nur »**Green Bonds**« enthalten. Das sind Anleihen, die Klimaschutzprojekte finanzieren. Eine gute Sache. Nur fehlt auch hier die Überprüfbarkeit: Unklar bleibt, wo das Geld was bewirkt hat.

Woran du nachhaltige Aktien-ETFs erkennst

Nachhaltige Aktien-ETFs erkennst du an Kürzeln im ETF-Namen wie **ESG, SRI, ESG Leaders, Sustainable**. In den Stammdaten zum Fonds steht auch, ob es sich um einen Artikel-9-Fonds gemäß der SFDR-Klassifizierung handelt oder um einen Artikel-8-Fonds. Im Basisinformationsblatt des Fonds findest du weitere Angaben. Leider sind diese sehr kryptisch geschrieben.

Greenwashing – die Schattenseite nachhaltiger Investments

ESG und SRI garantieren leider keine echte Nachhaltigkeit im Sinne des Earth Summit von Rio 1992 – zu wenig trennscharf, zu intransparent. Der Best-in-Class-Ansatz ist beispielsweise oft Augenwischerei, weil ein Unternehmen zu den besten der Branche zählen kann und trotzdem auf fragwürdige Geschäfte setzt. Beispiel: Der MSCI World ESG ETF enthält Microsoft, Tesla, Apple, Meta und Alphabet – Konzerne, die wegen Datenmissbrauch, Marktdominanz oder fragwürdiger Arbeitsbedingungen immer wieder in der Kritik stehen. Auch die Glaubwürdigkeit steht zur Debatte. So stuft die EU-Taxonomie Erdgas und Atomkraft als »nachhaltig« ein.

Und dann ist da noch der eigentliche Elefant im Raum: die Finanzbranche selbst. Sie feiert fragwürdige Geschäftspraktiken wie Bonuszahlungen trotz staatlicher Subventionen, finanziert repressive Staaten, drückt bei der Geldwäsche ihre Controlling-Augen zu und dreht Menschen teure und sinnlose Produkte an. Sie selbst ist also weit davon entfernt, nachhaltig zu wirtschaften, soll aber Produkte anbieten und fördern, die ökologisch, sozial und umweltverträglich sind und dazu der Wirtschaft helfen, sich zu transformieren. Greenwashing ist deshalb systemimmanent. Der bekannteste Fall in Deutschland ist die Deutsche-Bank – mit ihrer Tochter DWS. Sie warb ausdrücklich mit Nachhaltigkeit, lieferte sie aber nicht. Die US-Börsenaufsicht SEC verhängte 2023 dafür eine Strafe von 19 Millionen Dollar.[49]

Das zusammengenommen kann ganz schön frustrieren.

Ist nachhaltiges Investieren also ein Trugschluss?

Die Wahrheit ist: Suchst du an der Börse nach einem guten Gewissen, wirst du enttäuscht. Wir wirtschaften weltweit nicht nachhaltig im Sinne von Rio. Deshalb können Investments nicht nachhaltig sein. Noch nicht. Dennoch musst du deinen Anspruch nicht fallen lassen. Im Einklang mit der Natur zu wirtschaften, ist überlebenswichtig. Ideologisch ist es, das abzulehnen. Was also tun? Das Wichtigste ist – ehrlich zu dir zu sein: Was sind deine Werte, Prinzipien, Vorstel-

lungen? Wie sollen sie sich in deiner Anlagestrategie widerspiegeln? Welche Kompromisse bist du bereit einzugehen? Notiere alles, dann suche entsprechende ETFs. Lass dir von Marketingversprechen nicht den Kopf verdrehen, bevorzuge wissenschaftliches Investieren und berechne die Anlagekosten. Der wichtigste Punkt ist: *Konsumiere* nach deinen Werten. Denn nicht der Besitz von Aktien hält ein Unternehmen am Leben, sondern dass Menschen ihre Produkte oder Dienstleistungen kaufen. Keine Nachfrage, keine Gewinne, kein Unternehmen. Engagiere dich zudem politisch für eine gesunde Welt. Die Politik setzt die Regeln – auch auf Druck bürgerlichen Engagements.
Mit nachhaltigen ETFs investierst du in die Transformation der Wirtschaft. Mehr geht aktuell noch nicht.

Die richtige Balance aus Risiko, erwarteter Rendite und Sicherheitsbedürfnis

Am Ende bleibt noch diese Frage, mit der wir an den Anfang des Kapitels zurückkehren: **Wie teilen wir unser Geld auf risikoreich und risikoarm auf?** Halbe-halbe wie Markowitz? Oder differenzierter? Wir können dafür **zwei Faustregeln** anwenden.
Stell dir vor, es ist noch einmal März 2020. Coronapandemie. Grenzen werden geschlossen, Schulen und Betriebe dichtgemacht, Menschen horten Vorräte, die Welt ist im Ausnahmezustand. Und während du versuchst, das Undenkbare zu sortieren, siehst du, wie dein Aktien-ETF auf den MSCI All Country World um 34 % abstürzt. Deine 100.000 Euro sind innerhalb von fünf Wochen nur noch 66.000 Euro wert. Kannst du das aushalten? Ist das ein Jahresgehalt, das neue Auto, die Rücklage für Notfälle? Kannst du diesen Zahlenschock verkraften – ohne dass du in dem Moment weißt, dass er nach einem halben Jahr vorüber sein wird?
Die Entscheidung, wie hoch der risikoreiche Aktienanteil sein darf und der risikoarme Anleihenanteil sein soll, hängt also von der persönlichen Risikotoleranz und dem Sicherheitsbedürfnis ab. Je nachdem, wie du wählst, fällt die erwartete Rendite aus. Je höher der risikoreiche Anteil, desto höher ist sie.

Faustregel Nummer 1 – historischer Wertverlust: Mit diesen vorübergehenden Wertverlusten und realen, erwarteten Renditen pro Jahr kannst du deine persönliche Risiko-Rendite-Mischung abschätzen. Die Daten gelten für globale Aktien und Anleihen von 1970 bis 2017:[50]

Wertverlust	Mischung Aktien/Anleihen	Erwartete reale Rendite
etwa 50 %	100 % Aktien 0 % Anleihen	5 %
etwa 40 %	70 % Aktien 30 % Anleihen	4 %
etwa 30 %	60 % Aktien 40 % Anleihen	3,7 %
bis 20 %	40 % Aktien 60 % Anleihen	2,9 %

Quelle: Gerd Kommer: Souverän investieren für Einsteiger, 2019, S. 119

Gehe von einem Betrag aus, der dich bewegt – z. B. 50.000 Euro. Rechne den möglichen Verlust aus, schreibe ihn in Euro auf und überlege, ob du das verkraftest. Denn der größte Fehler wäre, in einem Crash panisch zu verkaufen. Solche Kurzschlussgedanken können auftreten, wenn die eigene Risikotoleranz überdehnt wurde und Anlagewissen fehlt. Damit ruinierst du dein Vermögen. Nutze deshalb die historischen Daten und teste dein Sicherheitsbedürfnis. Kannst du einen vorübergehenden Wertverlust von 19.000 Euro aushalten, kannst du 70 % in Aktien-ETFs anlegen. 30 % gingen dann in risikoarme Anleihen-ETFs oder Tagesgeld.
Faustregel Nummer 2 – Wertaufholung: Wie lange dauert es, bis sich die sehr wahrscheinlich auftretenden Buchverluste wieder ausgeglichen haben? In der Coronakrise brauchte der MSCI ACWI ein halbes Jahr. Rekordtempo! Nach der Finanzkrise 2008 dauerte es fünfeinhalb Jahre. Die meisten Krisen waren in weniger als zehn Jahren ausgestanden. Und ab 13 Jahren waren die Renditen bisher immer positiv. Heißt für uns: Wir investieren nur Geld in Aktien-ETFs, das wir mindestens 13 Jahre nicht brauchen. Bei Anlagezeiträumen von 40 bis 60 und mehr Jahren – Investitions- *und* Entnahmephase zusammengerechnet – ist das gut auszuhalten, denke ich.

Bist du dir unsicher mit deiner Aufteilung, starte mit der Wissenschaft. Die Universität Mannheim[51] konnte nachweisen: **60 % globale Aktien und 40 % Anleihen liefern langfristig robuste Renditen.** Diese Mischung erwies sich als stabil und renditestark und übertraf mathematisch optimierte Modelle.

Wenn du merkst, du hast dich für zu viel Risiko entschieden, senke deinen Aktienanteil, hältst du mehr aus, erhöhe ihn. Passe aber nie, nie, nie aus einer Emotion heraus deine Anlagestrategie an, schon gar nicht im Crash. Deine Anlagestrategie ist nicht dazu da, ständig optimiert zu werden. Anpassen ja, in Ruhe, aber nicht fortlaufend justieren. **Investieren bedeutet *nicht*, immer nach der »besseren« Gelegenheit zu suchen. Es bedeutet, den Mut zu haben, nichts zu tun.** Das ist Buy and Hold – konsequent und unbeirrt.

Wähle eine einfache, robuste Strategie und bleib dabei

»Investieren ist Langstrecke, kein Sprint.« Schreibe dir das als Überschrift auf das Papier mit deiner Anlagestrategie. Suche nicht nach einem perfekten Mix. Es gibt ihn nicht!

Wähle eine einfache, robuste Lösung mit drei ETFs, maximal fünf. Der Münchner Honorarberater Nikolaus Braun formuliert es in seinem Buch »Über Geld nachdenken« treffend so: »Du brauchst nicht die beste Lösung. Du brauchst eine gute Lösung und die musst du langfristig durchziehen. So einfach und wenig komplex, wie es geht.«

Und wenn du das Gefühl hast, du müsstest unbedingt diese Themen-ETFs zu Wasser, Energie, Biotech, KI oder Robotik oder ein bisschen Krypto wie Bitcoins haben – dann mische sie bei. Halte ihren Anteil *insgesamt* unter 10 % deines investierten Geldes. Wenn dir dieser persönliche Touch hilft, deine einfache und global ausgerichtete Aktien- und Anleihen-ETF-Strategie Jahrzehnte durchzuhalten, ist es gut investiertes Geld.

Die größte, persönliche Leistung beim Aufbau von Vermögen besteht darin, **anzufangen** und die **passende Balance** aus risikoreich und risikoarm zu finden und sie **durchzuhalten**. Krisen kommen und gehen wie Jahreszeiten. Geduld und Gleichmut werden belohnt. Und wenn du es mitten in einem Aktiencrash schaffst, deine Aktien-ETFs aufzustocken, hast du den Punkt erreicht, an dem du dich beim Investieren von Wissen und Selbstvertrauen leiten lässt und nicht von Meinungen, Gefühlen oder Trends.

Und wie legst du Geld jetzt ganz praktisch an?

Unsere Tür zur Börse: Online-Banking und das passende Depot

Heute kannst du Geld anlegen, während du im Pyjama am Küchentisch deinen Kaffee trinkst. Kein Termin, kein Bankmitarbeiter, der dir hauseigene Fonds aufschwatzt oder dir »erklärt«, dass du das doch gar nicht kannst und das alles viel zu gefährlich wäre. Stattdessen klickst du dich finanzschlau durch seriöse, sehr gut aufbereitete Informationen, vergleichst Optionen und triffst selbstbestimmt Entscheidungen – die anschließend in Sekunden zu sehr geringen Gebühren umgesetzt werden. Fertig.

Warum du ein Depot brauchst

ETF-Anteile, Aktien und jede andere Art Wertpapier kannst du nicht über dein Girokonto kaufen und aufbewahren. Dazu brauchst du ein Depot. Von dort aus kaufst und verkaufst du Wertpapiere und »lagerst« sie ein. Ein Depot ist wie ein Schrank. In seine Schubladen legst du deine ETF-Anteile, Aktien oder Anleihen. Die Bank verwaltet sie für dich treuhänderisch. Du kannst auch mehr als ein Depot haben. Ich habe drei. Zwei für die Altersvorsorge und eines für ein bestimmtes Wertpapier. Es kommt immer darauf an, wie und in welche Anlageklassen und Verpackungen du dein Geld anlegen möchtest.

Welche Bank ist die richtige?

Setze auf eine **Direktbank** mit Sitz in der EU, idealerweise in Deutschland. Zu den größten gehören: **ING, DKB, Comdirect, Consorsbank** – bewährte Direktbanken mit gutem Service. Filialbanken sind eher ungeeignet, weil sie teuer und wenig flexibel sind. FinTechs wie Scalable oder TradeRepublic sind ebenfalls attraktive Optionen, rücken aber das Spielen und Wetten mit Geld sehr in den Vordergrund und bereiten Informationen teils unverständlich auf. Onlinebanken sind so lange sicher, wie du die Spielregeln beachtest. Eine davon ist: Deine Bank wird dich **niemals** per E-Mail nach Passwörtern oder Zugangsdaten fragen. Wer das tut, ist ein Betrüger.

Welche Bank – und damit welches Depot – zu dir passt, hängt von deiner Anlagestrategie und persönlichen Vorlieben ab. Du willst regelmäßig investieren? Richte einen Sparplan ein. Die Bank legt dann für dich monatlich oder quartalsweise dein Geld an – so lange, bis du den Sparplan änderst oder beendest. Das automatisiert den Vermögensaufbau. Viele Banken bieten Sparpläne gratis an. Bei Einmalanlagen achte auf niedrige Gebühren.

Die Konditionen einer Bank stehen in ihrem Preis- und Leistungsverzeichnis, das öffentlich einsehbar sein muss. Am schnellsten findest du es, wenn du den Namen der Bank, die dich interessiert, im Suchfeld deines Browsers eingibst und »Preis- und Leistungsverzeichnis«. Diese Verzeichnisse sind leider oft schwer zu lesen. Schlage deshalb per Suchfunktion zum Beispiel diese Worte nach, um die Gebühren zu klären: ETF, Sparpläne/Sparplan, Depotverwahrung.

Achte auf die Gebühren!

Hier ein paar Beispielrechnungen:

- **Bank A:** 1 Euro pro Kauf → 12 Euro im Jahr bei monatlichem Sparplan
- **Bank B:** Kostenloser Sparplan → 0 Euro im Jahr
- **Bank C:** 0,2 % pro Kauf → 0,80 Euro pro Kauf bei 400 Euro Sparrate → 9,60 Euro im Jahr

Bank A verlangt für einen ETF-Sparplan 1 Euro pro Kauf – das wären 12 Euro im Jahr, wenn du monatlich investierst. Bank B bietet den Sparplan kostenlos an. Bank C nimmt eine prozentuale Gebühr von 0,2 % auf die Sparrate – bei 400 Euro monatlich wären das 0,80 Euro pro Kauf, also 9,60 Euro im Jahr. Du hast also 12 Euro versus 0 Euro versus 9,60 Euro pro Jahr.

Merke: Bei hohen Sparplansummen ist eine feste Gebühr vorteilhaft. Bei kleinen Beträgen bevorzuge prozentuale Gebühren. Rechne aus, was für dich besser ist.

Sieh dir die Bank auch unter dem optischen Aspekt an. Magst du ihre digitale Oberfläche, findest du dich intuitiv zurecht. Du sollst dich mit deiner Geldanlage ja wohlfühlen. Ein wichtiger Faktor ist zudem der Kundenservice. Möchtest du mit jemanden reden können oder reichen dir E-Mails als Support, wenn mal etwas schiefgeht oder du eine Frage hast?

Die Risikoklassifizierung – was du dazu wissen musst

Bei der Depoteröffnung wirst du nach deinen Vorkenntnissen und Anlageerfahrungen gefragt. Das verlangt die EU-Richtlinie MiFID II und gehört zur »Geeignetheitsprüfung«. Sie soll dich vor Investments schützen, die nicht zu deinem Wissen passen.
Falls du ein Wertpapier kaufen willst, das außerhalb deiner Einstufung liegt, erhältst du eine Warnung. Es kann auch sein, dass die Bank dich bei bestimmten ETFs nicht investieren lässt, wenn du angibst, noch nie Wertpapiere gekauft zu haben. Ein Dilemma für Erstinvestorinnen.

Mein Tipp: Informiere dich über ETFs und ihre Risiken – und beantworte die Fragen selbstbewusst, ohne dir unnötige Hürden in den Weg zu legen.

Bleib flexibel

Kein Depot ist perfekt! Banken ändern ihre Konditionen, die Konkurrenz ist stark. Falls du mit deinem Depot unzufrieden bist, kannst du jederzeit ein neues bei einer anderen Bank eröffnen und das alte kündigen. Deine ETFs oder Aktien musst du dafür auf keinen Fall verkaufen. Sie lassen sich per Depotübertrag kostenlos zur neuen Bank umziehen – so, wie du Kleidung von einem Schrank in den anderen packst. Dazu füllst du bei der neuen Depotbank ein entsprechendes Formular aus und nach spätestens drei Wochen liegt alles im neuen Depot.

Der Staat verdient mit

Ja, ich weiß: Steuern sind ein leidiges und oft angstbesetztes Thema. Immer müssen wir etwas abgeben von unserem Geld, möchten dabei nichts falsch machen und sehen uns komplizierten, einschüchternden Steuergesetzen gegenüber. Legen wir Geld an, möchte der Staat auch hier ein Stück abhaben, selbst wenn es für das Alter ist. Sich darüber zu ärgern, ist verschwendete Zeit. Steuern sind das Rückgrat eines funktionierenden Staates und wir alle profitieren von Steuerehrlichkeit.[52]
Zu den Kapitalerträgen, die wir versteuern müssen, gehören Zinsen, Dividenden und Kursgewinne. Auf diese zahlen wir **Kapitalertragsteuer**. Glücklicherweise müssen wir die Steuer weder selbst berechnen noch ans Finanzamt überweisen. Seit 2009 gilt in Deutschland die **Abgeltungsteuer** – ein vereinfachtes Verfahren zur Besteuerung der Kapitalerträge. Bis dahin mussten sie mühsam in der Steuererklärung erfasst und versteuert werden. Heute berechnet die Depotbank die fällige Steuer und führt sie direkt an das Finanzamt ab. Sie gilt damit als »abgegolten« – deshalb der Name. Der Steuersatz der Abgeltungsteuer beträgt 25 % plus Solidaritätszuschlag, zusammen 26,375 %. Kirchensteuerpflichtige zahlen etwas mehr. Die Steuer fällt immer dann an, wenn Zinsen und Dividenden gutgeschrieben oder Wertpapiere verkauft werden.

Bei Aktienfonds und damit auch Aktien-ETFs kommt uns der Staat steuerlich etwas entgegen – durch eine **Teilfreistellung**. Bei Fonds, die mindestens 51 % in Aktien investieren, bleiben 30 % der Erträge steuerfrei. Da Aktien-ETFs nahezu vollständig in Aktien investiert sind, profitieren sie standardmäßig von dieser Regel. Die Teilfreistellung gilt sowohl für Ausschüttungen als auch für Gewinne aus dem Verkauf der Fondsanteile. Weil also nur 70 % der Erträge besteuert werden, beträgt unsere Steuerlast somit nur rund 18,5 % ohne Kirchensteuer beziehungsweise 19,6 % mit Kirchensteuer.

Ein Beispiel: Schüttet dein Aktien-ETF im Jahr 350 Euro aus, zahlst du aufgrund der 30-prozentigen Teilfreistellung nicht 92,31 Euro, sondern nur 64,62 Euro an Steuern.

Die Vorabpauschale bei Fonds – Besteuerung ohne Verkauf

Eine weitere Besonderheit bei der Besteuerung von (thesaurierenden) Fonds und Aktien-ETFs ist die **Vorabpauschale**. Mit ihr wird eine fiktive Wertsteigerung besteuert. Der Staat erhebt also Steuern auf Erträge, die wir noch gar nicht realisiert haben. Beim späteren Verkauf der Anteile werden die gezahlten Vorabsteuern gegengerechnet, sodass keine Doppelbesteuerung entsteht.

Für uns erledigt das alles die Depotbank. Sie ermittelt die Pauschale immer im Januar für das Vorjahr. Falls eine Steuerlast entsteht, wird sie in der Regel vom verknüpften Konto abgebucht. Wir müssen deshalb sicherstellen, dass dieses Konto genügend Guthaben hat. Die Steuerhöhe lässt sich einfach mit Online-Rechnern ermitteln. Mein liebster ist: finanzfluss.de/rechner/vorabpauschale-berechnen.

Bis 1.000 Euro steuerfrei – mit dem Freistellungsauftrag

Um Sparanreize zu setzen, räumt der Staat bei der Kapitalertragsteuer einen Freibetrag ein – den Sparer-Pauschbetrag. Bis zu 1.000 Euro Kapitalertrag pro Jahr und Mensch bleiben dadurch steuerfrei. Erst wenn

deine Kapitalerträge aus Zinsen, Dividenden, Gewinnen aus Wertpapierverkäufen und der Vorabpauschale diesen Betrag übersteigen, fällt Abgeltungsteuer an. Voraussetzung ist allerdings, dass du deiner Bank einen sogenannten Freistellungsauftrag erteilt hast.
Dazu füllst du online das entsprechende Formular aus. Der Freistellungsauftrag gilt pro Bank, nicht pro Konto. Falls du mehrere Banken hast, kannst du die 1.000 Euro aufteilen – je nachdem, wo deine höchsten Kapitalerträge anfallen. Solltest du den Freibetrag nicht korrekt aufgeteilt haben und dadurch zu viel Kapitalertragsteuer gezahlt haben, kannst du dir die zu viel gezahlte Steuer über die Steuererklärung mit der Anlage KAP zurückholen.

Tipp: Bewahre alle Kauf- und Verkaufsbelege, Ertragsabrechnungen sowie Steuerabrechnungen sorgfältig digital auf. Zwar besteht hierfür keine gesetzliche Pflicht. Sie dienen dir aber als wichtiger Nachweis für deine Investments.

Geringes Einkommen, geringere Steuer

Es gibt einen Kniff, weniger Abgeltungsteuer zu zahlen. Er hängt mit deinem persönlichen Durchschnittssteuersatz zusammen. Liegt dieser unter 25 %, weil du wenig verdienst oder in Rente bist, werden deine Kapitalerträge mit diesem Steuersatz versteuert. Dazu musst du eine Einkommensteuererklärung abgeben, deine Kapitalerträge in die **Anlage KAP** eintragen und die **»Günstigerprüfung«** beantragen. Das lohnt sich, wenn dein zu versteuerndes Einkommen nach Abzug von Freibeträgen als Ledige etwa unter 20.800 Euro liegt, bei Verheirateten das Doppelte. Falls dein Steuersatz doch höher ausfällt, entsteht kein Nachteil.
Okay, das war viel an Information. Erst einmal schütteln. Hüpfen. Durchatmen. Und wenn du magst, recherchiere dazu weiter online.

Vermögen pflegen und verbrauchen

Deine Anlagestrategie steht: Du hast dein Vermögen auf risikoarme und risikoreiche Anteile verteilt, investierst in Aktien-ETFs und vielleicht Tagesgeld. Und jetzt? Jetzt kannst du dich zurücklehnen und entspannen! Investieren heißt ja nicht, täglich ins Depot zu sehen und ständig zu reagieren. Der große Vorteil eines ETF-Portfolios ist gerade: Es funktioniert mit minimalem Aufwand. Einmal im Jahr ein Kontrollblick reicht, ob deine Mischung noch passt.

Zurück in die Balance

Bist du beispielsweise mit 60 % in globale Aktien-ETFs und 40 % in Anleihen-ETFs oder Tagesgeld investiert, verschiebt sich das Verhältnis über die Zeit. Bei globalen Aktien, du erinnerst dich, liegt die reale Rendite im langfristigen Durchschnitt bei etwa 6 %, bei Anleihen um 2 %. Da liegt es auf der Hand, dass der Aktienanteil meistens viel stärker wächst als der Anleihenanteil. Deshalb ist es wichtig, beide regelmäßig zurück in ihr ursprüngliches Gleichgewicht zu bringen. Dieses Adjustieren nennt sich **Rebalancing**. Damit kontrollieren wir nicht nur das Risiko, wir disziplinieren auch unsere Anlagestrategie und uns gleich mit! Wir rebalancen auf zweierlei Weise:

- **verkaufen und umschichten:** Wir verkaufen aus dem Topf Anteile, der mehr Gewicht bekommen hat, und füllen den anderen damit auf, sodass das gewünschte Verhältnis wieder stimmt.
- **neues Geld einsetzen:** Wir nehmen neues Geld und füllen den Topf auf, der hinterherhinkt.

Falls du noch Geldreserven hast, ist es fast immer günstiger, Anteile nachzukaufen, als erst Anteile zu verkaufen und dann umzuschichten, weil Verkaufsgebühren und meist auch Abgeltungsteuer anfallen. Hast du keine Reserven, akzeptiere Kosten und Steuern als Teil des Anlageprozesses.

Beispiel: Nach zwei Jahren sind deine Aktien-ETFs von 60.000 Euro auf 75.300 Euro gewachsen. Deine Anleihen-ETFs von 40.000 Euro auf 40.800 Euro. Das Verhältnis hat sich also auf 65 zu 35 verschoben. Willst du zurück zu 60 %, rechnest du:
60 % × 116.100 Euro neuer Vermögenswert = 69.660 Euro
Dein Aktien-Anteil liegt aber bei 75.300 Euro. Also verkaufst du für 5.600 Euro Aktien-ETFs und steckst das Geld in deine Anleihen-ETFs oder ins Tagesgeld.

Bist du hier diszipliniert, holst du über die Zeit einige Prozentpunkte mehr Rendite heraus.[53] Achte aber immer auf Verkaufs- und Kaufkosten, damit die Rendite bei dir bleibt.

Wann und wie oft ist ein Rebalancing ratsam?

- **Kalenderbasiert:** Du prüfst einmal im Jahr oder alle zwei Jahre die Mischung.
- **Schwellenbasiert:** Wenn sich die Gewichte um mehr als 5 bis 10 Prozentpunkte verschieben, rebalance.
- **Kombi:** Du prüfst jährlich und rebalanct bei Bedarf.

Nutze zur Unterstützung Online-Rechner wie den von extraetf.com. Damit geht das supereasy.

Ruhe bewahren in Krisenzeiten

Wie du weißt, endet jede entspannte Phase irgendwann einmal. An den Aktienmärkten sind das dann die Crashs, also heftige Kurseinbrüche, die medial für Schrecken sorgen. Sie treten plötzlich auf und fühlen sich immer schlimm an. Vor allem das erste Mal wirst du nie vergessen. Panikmeldungen, die Kurse rauschen ab, täglich erhöhen sich die Werteinbußen und Freunde und Familie reden auf dich ein, dass du doch jetzt selber siehst, wie gefährlich Aktien sind und was du dir mit deinem Eigenwillen (!) eingebrockt hast. Deine Stimmung wechselt zwischen Selbstvorwürfen, Durchhalteparolen und Gottesbeschwörungen.

Jetzt musst du zu deiner inneren Stärke finden. Dein Portfolio ist genau für solche Phasen gebaut: breit gestreut, Anlageklassen gemischt, langfristig ausgerichtet. Erinnere dich an die historischen Kursverläufe globaler Aktien. Märkte erholen sich – und wer stillhält, gewinnt. Wer verkauft, verliert. Wenn du mutig bist, kaufst du Anteile deiner Aktien-ETFs im Crash nach.

Merke: »Angst ruiniert Vermögen. Zuversicht baut es auf.« Dieses Gesetz kannst du dir gleich mit auf deine Anlagestrategie schreiben.

Vom Investieren zur Entnahme

Und dann kommt dieser eine Tag: Du gehst in den Ruhestand. Nach Jahrzehnten des Aufbaus beginnst du jetzt mit dem Abbau – wie bei einer Geburtstagstorte. Erst baust du Schicht für Schicht auf, dann schneidest du Stück für Stück ab.

Doch wie groß oder breit dürfen die Stücke sein? Dazu brauchst du eine Strategie, mit der du dir genügend nimmst, ohne deinen Schatz zu früh aufzubrauchen. Deshalb bleiben wir auch in dieser sogenannten **Entnahmephase** investiert. Es herrscht ja dieser wahnsinnige Irrglauben: Zum Stichtag der Rente verkaufen wir alle Investments. Auf keinen Fall! Wir entnehmen nur etwas davon, nach und nach. Dafür erstellen wir einen **Entnahmeplan** und eine **Entnahmestrategie**. Klingt beides komplizierter, als es ist. Die gute Nachricht: Du kannst auf bewährte Entnahmestrategien setzen. Die schlechte: Es gibt keine universelle, die für alle passt.

Ausgangspunkt für unseren Entnahmeplan sind die monatlichen Ausgaben. Überschlage für die Rentenzeit zwei Varianten: eine großzügige und eine minimalistische. Das geht ideal mit dem Tabellenkalkulationsprogramm Excel. Gegen die Ausgaben rechnest du vorhandene Einkommen wie gesetzliche Rente, Betriebsrente, Mieteinnahmen. Berücksichtige immer anfallende Steuern und rechne in »verfügbaren« Beträgen, also was du wirklich ausgeben kannst. Und das, was dann noch fehlt, um deine Ausgaben zu decken, entnimmst du deinem ETF-Vermögen.

Verkaufst du dabei monatlich oder einmal im Jahr? Und was machst du, wenn die Kurse sinken? **Dein Ziel sollte sein, nur so viel zu entnehmen, dass dein Kapital für den gesamten Ruhestand reicht.** Bräuchtest du beispielsweise 24.000 Euro im Jahr und hast ein Vermögen von 200.000 Euro, wäre das grob überschlagen nach 8 Jahren aufgezehrt. Ohne Crash gerechnet. Das ist keine Option, mit 75 blank dazustehen! Mit dem Entnahmerechner von zinsen-berechnen.de kannst du abschätzen, wie viel du aus deinem Vermögen maximal verbrauchen kannst, ohne dass dir frühzeitig das Geld ausgeht. Denk daran: Wir Frauen leben länger. Kalkuliere mit mindestens 85 Jahren, besser 95.

Entnahmestrategien

Grundsätzlich gibt es drei Arten, das eigene Vermögen zu nutzen:

1. mit einer **festen Rate** verbrauchen
2. mit einer **flexiblen Rate** verbrauchen, die sich Marktschwankungen anpasst
3. **von Zinsen und Dividenden leben**

Um von den Zinsen und Dividenden eines Aktien- und Anleihenvermögens zu leben, benötigst du ein Vermögen von mindestens 1,5 Millionen Euro. Und dann lebst du nicht üppig! Weil das vermutlich nur die wenigsten schaffen, sehen wir uns die anderen Strategien an. Mich überzeugt am meisten eine pragmatische Strategie aus festen Raten, bei der wir zusätzlich Marktschwankungen berücksichtigen.[54] Dreh- und Angelpunkt dieser Entnahmetechnik ist ein Tagesgeldkonto. Deshalb lass sie uns **Tagesgeld-Strategie** nennen.

Du beginnst etwa drei bis fünf Jahre vor deiner geplanten Entnahme, die Struktur deines Portfolios umzustellen. Praktiker raten, zu Entnahmebeginn das Portfolio bei 60 zu 40 zu haben. Also 60 % breit gestreute Aktien-ETFs und 40 % risikoarme Anleihen-ETFs und/oder Tagesgeld. Wer es moderater mag, entscheidet sich für 50 zu 50. Deine persönliche Risikotoleranz entscheidet hier über die Mischung.

Beispielrechnung: Du hast 350.000 Euro Vermögen. Davon liegen 210.000 Euro in Aktien-ETFs, 104.000 in Anleihen und 36.000 hast du als Tagesgeld geparkt. Deine Zusatzrente entnimmst du aus dem Tagesgeldkonto. Weil du 12.000 Euro im Jahr brauchst, reichen die 36.000 Euro auf dem Tagesgeld drei Jahre. Steuern und Verkaufskosten lasse ich weg, damit wir uns nicht verzetteln.

Die **Entnahmerate für zwei bis drei Jahre vorzuhalten** ist genau das, was Praktiker empfehlen. Willst du mehr Sicherheit, wähle fünf Jahre. Voraussetzung: Du hältst dich an dein Budget.

Praktisches Vorgehen: Dein Tagesgeldkonto füllst du möglichst nur in guten Börsenjahren auf, wenn deine Aktien-ETFs nahe ihrer Kurshochs stehen. Dann verkaufst du Anteile und zahlst die Erlöse auf dein Tagesgeldkonto ein. In schlechten Börsenjahren, wenn die Kurse **unter** ihre Hochs fallen, verkaufst du Anteile deiner Anleihen-ETFs und füllst mit diesem Geld dein Tagesgeldkonto auf. Das kannst du jährlich tun oder alle zwei Jahre. Achte darauf, dass deine Mischung 60 zu 40 oder 50 zu 50 einigermaßen stabil bleibt. Rebalance deshalb auch in der Entnahmephase weiter.

Der Vorteil dieser Strategie ist: Du vermeidest im Crash, dass du mit Verlust verkaufen musst. Dadurch sicherst du dir deine Rendite und hältst deinen Lebensstandard unabhängig von der Marktlage. Nachteil: Du musst planen und ein Auge auf den Aktienmarkt haben. Aber die paar Stunden im Jahr sind vertretbar, für das, was du bekommst: Kontrolle, Selbstbestimmtheit und Wachheit.
Das größte Risiko in der Entnahmephase besteht in den ersten Jahren. Crasht ausgerechnet dann der Aktienmarkt, wenn du in Rente gehst, solltest du keine Anteile deiner Aktien-ETFs verkaufen müssen. Sonst besteht die Gefahr, dass dir dein Vermögen vorzeitig ausgeht. Wie du das vermeidest? Durch Planung, mit der Tagesgeld-Strategie und flexiblen Raten.

Deine Routinen für ein entspanntes finanzielles Leben

Letztlich sind in der Investitions- und Entnahmephase klare Regeln entscheidend.

- **Beim Investieren:** wenig eingreifen, regelmäßig rebalancen, in Krisen nachkaufen
- **Beim Entnehmen:** Budgets einhalten, flexibel anpassen, Vermögen nachhaltig verwalten[55]

Fange etwa fünf Jahre vor Renteneintritt an, deine persönliche Ruhestandsstrategie zu planen. Die Stiftung Warentest hat für ETF Vermögen fünf Entnahmestrategien entwickelt. Da findest du sicher auch eine für dich oder kannst aus ihnen eine eigene ableiten.[56] Binde auch frühzeitig Menschen deines Vertrauens ein wie Kinder, Mann, Freundin – für den Fall, dass du Hilfe brauchst. So sicherst du dir deine Selbstbestimmtheit.

Wie immer du auch investierst – finanzieller Erfolg folgt diesen klaren Regeln:

Acht Grundsätze für erfolgreiches Investieren

1. **Einfach statt komplex:** Investieren darf einfach sein. Eine verständliche Strategie ist besser als ein kompliziertes System. Ein globaler Aktien-ETF, ein Anleihen-ETF plus Tagesgeldpuffer – mehr braucht es in der Regel nicht.
2. **Langfristigkeit führt zu Erfolg und Sicherheit:** Investieren ist ein Marathon, kein Sprint. Die größten Gewinne entstehen über Jahrzehnte – durch Regelmäßigkeit, den Zinseszinseffekt, die Erholung nach Krisen.
3. **Kosten als unsichtbare Gegnerin:** Jedes Prozent Gebühr frisst Rendite. ETFs kosten im Jahr 0,02 bis 0,4 %, aktive Fonds 0,8 bis 3,5 %. Das macht langfristig einen enormen Unterschied!

4. **Emotionen ruinieren Rendite:** Nicht der Markt ist das Problem, sondern wir. Angst lässt uns panisch verkaufen, Gier unüberlegt kaufen. Der beste Schutz: eine klare Strategie, Wissen und Selbstreflexion.
5. **Breite Streuung schützt:** Einzelaktien sind ausfallgefährdet und Branchen-ETFs schwanken stark. Ein globales Portfolio aus Aktien- und Anleihen-ETFs verteilt das Verlustrisiko und sorgt für stabile Erträge. Trends hinterherzulaufen, bringt selten Erfolg.
6. **Inflation frisst Werte:** Nicht der Nominalwert eines Vermögens ist entscheidend, sondern wie viel wir damit kaufen können. Deine Geldanlage muss langfristig die Inflation schlagen. Aktien bieten den besten Schutz.
7. **Passiv schlägt Intelligenz:** Mit aktivem Investieren besser als der Markt sein? Schaffen selbst Profis nicht. Auf den besten Investitionszeitpunkt zu warten und das Scannen von Einzelaktien kosten Zeit, Geld und Nerven. Investiere besser in ETFs, spare regelmäßig und werkele wenig herum – Buy and Hold ist der Schlüssel zum Vermögensaufbau.
8. **Deine Altersvorsorge gehört dir:** Kein Mann, keine Bank, kein Finanzproduktverkäufer sollte über deine Altersvorsorge bestimmen. Halte dein Geld unter deiner Kontrolle.

Warren Buffett, einer der erfolgreichsten Großinvestoren der Welt, hat einmal gesagt: »Sie müssen kein Raketenwissenschaftler sein. Investieren ist kein Spiel, bei dem jemand mit einem IQ von 160 jemanden mit einem IQ von 130 schlägt.«
Du brauchst also für eine Zusatzrente weder Spezialwissen noch tägliche Marktanalysen. Eine klare Anlagestrategie, solides Grundwissen, niedrige Kosten und Geduld sind die entscheidenden Zutaten für den Vermögensaufbau – und, dass du anfängst. Der Rest ist Leben!

Lesetipps

John C. Bogle: Das kleine Handbuch des vernünftigen Investierens

Gerd Kommer: Souverän Investieren für Einsteiger

Stiftung Warentest: Geld anlegen mit ETF

Gerd Kommer: Mieten oder kaufen

5 Wer die Romantikkarte zieht, liebt dich nicht

Tappe nicht in die Romantikfalle

Susannes Stimme klang traurig, als sie von ihrer Situation erzählte:

»Ich war so dumm! Ich dachte, ich mache alles richtig – Teilzeit, eigenes Geld, Haushalt, Kinder. Mein Mann verdient deutlich mehr als ich, also trifft er die wichtigen Finanzentscheidungen. Ich habe das nie hinterfragt.« Susanne kam in meinen Vermögenskurs, weil sie mehr über Altersvorsorge wissen wollte. Dabei wurde ihr klar, dass sie mit Mitte 40 genauso dastand wie einst ihre Mutter: Trotz qualifiziertem Beruf finanziell völlig abhängig vom Mann, wenig Geld, kleine Rente, kein Überblick über die Familienfinanzen. Ein Leben, das sie nie gewollt hatte. Für sie stand fest: »Das will ich nicht mehr.«

Susanne ist kein Einzelfall – sondern wohl eher die Regel. Die meisten Paare starten finanziell autonom in ihre Beziehung. Frauen wünschen sich Unabhängigkeit und eine Partnerschaft auf Augenhöhe. Doch mit dem ersten Kind ändert sich das. Etwa 75 % der Paare verfallen nach der Geburt ins einst gesetzlich vorgeschriebene Ernährer-Hausfrauen-Modell: Er arbeitet Vollzeit, sie gar nicht oder reduziert auf Teilzeit.[57] Die Wissenschaft nennt das »Retraditionalisierung«.
Mütter tragen ab diesem Zeitpunkt fast immer die Hauptlast der Familiengründung – und zwar langfristig. Während Väter fast ausnahmslos in Vollzeit bleiben und wenig Fürsorgearbeit leisten, passen Mütter ihre Erwerbstätigkeit an das Alter der Kinder an. Mehr als die Hälfte

arbeitet in den ersten drei Jahren nicht, ein weiteres Drittel steigt in Teilzeit wieder ein, nur wenige in Vollzeit. Später kehren mehr Frauen in den Job zurück – doch überwiegend in Teilzeit. Ein Fünftel bleibt dauerhaft ohne eigenes Einkommen.[58]

Väter zwischen Wunsch und Realität

Während Mütter also ihre Erwerbsarbeit einschränken oder ganz aufgeben, bleibt die Situation für Väter oft unverändert – egal ob verheiratet oder unverheiratet. Tatsächlich teilt sich nur ein Drittel der Eltern die Erwerbsarbeit partnerschaftlich.[59] Die meisten Väter verharren dauerhaft in Vollzeit. Nur sehr wenige reduzieren ihre Arbeitszeit für die Familie und übernehmen ihren Anteil an Haus- und Fürsorgearbeit. Selbst ein halbes Jahr Teilzeit oder Auszeit nehmen nur wenige Väter. Dabei gibt es einen geschlechtsunabhängigen Rechtsanspruch auf Teilzeit.

Durch diese Einseitigkeit sichern sich Männer nicht nur ihre finanzielle Autonomie, sondern auch ihre Gestaltungsmacht in Politik, Wirtschaft, Kultur, Wissenschaft und Kunst. Mütter dagegen werden langfristig großen finanziellen Risiken ausgesetzt und in den gesellschaftlich relevanten Einflussbereichen an den Rand geschoben – ausgerechnet durch das, was ihnen vielleicht am liebsten ist: ihre Kinder. Ohne eigenes Einkommen sind Mütter dabei mittellos. Mit Teilzeit haben sie weniger Lohn, schlechtere Karrierechancen, niedrigere Rentenansprüche und weniger Eltern- und Arbeitslosengeld. Und wegen der fehlenden gleichwertigen öffentlichen Präsenz geraten ihre Interessen zudem in den Hintergrund. Besonders betroffen sind unverheiratete Frauen, da sie keine Ausgleichsansprüche bei Vermögen, Zugewinn und Einkommen gegenüber den Vätern haben. Mich macht das wütend.

Finanzielle Eigenständigkeit ist kein Luxus, sondern Eigenfürsorge

Für Mütter erhöht der Verlust der ökonomischen und zeitlichen Selbstbestimmung das Risiko von Abhängigkeit, Altersarmut sowie finanzieller und partnerschaftlicher Gewalt. Trotzdem unterschätzen oder verdrängen viele Frauen diese fundamentalen Gefahren für sich

(und ihre Kinder). Wohl auch deshalb, weil es ihnen unvorstellbar erscheint, dass ihre Fürsorgearbeit wertvoll ist.
Zudem kalkulieren noch zu viele beim Verliebtsein nicht ein, dass sich ein Mann nach Jahren verändern kann. Und zwar so stark, dass Zuneigung in Feindseligkeit, Dominanz und Gewalt umschlägt. »Die wirkmächtigste und zugleich unsichtbarste Form der Gewalt gegen Frauen ist die wirtschaftliche Gewalt. Sie durchdringt unsere Gesellschaft und unser Wirtschaftssystem.« Die Familienanwältin Asha Hedayati beschreibt in ihrem Buch »Die stille Gewalt« die unfassbar vielen Facetten dieser Form der häuslichen Gewalt gegenüber Frauen. Der Staat mit seinen Institutionen schützt Frauen kaum davor. Ihm attestiert Hedayati »Gleichgültigkeit und die bewusste Inkaufnahme der Abhängigkeitsverhältnisse«.[60]

Deshalb meine dringende Empfehlung: Sichere dich *vor* der Geburt eines Kindes durch verbindliche Absprachen und einen Partnerschafts- oder Ehevertrag ab. Denn Vertrag kommt von *vertragen*, und das tun wir am liebsten, wenn wir sehr verliebt sind. Du sorgst damit für schlechte Zeiten vor.

Ein Paar, das sich auf Augenhöhe begegnet, findet partnerschaftliche Lösungen. Für jedes Paar ist es eine Gratwanderung, Kinder großzuziehen und finanziell fair zu handeln – in dieser Mischung aus persönlichen Prägungen und Wünschen, dem Druck der Gesellschaft und oft auch der Verwandtschaft. Was Paare zueinanderfinden lässt, ist eine offene Kommunikation, gemeinsame Planung und gegenseitige Absicherung. Das setzt allerdings voraus, dass du in deiner Beziehung über Geld redest.

Geldgespräche stärken Beziehungen und sichern dich ab

Rede so früh wie möglich über Geld. Du denkst jetzt vielleicht: »Niemals! Das ist doch total unromantisch!« Ist Altersarmut romantisch? Oder keine eigenen Entscheidungen mehr treffen zu können?

Die Angst, dass deine Beziehung leidet, wenn du über Geld sprichst, ist unbegründet. Das Gegenteil ist wahr: **Nicht die Gespräche über Geld schaffen Konflikte, sondern das Schweigen darüber.** Wie ein Mensch über Geld redet, ist ein sehr präziser Katalysator dafür, wie er oder sie zu sich und anderen Menschen steht. Wenn wir über Geld – in welcher Situation auch immer – sprechen, sprechen wir *auch* über uns, unsere Wünsche, Bedürfnisse und Gefühle, und damit über all das, was uns ausmacht. Was könnte romantischer sein?

Wie wir Geld wiederum in einer Beziehung thematisieren und organisieren, verrät sehr viel über unsere Einstellung zu Partnerschaft, Liebe, Respekt, Werten und zu dem, was wir gelernt haben, was Geld ist oder zu sein hat. Denken wir eher in »meins« und »deins« oder »unseres«? Nur wenn du ohne Scheu über Geld sprechen und zuhören kannst, kannst du für dich sorgen.

Schweigen ist jedenfalls die schlechteste Option. Es provoziert Konflikte, Missverständnisse und Machtverschiebungen – und entzweit. Regelmäßige Geldgespräche nehmen Druck aus der Beziehung, schaffen Intimität und langfristige Stabilität.

Der Paarberater Michael Mary hat mit vielen Paaren zum Thema Geld und Liebe gearbeitet: »Das Thema Geld bringt den realen Charakter der Beziehung zum Vorschein. An einer solchen Erkenntnis ist nichts falsch; die Beziehung ist, wie sie ist. Ob ausgesprochen oder nicht – am Thema Geld kommt kein Paar vorbei.«[61]

Wenn Geld kein Thema sein darf, wird es zum Problem

Sei wachsam, wenn dein Partner Geldgesprächen ausweicht. Sagt er Dinge wie »Wozu darüber reden? Das ergibt sich schon. Wir lieben uns doch!«, solltest du hellhörig werden.

Liebe bedeutet *nicht*, Existenzängste zu haben. Sie bedeutet *nicht*, finanziell abhängig zu sein, keinen Überblick über Einkommen und Vermögen der Familie zu haben oder dich vertrösten lassen zu müssen. Liebe ist, wenn Paare sich gegenseitig absichern – heute und in Zukunft.

Wenn dein Partner also keine finanziellen Absprachen treffen will, dann will er nicht über sich reden: seine Motive, seine Werte, seine Vorstellung von eurer Beziehung. »Wir lieben uns, das reicht.« Solche Sätze sind immer eine rote Flagge. Im Namen der Liebe Geldabsprachen zu verweigern, deutet auf eine hierarchische Beziehung hin – nicht auf eine wertschätzende, liebevolle, gleichberechtigte. Spätestens wenn Kinder ins Spiel kommen, wird das für dich zum Problem.
Nimm dir diese Chance des Kennenlernens also nicht selbst, nur weil es sich für Frauen angeblich »nicht gehört« oder weil es dich in ein »falsches Licht« rücken könnte. Pfeif drauf! Sorge für dich. Sprich früh über Geld. Es erspart dir sehr viel Schmerz, Unsicherheiten und hohe Vermögensschäden.

Geldgespräche gleich beim ersten Date

Wenn wir ehrlich sind, sitzt Geld doch schon beim ersten Date mit am Tisch. »Getrennt oder zusammen?« Allein dieser Satz trieb mir früher die Schweißperlen auf die Stirn. Ich fühlte mich unter Druck gesetzt. Geld wird als Tauschmittel gesehen. Zahlt er, was ist dann meine Gegenleistung? Übernehme ich die Rechnung, kränke ich ihn dann in seiner »Männlichkeit«? Ich habe als junge Frau schnell entschieden: Ich zahle aus Prinzip selbst. Fertig. Heute gehe ich anders damit um und lasse mich auch mal einladen. Und doch bleibt dieser Moment des Bezahlens bei Verabredungen oder im geschäftlichen Kontext merkwürdig. Weil Geld eben *nicht* nur eine Sache ist. Wir kommunizieren über Geld und verhandeln die Beziehung, in der wir zum Gegenüber stehen.
Eine gute Lösung ist jedenfalls, gleich beim Verabreden das Gelddding anzusprechen. Die Beziehungsinvestor:innen Marielle und Mike Schäfer empfehlen genau das in ihrem Buch »Love & Money«: »Wollen wir dann halbe-halbe machen?«, kannst du bei der Wahl des Restaurants fragen. Oder: »Ich würde dich gerne einladen, ist das okay?« Du zeigst damit Selbstbewusstsein und dass Geld kein Tabu ist – ein kleiner Beziehungstest. Es geht dabei ums Kennenlernen, Beobachten und Einschätzen, wie der andere mit der Situation umgeht, wie er oder sie über Geld redet (und damit über sich) und welche Resonanz das

bei dir auslöst. Wer offen und wertschätzend über Geld spricht, tut das meist auch bei anderen Beziehungsfragen. Hakt es dagegen schon gleich bei der ersten Rechnung, wird es bei größeren Geldthemen sicher nicht leichter.

Geld spricht – höre hin, was es sagt

Setz die rosa Brille also gar nicht erst auf – oder gleich wieder ab. Pack die Geldthemen auf den Tisch. Diplom-Psychologin und Finanzcoachin Monika Müller rät Paaren zu einer gemeinsamen Geldkultur. »Sensibilität von Anfang an ist wichtig für einen partnerschaftlichen Umgang mit Geld. Versäumen es Paare, früh gemeinsame Muster zu entwickeln, sind Krisen doppelt herausfordernd.« Krisen wie eine Krankheit, ein Unfall, Fremdgehen, Arbeitslosigkeit, ein betreuungsintensives Kind, pflegebedürftige Eltern oder eine berufliche Umorientierung. All das wirkt sich auf die Paarfinanzen aus.

Eine gemeinsame Geldkultur baut auf den Geldbiografien der Partner auf. Sie besteht aus Werten, Regeln, Gewohnheiten und Absprachen darüber, wie ein Paar mit Geld umgeht und finanzielle Entscheidungen fair, transparent und für beide Seiten fürsorglich gestaltet. Sie umfasst zum Beispiel, wie die Einkommen eingeordnet und verteilt werden, wie Budgets und eine langfristige Finanzplanung sowie Spar- und Investitionsstrategien aussehen, wie mit Schulden umgegangen wird, wie Ausgaben getragen werden und wie finanziell autonom jeder bleibt.

Entscheidend ist, dass ihr euch gemeinsam mit euren Geldbiografien als Teil der eigenen Persönlichkeit auseinandersetzt. Damit schafft ihr es, Geld vom Streit- zum Gestaltungsthema zu machen.

In einer Liebesbeziehung, in der wir emotional voneinander abhängig sind, prallen unsere monetären Werte, Prägungen, Ängste und Wünsche ungebremst aufeinander – und das fast immer unreflektiert. Beim Aufprall können sie sich zu etwas Neuem vermischen, ergänzen oder voneinander abprallen. Prallen sie ab, wird es schwer mit der Beziehung. Ihr könnt als Paar aufarbeiten, wie ihr mit Geld sozialisiert wurdet und eure Einstellungen neu zusammenpuzzeln. Je ähnlicher die Geldsozialisation zweier Menschen, desto schneller werden sie

einen gemeinsamen Nenner finden. Je konträrer die Geldstile, desto mehr Beziehungsarbeit ist erforderlich. Mach dir das bewusst: **Geldgespräche sind Beziehungsarbeit.** Fehlt das Grundverständnis beim Geld, fehlt das Grundverständnis für eine echte Beziehung.
Für meinen Mann und mich haben sich Geldgespräche immer sehr unaufgeregt angefühlt. Wir haben wie selbstverständlich unser Geld von Anfang an als gemeinsames Geld gesehen. Er kam aus einer Scheidung, ich aus einem Schuldenberg. Wir fingen bei null an. Wir haben später überlegt, weshalb wir so ähnlich ticken beim Geld – und stießen auf unsere Eltern. Sowohl seine als auch meine machten gemeinsame Kasse. Wir kannten es nicht anders, also wirtschafteten auch wir zusammen – offen, ehrlich, großzügig und das Geld zusammenhaltend. Nur mit Gesprächen findest du das heraus.
Deshalb möchte ich dir einige Fragen an die Hand geben, über die du mit deinem Liebsten, deiner Liebsten ins Reden kommst – in eurem Lieblingsrestaurant, einer ruhigen Minute, beim Sonntagsspaziergang. Stelle eine der Fragen, erzähle von dir und höre zu, wo sich Gemeinsamkeiten ergeben oder Unterschiede, wo sich Verletzungen und Verhaltensmuster zeigen. Du kannst als Auftakt ja von diesem Buch erzählen. Schieb mich gern vor.

- Wann fühlst du dich finanziell sicher?
- Wusstest du, was deine Eltern verdienen?
- Hast du Taschengeld bekommen? Wie war das für dich?
- Woran erinnerst du dich als Kind im Zusammenhang mit Geld? Was war das Schönste, das Schlimmste?
- Wie gingen deine Eltern mit Geld um? Wie hast du das als Kind empfunden?
- Wie wurde in deiner Familie über Menschen mit viel oder wenig Geld gesprochen?
- Wie war die Berufstätigkeit bei deinen Eltern verteilt?
- Hat dein Vater deiner Mutter Geld zugeteilt? Wie wurde das kommuniziert?
- Zu wem bist du gegangen, wenn du Geld gebraucht hast?
- Wann hast du das Gefühl, genug Geld zu haben?

Solche Gespräche öffnen Räume, um sich als Paar von einer anderen Seite kennenzulernen – in allen Phasen einer Beziehung. Nimm dabei deine Intuition wahr. Du gewinnst dadurch eine Beziehung mit einem Menschen, der dich wirklich liebt, dich unterstützt und dir hilft, dich zu entwickeln, mit dem du ein Team werden kannst.

Melanie und Holger leben kinderlos zusammen. Geld ist immer wieder ein Konfliktherd. Melanie, in leitender Position, geht vorsichtig damit um. Holger sagt: knausrig. Er dagegen, freier Regisseur, gibt sein Geld leichthändig aus. Melanie sagt: leichtfertig. Im Coaching zeigt sich, dass Melanie aus einer Familie mit wenig Geld kommt, in der gespart wurde. Holger hingegen stammt aus einer wohlhabenden Familie, in der Geld kein Thema ist. Melanie verbindet mit »Geld haben« Sicherheit. Holger dagegen verwendet Geld zum Leben.

Durch ehrliche Gespräche schafften es beide, die Gefühlswelt des anderen nachzuempfinden. Holger richtete ein gemeinsames Tagesgeldkonto als Reserve ein. Vor größeren Ausgaben will er künftig Melanies Meinung einholen. Melanie wiederum eröffnete ein Spaßkonto, von dem sie sich erlaubt, Geld einfach mal für »Unnötiges« auszugeben. Beide fühlen sich mit dieser Lösung wohl – weil sich beide gesehen und respektiert fühlen. Ihr Beispiel zeigt: Geldkonflikte entstehen nicht durch Geld, sondern durch fehlende Kommunikation und mangelndes Verständnis füreinander.

Mein Wunsch: Leistet diese Geldbiografiearbeit als Paar, bevor ihr zusammenzieht oder ein Kind geplant ist. Selbst in gefestigten Beziehungen bringt das gegenseitige Kennenlernen der Geldbiografien eine zusätzliche Tiefe und Vertrauen und verbessert den Geldumgang als Paar nachhaltig.

Und wie organisiert ihr eure Finanzen nun so, dass ihr als Paar stark seid – ohne finanzielle Schieflage für einen von euch?

Richtig starke Finanzen als Paar

37 Tage. So lange beschäftigen sich manche Paare mit ihrer Hochzeitsplanung. Fast eineinhalb Monate voller Listen, Vergleiche und Entscheidungen über Gäste, Location, Ablauf, Reden, Blumenschmuck, Menü, Kleid.[62] Wie viel Zeit davon wird wohl für die gemeinsame Finanzplanung für das künftige Leben als Ehepaar verwendet werden und die rechtlichen Folgen dieser Entscheidung, besonders wenn Kinder geplant sind? Wie war das bei dir?

Erfahrungsgemäß wird darauf wenig bis keine Zeit verwendet. »Wenn sich alle mit der gleichen Energie fürs Familienrecht interessieren würden wie für die Frage, welche Musik bei der Feier gespielt werden soll, wäre am Ende der Ehe vieles einfacher.« Ich finde, da hat Familienanwältin Ingeborg Rakete-Dombek sehr recht.[63]

Denn auch wenn das verliebte Paare nicht hören wollen: Etwa ein Drittel aller Ehen in Deutschland endet nach durchschnittlich 15 Jahren mit einer Scheidung. Die, die es schon hinter sich haben, berichten, wie sie Jahre brauchten, um sich neu zu sortieren – emotional *und* finanziell. Frauen, bei denen die Finanzen in der Hand der Männer lagen, tun sich besonders schwer. Selbst wenn Paare ohne Trauschein zusammenleben: Viele klären finanzielle Details erst, *nachdem* sie ihre Haushalte zusammengelegt haben und wenn es kriselt. Klüger ist es, die Details *vorher* verbindlich an- und abzusprechen.

Einkommen als individuelle Angelegenheit oder Familiengeld

Wenn zwei Menschen zusammenleben, bilden sie wirtschaftlich eine Einheit: Viele Dinge werden günstiger – von Wohnkosten über Versicherungen bis hin zur gemeinsamen Nutzung von Möbeln, Autos, Haushaltsgeräten oder Ferienwohnungen. Der zentrale Punkt dieser Wirtschaftseinheit ist, wie Einkommen behandelt wird. Bleibt es **Individualeinkommen** oder wird es **Familieneinkommen** – aus »meins« und »deins« wird also »unseres«.

Dieser Punkt ist von besonderer Relevanz, wenn Kinder zur Familie gehören. Gerade in **Patchworkfamilien** ist es unerlässlich, offen darüber zu reden und festzulegen, was Familieneinkommen ist und was individuell bleibt und wer was wofür zahlt. Kinder aus verschiedenen Beziehungen leben zusammen und finanzielle Verantwortlichkeiten sind wegen der Unterhaltszahlungen oft vielschichtig. Hier helfen eine zugewandte Kommunikation, Offenheit, Verständnis und Großzügigkeit.

Individualeinkommen

Beim Individualeinkommen bleibt ihr dabei, dass jeder sein Einkommen hat. Hier müsst ihr verhandeln, welche Ausgaben gemeinschaftlich sind und wer daran welchen Anteil trägt. Habt ihr Kinder und ein Elternteil reduziert die Erwerbsarbeit, entsteht weiterer Gesprächsbedarf. Denn die finanziellen Nachteile von Teilzeit wegen der Familienarbeit sind selbstverständlich fair auszugleichen. **Die finanziellen Folgen einer gemeinsamen Entscheidung dürfen nicht nur einer Partei aufgeladen werden**, sonst entsteht eine Schieflage – finanziell wie emotional. Wer sich für Arbeitsteilung entscheidet, muss auch die Folgen gerecht regeln.

Familieneinkommen

In Partnerschaften mit Familieneinkommen engagieren sich beide fürs gemeinsame Leben und halten nichts zurück. Beide geben, was sie können. Einkommen, Arbeitszeit, Engagement – alles fließt als Familieneinkommen zusammen und wird geteilt. Erwerbs- und Fürsorgearbeit sind gleichwertig. Auf das Familieneinkommen haben beide gleichberechtigten Zugriff. Wofür es verwendet wird, besprecht ihr.

Ohne Transparenz kein Vertrauen und keine Partnerschaft

Voraussetzung für das gemeinsame Leben ist: Beide legen ihre Einkommens- und Vermögensverhältnisse offen. Dazu gehören neben den Gehältern oder Gewinnen aus Selbstständigkeit Vermögenswerte wie Aktien, Aktien-ETFs, Schulden, Versicherungen, Unterhaltsleistungen, ein Erbe, Einnahmen aus Immobilien – also alles, was jede und jeder finanziell hat. Erstellt spätestens vor einer Heirat eine Übersicht, wer was mitbringt. Wer sich hier bedeckt hält, beispielsweise den Einkommensteuerbescheid verweigert oder Schulden verschweigt, wird auch in anderen Belangen nicht ehrlich sein.

Umfragen zeigen: In vielen Beziehungen ist das eigene Einkommen ein Tabuthema. Im Stepstone-Gehaltsreport 2024 gaben 31 % der Befragten an: Die Partnerin bzw. der Partner wisse nicht, wie viel sie verdienen. Eine unfassbar hohe Zahl! Zwei Menschen teilen Bett und Tisch miteinander – aber nicht diese essenzielle Information. Wie soll da eine faire Aufteilung der gemeinsamen Ausgaben gelingen? Aus meiner Berufspraxis weiß ich: In solchen Konstellationen zahlt meist die Frau drauf – und die Beziehung scheitert irgendwann.

Für Ehepaare ist der Auskunftsanspruch im Gesetz verankert.

Eheleute sind sich gegenseitig zum Unterhalt verpflichtet

Nach § 1360/1360a BGB existiert unter Ehepaaren ein Rechtsanspruch auf Familienunterhalt. »Die Ehegatten sind einander verpflichtet, durch ihre Arbeit und mit ihrem Vermögen die Familie angemessen zu unterhalten.« Übernimmt dabei ein Ehepartner den Haushalt, zählt das als Beitrag zum Familienunterhalt. Dieser Unterhaltsparagraf führt dazu, dass finanzielle Verhältnisse nicht verschwiegen werden dürfen. Denn ohne Kenntnis des Einkommens ist kein Unterhalt möglich. Zudem haben Ehepaare nach § 1353 BGB solidarisch miteinander zu sein. »Sie tragen füreinander Verantwortung« heißt es im Gesetz. Auch aus dieser ehelichen Solidarität lässt sich ein Auskunftsanspruch ableiten.

Führt ein Gespräch über diese Unterhalts- und Solidaritätspflicht nicht zum Erfolg, kannst du dich ans Finanzamt wenden. Werdet ihr bei der Einkommensteuer gemeinsam veranlagt, müssen beide Eheleute zustimmen. Hier könntest du einfordern, dass du nur zustimmst, wenn er den Steuerbescheid des Vorjahres vorlegt.

Du kannst ebenso beim Finanzamt schriftlich oder telefonisch beantragen, dass dir parallel zu deinem Mann der Steuerbescheid zugeschickt wird. Und es ist möglich, eine Zweitausfertigung des Einkommensteuerbescheids anzufragen.
Falls sich das Finanzamt weigert, hilft ein formloser Einspruch. Ansonsten kann auch eine Anwältin weitere Schritte einleiten, wie eine Auskunftsklage nach § 1605 BGB.
Individual- oder Familieneinkommen? Spätestens mit dem ersten Kind kommst du um diese Frage nicht mehr herum, wenn du für dich sorgen willst.

Erwerbstätigkeit und Einkommen mit Kind

Wollt ihr ein Kind, besprecht früh, wie ihr als Eltern eure Erwerbstätigkeit mit der Fürsorgearbeit verbindet, die dreijährige Elternzeit gestaltet und die folgenden Jahre. Also nicht: Das wird schon irgendwie. Sondern: Wie teilen wir das auf?
Elternzeit bedeutet: Jedes Elternteil hat bei einer angestellten Beschäftigung einen Rechtsanspruch darauf, bis zu drei Jahre für ein Kind zu pausieren, ohne die Stelle zu verlieren. Gehalt gibt es keines, die gesetzliche Krankenversicherung läuft beitragsfrei weiter. Selbstständige haben keine Elternzeit, weil sie frei über ihre Arbeitszeit entscheiden. Die Beiträge zur Krankenkasse müssen sie selbst weiterzahlen. Um den Einkommensausfall durch eine Geburt etwas zu kompensieren, gewährt der Staat bis zu 14 Monate **Elterngeld**.
Die schlechteste Variante ist: Ihr besprecht nichts, informiert euch nicht, rechnet nichts durch und du als Frau bleibst automatisch zu Hause, »weil eine Frau das so macht«. Die Frage ist: Was willst *du*? Setze dich mit dem Vater deines Kindes oder deiner Frau zusammen, lest euch ein, spielt Optionen durch:

- Wie lange pausiert jeder im Beruf, gleichzeitig oder abwechselnd?
- Wer beantragt in welchem Umfang Elterngeld, Partnerschaftsmonate und Elterngeld Plus?
- Und wie viel Geld solltet ihr sparen, um eure Familienpläne gerecht umzusetzen?

Diese Planung ist keine Aufgabe, die mal schnell am Küchentisch erledigt ist. Zuerst müsst ihr euch Gedanken machen, was ihr wollt und vom anderen erwartet. Zudem gibt es viele Kombinationen. Sie zu durchdenken, mit den eigenen Vorstellungen abzugleichen und alles auszurechnen, erfordert Zeit, Recherche und Verständnis. Das **Familienportal des Bundesfamilienministeriums** erklärt alles, was ihr zum Einstieg wissen müsst.

Mit dem ersten Kind entscheidet sich meist, wie eine Partnerschaft weiterläuft: Ist sie gleichberechtigt oder hierarchisch? Wie die Kinderbetreuung in der Elternzeit aufgeteilt wird, bleibt oft über Jahre bestehen. Darauf weist der Zehnte Familienbericht hin. Das heißt: Kümmert sich die Mutter im ersten Jahr überwiegend allein um das Kind, bleibt es meist dabei – auch bei einer Trennung oder Scheidung. Zwar betreuen heute deutlich mehr Väter ihre Kinder als früher. Ich sehe einige von ihnen in meinem Kiez in Hamburg. Ihr Anteil ist dennoch gering. Fast alle Mütter nehmen Elternzeit und beziehen die vollen zwölf Monate Elterngeld. Bei den Vätern beantragen nur 44 % Elterngeld – von denen wiederum nur die Hälfte zwei Monate nimmt.[64] 56 % der Väter sehen sich folglich nicht in der Lage, ihre Frauen nach der Geburt zu entlasten und sich um ihr Neugeborenes zu kümmern. Das ist sehr traurig.

Warum Väter so zögerlich Elternzeit und Elterngeld in Anspruch nehmen? Als Hauptgrund gaben Väter an: »Weil die Einkommensverluste uns zu hoch erschienen, unseren Lebensstandard gesenkt hätten.« Ein weiterer Grund: »Weil ich nicht länger aus dem Beruf aussteigen wollte.« Und: »Weil ich berufliche Nachteile befürchtet habe.«[65] Allein diese Umfrage im Väterreport 2023 zeigt: Die meisten Männer sind nicht bereit, das zu tun, was sie von ihren Frauen erwarten. Sie wollen Elternzeit und Fürsorgearbeit nicht paritätisch teilen. Gern getarnt hinter dem Argument: »Ich verdiene ja mehr.« Oder: »Es war für uns finanziell nicht anders möglich.« Wirklich? Und gilt das auch, wenn sie mehr verdient? Oder ist es nicht eher so: Sein Einkommen ist wichtiger als ihres, also bleibt sie zu Hause. Die mittelfristigen finanziellen und partnerschaftlichen Konsequenzen werden ausgeblendet.

Tatsächlich denken auch Frauen so: »Sie *müssen* in die Abhängigkeit gehen, weil es sich für die Familienkasse mehr lohnt.« Das schrieb mir eine Journalistin einer Frauenzeitschrift als Erklärung, weshalb Mütter oft die Kinderbetreuung allein übernehmen. Was gegen solche Glaubenssätze hilft? Tatsachen schaffen.

Rechnet gemeinsam aus, wie sich euer Familieneinkommen in den nächsten drei bis sechs Jahren in verschiedenen Szenarien entwickelt. Stell dir diese zwei beispielhaft vor:

- In einem Szenario übernimmst du die gesamte Familienarbeit und dein Mann als Hauptenährer arbeitet Vollzeit. Nach einem Jahr kehrst du mit 20 Stunden in deinen Job zurück.
- Im anderen Szenario teilt ihr euch die Elternzeit hälftig auf und arbeitet beide ab dem ersten Lebensjahr des Kindes reduziert 30 Stunden. Berücksichtige bei der Rechnung alle zwei Jahre eine Gehaltserhöhung zwischen 5 und 10 %.

Im Ergebnis wirst du zu einer ähnlichen Aussage kommen wie Marielle und Mike Schäfer in *Love & Money*: Das Familieneinkommen liegt selbst bei hohen Gehaltsunterschieden höher, wenn ihr **beide Teilzeit** arbeitet und Erwerbs- und Fürsorgearbeit teilt. Denn ihr erhaltet nicht nur **Elterngeld Plus**, sondern wahrt **Karrierechancen** inklusive **Gehaltserhöhungen** und **Rentenansprüche**. Und wird einer krank oder arbeitslos, sind die finanziellen Folgen nicht gleich existenziell.

Marielle und Mike Schäfer kamen für verschiedene Varianten immer zum selben Ergebnis. **Parität schlägt Patriarchat.** Bis auf einen Fall: Verdient der Vater das Doppelte, ist das Ernährer-Hausfrauen-Modell attraktiver. Verdient dagegen die Mutter mehr und arbeitet nach der Elternzeit dennoch in Teilzeit, ist das die schlechteste Wahl für das Familieneinkommen. Wird dennoch so entschieden, ist »Wir hatten finanziell keine andere Wahl« nicht der wirkliche Grund.

Gerade wenn Geld das Argument deines Mannes dafür ist, dass du zu Hause bleiben sollst, obwohl du etwas anderes willst, spitze deinen Bleistift und rechne. Kannst du den Verlust beim Familieneinkommen vorrechnen, kannst du selbstbewusst und faktenorientiert dein präferiertes Modell vertreten. **Fordere das ein, was du willst, um eine Aufteilung zu finden, die für euch *beide* funktioniert.**

Die Wissenschaft stützt die Idee einer gleichberechtigten Aufteilung der Fürsorgearbeit – mit einer weiteren Erkenntnis: **Väter brauchen keine Karriereeinbußen zu befürchten, wenn sie länger Elternzeit nehmen.** Eine Studie der Soziologin Lena Hipp zeigte: Männer werden unabhängig von der Länge ihrer Elternzeit genauso häufig zu Vorstellungsgesprächen eingeladen.[66] Männer verlieren also mit einer längeren Elternzeit nichts oder deutlich weniger als gedacht – gewinnen aber Zeit mit ihrem Kind.

Daraus lässt sich ableiten: **Väter, seid mutiger,** wenn ihr wirklich eure Kinder betreuen und eine emanzipierte Beziehung führen wollt, und **Mütter: Fordert es ein!**

Und wenn ihr schon einmal dabei seid, sprecht über Karrierepläne und -wünsche. Eine Partnerschaft ist auch dazu da, sich gegenseitig zu unterstützen, beruflich das zu erreichen, wovon wir träumen. Ihr könnt zu zweit mehr erreichen als allein, wenn ihr füreinander einsteht. Familien- und Karriereplanung gehören zusammen. *Gegenseitig* die Zufriedenheit im Beruf zu fördern, ist eine der besten Versicherungen gegen eine Scheidung.

Entscheidet ihr euch als Paar trotz Kind dafür, dass jeder mit seinem **individuellen Einkommen wirtschaftet**, sind finanzielle Nachteile auszugleichen.

Ausgleich für die Reduzierung von Erwerbstätigkeit

Wie hoch ein finanzieller Ausgleich ausfällt, hängt unter anderem davon ab, ob ihr miteinander verheiratet seid oder nicht. Verringern beide ihre Arbeitszeit gleichermaßen – auf 80 oder 50 % –, kann eine Kompensation entfallen, muss sie aber nicht.

Unverheiratete Paare

Ihr verhandelt auf der Basis eurer Werte und wie ihr für euch Verantwortung definiert. Mein Vorschlag:

- Renteneinbußen sind vollständig auszugleichen. Weil sich auch Karrierechancen verschlechtern, plädiere ich für eine großzügige Rechnung.
- Die Differenz zwischen dem einstigen Vollzeitgehalt und dem aktuellen Teilzeitgehalt ist mindestens hälftig zu teilen.

Rentenansprüche kompensieren

Die nicht erworbenen Ansprüche in der gesetzlichen Rente können wir nur grob ausgleichen. Wir behelfen uns mit einer **Faustformel**. Mit ihr schätzen wir ab, wie viel Geld beispielsweise in einen breit gestreuten Aktien-All-World-ETF investiert werden könnte. Die Investition erfolgt in deinem *eigenen* Depot, *nicht* in einem Gemeinschaftsdepot. Ich gehe bei meinem Rechenbeispiel davon aus, dass du als Mutter bei der Rentenversicherung die »Kindererziehungszeiten« beantragst. Weil sich die gesetzliche Rente an Entgeltpunkten orientiert, rechnest du zuerst aus, wie viele Entgeltpunkte dir durch Teilzeit im Vergleich zur Vollzeit entgehen.

Möglichkeit 1: Selbst ausrechnen

Du teilst deinen Bruttojahresverdienst durch das Durchschnittsentgelt des jeweiligen Jahres. Dieses wird jährlich angepasst. Für 2025 liegt es bei 50.493 Euro.

Beispielrechnung: Du verdienst mit Vollzeit vor der Geburt **2.530 Euro netto** und nimmst nach der einjährigen Elternzeit 5 Jahre Teilzeit, danach stockst du auf Vollzeit auf. In Teilzeit hast du **2.100 Euro netto** (Näherungswerte).

Vollzeit – Entgeltpunkte: 45.600 Euro brutto : 50.493 Euro = 0,9031
Teilzeit – Entgeltpunkte: 36.000 Euro brutto : 50.493 Euro = 0,7129
Differenz: 0,1901 Entgeltpunkte weniger pro Jahr

Möglichkeit 2: Rentenversicherung fragen

Möchtest du eine individuelle Berechnung, vereinbare einen Termin bei der Rentenversicherung. Sie beziffert dir, wie sich die Teilzeit auswirkt. Du findest sie unter www.deutsche-rentenversicherung.de. Bist du selbstständig und unsicher über deinen Versicherungsstatus, kontaktiere eine unabhängige Rentenberaterin.

Rechne jetzt mit dieser Faustformel weiter: Entgangene Entgeltpunkte gesamt × 15.000 Euro[67] = benötigtes Kapital zu Rentenbeginn
Also: 0,1901 Entgeltpunkte pro Jahr × 3 Jahre Teilzeit = 0,5703
0,5703 × 15.000 Euro = 8.550 Euro
Warum nicht 6, sondern nur 3 Jahre? Durch die Kindererziehungszeit erhältst du schon eine Kompensation. Um die fehlenden 0,5703 Punkte zu ersetzen, müssten etwa 8.550 Euro ab Rentenbeginn zusätzlich zur Verfügung stehen. Diese Lücke schließt du, wenn du für 3 Jahre monatlich einen bestimmten Betrag in deinen Aktien-ETF investierst. Ich rechne mit 5 % realer Rendite:

- noch 35 Jahre bis zur Rente: etwa 50 Euro monatlich für 3 Jahre
- noch 25 Jahre bis zur Rente: etwa 80 Euro monatlich für 3 Jahre

Durch den Zinseszinseffekt sind die Beträge nicht sehr hoch. Nach den 3 Jahren lässt du deine ETF-Anteile im Depot und freust dich daran, wie sie Jahr für Jahr an Wert gewinnen. (Gern weiter investieren.) Wenn du in Rente gehst, kannst du dir jährlich etwa 3 % davon auszahlen, ohne dass dein Kapital aufgebraucht wird.

Mein Vorschlag: Dieser Investitionsbetrag ist von demjenigen vollständig auszugleichen, der Vollzeit erwerbstätig ist. Und zwar zusätzlich zur Kompensation eines niedrigeren Teilzeiteinkommens wegen der Kinder.

Unterschiedliche Einkommen kompensieren

Wie immer du und dein Partner Erziehungszeit und Elterngeld untereinander aufteilt – die einfachste Lösung ist: Ihr schmeißt eure Einkommen zusammen, teilt den Betrag durch zwei und der, der mehr hat, überweist dem anderen die Differenz. Kinder haben bedeutet **Teilen**: Zeit, Körper, Geist, Spirit, Liebe und finanzielle Ressourcen. Hast du einen Partner, der sich weder um dich noch das Kind kümmert, musst du dein Geld nicht teilen.

Rechenbeispiel: Ein junges Paar, nennen wir sie Tom und Suse, entscheidet: Tom nimmt die ersten zwei Monaten Elternzeit und bezieht Basiselterngeld. Anschließend arbeitet er zwölf Monate Teilzeit. Suse nimmt nach dem Mutterschutz zwölf Monate Elternzeit und erhält Basiselterngeld. Die Einkommensverteilung sähe überschlägig so aus:

In den ersten zwei Monaten (Mutterschutz und Elternzeit Vater):

- **Suse:** 2.530 Euro Netto-Gehalt im Mutterschutz
- **Tom:** 1.100 Euro Elterngeld
- **Gesamteinkommen:** 3.630 Euro
- **individuelles Einkommen pro Person: 1.815 Euro**

Ab dem dritten Monat (Elternzeit Mutter und Teilzeit Vater):

- **Suse:** etwa 1.000 Euro Elterngeld
- **Tom:** 2.440 Euro netto aus Teilzeit und etwa 550 Euro Elterngeld Plus
- **Gesamteinkommen:** 3.990 Euro pro Monat
- **individuelles Einkommen pro Person: 1.995 Euro**

Im Beispiel überweist in den ersten zwei Monaten Suse folglich 715 Euro an Tom (2.530 Euro – 1.815 Euro), in den folgenden zwölf Monaten Tom 995 Euro an Suse (2.990 Euro – 1.995 Euro). Dann hat jeder den gleichen Betrag. (Es gibt auch andere Kombinationen beim Elterngeld. Informiert euch. Ich rechne hier vereinfacht.) Das Kindergeld geht auf ein gemeinsam eröffnetes Girokonto und wird fürs Kind verwendet.

Ab dem zweiten Jahr geht Tom in seinen Beruf in Vollzeit zurück, Suse zu 80 % in Teilzeit. Ich wähle das Beispiel so, weil es (noch) die

Realität abbildet. Um als Familie zusammenzuwachsen, ist es ideal, wenn beide reduzieren würden. Tom hat in Vollzeit 2.950 Euro netto, Suse jetzt etwa 2.100 Euro netto. Ihr fehlen zu ihrem früheren Vollzeit-Netto also 430 Euro. Für den Ausgleich könnten sie zwei Varianten wählen:

Variante 1: Tom überweist den vollen Fehlbetrag an Suse.
- **Tom:** 2.950 Euro – 430 Euro = 2.520 Euro bleiben für ihn.
- **Suse:** 2.100 Euro + 430 Euro = 2.530 Euro bleiben für sie.

Variante 2: Beide teilen sich den Fehlbetrag (je 215 Euro).
- **Tom:** 2.950 Euro – 215 Euro = 2.735 Euro bleiben für ihn.
- **Suse:** 2.100 Euro + 215 Euro = 2.315 Euro bleiben für sie.

Ich würde für Variante 1 plädieren.

Fairness-Tipp: Verdient ein Elternteil mehr als das 1,5-Fache in Vollzeit gegenüber dem Elternteil in Teilzeit, ist es eine Anerkennung der Fürsorgeleistung, die gesamte Erwerbsminderung zu kompensieren – und nicht nur die Hälfte. In unserem Beispiel wäre das 1,5-Fache des Teilzeit-Nettos 3.150 Euro (2.100 Euro × 1,5).

Das Beispiel von Suse und Tom gibt dir eine Idee, wie der finanzielle Ausgleich aussehen kann. Es ist mein Vorschlag. Es geht immer darum, eine gerechte und gute Lösung für eure persönliche Situation zu finden. Wer den Job reduziert, trägt nicht nur finanzielle Einbußen heute und später, sondern meist auch mehr Familienarbeit. Der Ausgleich sollte daher großzügig kalkuliert werden. Weitere Rechnungen findest du in meinem Starter-Kit auf der Website zum Buch unter www.geldfrau.de/finanzbuch.

Mit einem **Familieneinkommen** erspart ihr euch Rechnereien für einen Ausgleich, weil dadurch Einkommensverluste automatisch ausgeglichen werden, Fürsorgearbeit bezahlt wird und die geringeren Ansprüche in der gesetzlichen Rentenversicherung aus der Familienkasse finanziert werden. Um als Paar euer Individual- oder das Familieneinkommen zu handhaben, braucht ihr die passende Kontenstruktur. Wie die aussieht, liest du auf den nächsten Seiten.

Verheiratete Paare: Die Hälfte gehört dir

Wirtschaftet ihr als Ehepaar, habt ihr im Standesamt nach dem Jawort einem Vertrag zugestimmt – mit der Unterschrift unter die Heiratsurkunde. Den Inhalt dieses Vertrags findest du im Bürgerlichen Gesetzbuch (BGB). Dort steht unter anderem: Als Ehegatten seid ihr gemäß **§ 1360/1360a BGB** gegenseitig zum Unterhalt verpflichtet. Führt ein Ehepartner den Haushalt, gilt das als gleichwertiger Beitrag zum Familienunterhalt. Trotzdem hält sich hartnäckig die Annahme, dass Hausfrauen oder -männer ohne eigenes Einkommen lediglich Anspruch auf ein Taschengeld oder Haushaltsgeld hätten – das der Alleinverdiener zuteilt. Schließlich »erarbeitet« er es ja. Lass dich damit nicht abspeisen. Deine Arbeit ist genauso viel wert wie seine. Darauf weist die Scheidungsanwältin Saskia Schlemmer eindringlich in ihrem Buch »Das Buch, das du vor deiner Hochzeit gelesen haben musst« hin – auch wenn zahlreiche Artikel im Netz das Gegenteil suggerieren.

Tatsächlich hast du als Ehepartner einen Anspruch auf das gemeinsame Einkommen im Rahmen des Familienunterhalts. »Familienunterhalt heißt 50 : 50-Teilung des Gesamteinkommens der Familie«, so Scheidungsanwältin Schlemmer. Grundlage dafür ist der Halbteilungsgrundsatz der Ehe.[68] Der Bundesgerichtshof (BGH) hat dies in mehreren Urteilen bestätigt (XII ZR 111/08, 2009 und XII ZR 65/10, 2012): Das während der Ehe erzielte Einkommen steht beiden gleichermaßen zu. Ist ein Ehepartner wirtschaftlich schwächer gestellt – etwa durch reduzierte Arbeitszeit oder unbezahlte Fürsorgearbeit –, muss ein hälftiger, finanzieller Ausgleich erfolgen. Ein bloßes Taschengeld reicht nicht. Voraussetzung: Die Ehegatten müssen »alles in ihrer Macht Stehende tun, um den Bedarf, den die Familie hat, zu decken«[69].

Das könnte vereinfacht zum Beispiel so aussehen: Du arbeitest wegen der Familie (2 Kinder) reduziert und verdienst netto 2.300 Euro, dein Mann hat 4.800 Euro netto im Monat. Eure Familienausgaben betragen 5.200 Euro, darin enthalten die private Altersvorsorge für euch beide (in jeweils *eigenen* Depots). Von eurem verfügbaren Gesamteinkommen über 7.100 Euro stehen jedem theoretisch 3.550 Euro zu. Dein Mann überweist dir deshalb am Monatsanfang 1.250 Euro. Die Familienausgaben teilt ihr hälftig, sodass jedem 950 Euro für Persönliches auf dem eigenen Konto verbleiben. Damit ist deine Fürsorgearbeit bezahlt und ihr begegnet euch auf Augenhöhe.

Den **Halbteilungsgrundsatz** so umzusetzen, ist leicht, fördert die finanzielle Gleichberechtigung, vermeidet komplizierte Verhandlungen über »angemessene« Anteile, berücksichtigt den Wert unbezahlter Arbeit, verringert finanzielle Abhängigkeiten.

Mein Rat: Weigert sich dein Mann, mit dir hälftig zu teilen, informiere dich über deine Rechte. Kontaktiere eine Familienanwältin. Sie hat entsprechende Programme, um dir das »familienrechtlich bereinigte Nettoeinkommen« und damit deinen Anteil rechtssicher auszurechnen. Es ist dein Recht und kein Entgegenkommen, den dir zustehenden Familienunterhalt am gemeinsamen Einkommen zu beanspruchen.

Konten – welche Kombination passt?

Um als Paar ein gemeinsames Leben finanziell zu organisieren, braucht ihr auch eine klare, faire Kontenstruktur. Meine favorisierte ist das **3-Konten-Modell**.

3 Konten: wir, du und ich

Bei dieser Kontenstruktur behältst du dein Girokonto und dein Partner seins für persönliche Ausgaben. Damit bleibt jeder unabhängig, hat stets eigenes Geld und eine Trennung ist jederzeit möglich. Zusätzlich eröffnet ihr ein Gemeinschaftskonto für alle Familienausgaben – *ohne* Dispositionskredit. Das ist deshalb wichtig, weil eine Gemein-

schaftskonto nur sinnvoll als »Oder-Konto« geführt werden kann. Damit haben beide alle Rechte. Ihr könnt unabhängig voneinander Geld abheben, offenen Rechnungen der Familie begleichen, Einkäufe tätigen, Daueraufträge einrichten. Ihr haftet aber auch beide für die Schulden auf diesem gemeinsamen Girokonto. Lass dich nicht auf ein Girokonto ein, das *er* eröffnet, statt eines Gemeinschaftskontos. Denn dadurch hättest du weder Einblick noch Zugriff und nur eine Partnerkarte. Im Stressfall lässt er die Karte sperren und du kommst nicht mehr an deinen Geldanteil auf diesem Girokonto. Eröffnet zusätzlich zum Gemeinschaftskonto für die Familie ein Tagesgeldkonto für den Famillien-Sicherheitspuffer.
Erinnere dich an mein Must-have-Kontenset: Jeder hat sein Girokonto plus ein Tagesgeldkonto als persönliche Reserve. Ihr habt folglich **drei Girokonten** und **drei Tagesgeldkonten**.

Das 3-Konten-Modell könnt ihr in zwei Varianten umsetzen

Variante I – echt partnerschaftlich: Alle Einkünfte – sei es Elterngeld, Gehalt, Unternehmerinnenlohn und Kindergeld – sind **Familieneinkommen** und fließen auf das gemeinsame Konto. Von dort werden sämtliche Familienausgaben bezahlt. Zusätzlich wird jeden Monat per Dauerauftrag ein fester, **gleich hoher Betrag** auf eure persönlichen Konten überwiesen. **Vorteil:** Niemand fühlt sich weniger wertgeschätzt, Fürsorgearbeit sowie Einkommensunterschiede durch die Familienorganisation werden automatisch ausgeglichen.

Rechenbeispiel: Lisa und Mike wohnen frisch zusammen und überlegen, wie sie ihre gemeinsamen Ausgaben inklusive Altersvorsorge fair verteilen. Sie einigen sich so: Von Lisa kommen 3.500 Euro, von Mike 2.700 Euro aufs Gemeinschaftskonto, macht 6.200 Euro. Davon zahlen sie die Familienausgaben von etwa 5.000 Euro inklusive je 300 Euro für ihre Aktien-ETF-Sparpläne. Die verbleibenden 1.200 Euro verteilen sie zu je 500 Euro am Monatsanfang auf ihre individuellen Konten. Der Rest fließt aufs Tagesgeldkonto. Damit sind beide zufrieden. Sie stärken ihr Wir-Gefühl und Mike fühlt sich wegen seines niedrigeren Gehalts nicht weniger wert.

Variante II – individuell partnerschaftlich: Hier gehen die **Individualeinkommen** auf die persönlichen Girokonten. Per Dauerauftrag fließt dann ein vereinbarter Betrag auf das Gemeinschaftskonto, wovon die Familienausgaben bestritten werden. **Vorteil:** Hier kontrolliert ihr euer individuelles Geld. Da der Geldeingang über die persönlichen Konten läuft, bleibt die Kontoführung meist kostenfrei. **Nachteil:** Ihr müsst euch auf einen finanziellen Ausgleich für euer Familienmodell sowie auf die jeweiligen Anteile an den Familienausgaben einigen. Besteht ein großes Einkommensgefälle, kann dies das Wir-Gefühl beeinträchtigen. Der wirtschaftlich schwächere Part könnte sich zurückgesetzt fühlen. Überweist ein Partner zudem seinen Anteil nicht oder zu spät, gerät alles ins Wanken.

Rechenbeispiel: Wie im vorherigen Beispiel hat Lisa Einkünfte von 3.500 Euro und Mike 2.700 Euro. Die Familienausgaben von 5.000 Euro teilen sie aber jetzt nach ihren jeweiligen Einkommen auf: Lisa überweist deshalb auf das Gemeinschaftskonto 2.800 Euro, Mike 2.200 Euro. Dadurch bleiben Lisa auf dem eigenen Konto 700 Euro und Mike 500 Euro. Der Einkommensunterschied bleibt bestehen.

Modifizierung: Ihr könnt dieses Modell freilich zum **Familieneinkommensmodell** umfunktionieren. Dabei einigt ihr euch auf einen Betrag, den beide auf ihrem Konto **behalten**, wie 500 Euro, der »Rest« wird auf das Gemeinschaftskonto überwiesen. Doch auch hier bleibt der Nachteil der verspäteten Zahlung oder im Streitfall die Nichtzahlung.

Ein Konto: All-in

Bei diesem Kontenmodell habt ihr nur *ein* gemeinsames Girokonto. Hier gehen alle Einkünfte ein und alle Ausgaben ab. 100-prozentige Transparenz. Dieses Modell eignet sich *ausschließlich* für Paare mit gefestigtem Charakter, begründetem Vertrauen, gleichwertiger Erwerbstätigkeit, einem ähnlichen Ausgabe- und Investitionsverhalten – und die sich *wirklich* gegenseitig *alles gönnen*. Und: die miteinander verheiratet sind. Fehlt nur eine Voraussetzung, besser sein lassen. Für Unverheiratete ist All-in nicht zu empfehlen. **Vorteil:** Keine Rechnereien, wer was warum zahlt. Kompromissloses Wir. **Nachteil:** All-in kann eine Partei ausnutzen, um die andere zu kontrollieren. Falls das Konto von einem gesperrt wird, sind beide blockiert. Bei einem Familienmodell mit Alleinverdienergehalt könnte das Gefühl entstehen: Es ist »sein« Geld oder »ihres«, was eine dysfunktionale Beziehung vertieft. Eine Trennung lässt sich mit nur einem Konto ebenfalls sehr schwer vorbereiten. Richtig problematisch wird All-in, wenn ein Erbe überwiesen wird. Das gehört dann automatisch zur Hälfte dem anderen. Da er oder sie nicht mit den Erblassern verwandt ist, fällt Schenkungsteuer an. Außerdem können beide jederzeit das Guthaben vollständig abheben. Im Todesfall fällt ohne klare Regelung das Geld an die gesetzlichen Erben – und nicht an den oder die Überlebende. Das kann zu finanziellen Engpässen führen, falls kein eigenes Einkommen vorhanden ist. Ohne Vertrag gibt es auch im Trennungsfall keinen finanziellen Ausgleichsanspruch.

Mein ehrlicher Rat: Habe *immer* dein eigenes Konto! All-in klingt wunderbar romantisch und scheint für Paare, die zum Wir verschmolzen sind, die einzig akzeptable Kombination. Ist das Wir wirklich stark, hält es persönliche Girokonten aus, auf die regelmäßig ein gewisser Betrag fließt. Du kannst nur dann eigenverantwortlich handeln, wenn du über Geld *uneingeschränkt* verfügen kannst.

Zwei Konten: ich und du

Bei dem **2-Konten-Modell** behält jeder sein Girokonto. Das funktioniert bei sehr individuell lebenden Paaren ohne Kinder oder bei Paaren, deren Kinder schon aus dem Haus sind, die zudem großzügig miteinander sind, ähnlich viel verdienen und sehr klar kommuniziert und dokumentiert haben, welche gemeinsamen Ausgaben anfallen und wie diese zu gleichen Teilen beglichen werden. **Vorteil:** Jeder fühlt sich unabhängig und wenig verpflichtet. **Nachteil:** Leben Kinder im Haushalt, führt dieses Modell zu ständiger, kleinteiliger Abstimmung der Einzelausgaben: Wer zahlt welche Familienausgaben wie Miete, Kitagebühren, Kleidung, Schulfeste, Lebensmittel, Urlaube, Restaurant, Mobilität? Hier muss sehr viel abgestimmt und verglichen werden, um niemanden schlechterzustellen und auszunutzen. Zentral stünde für mich die Frage im Raum: Was ist Familie? »Wir« oder »Jeder für sich«? Und zu wem gehören die Kinder? Ich sehe das 2-Konten-Modell für Eltern als eine Quelle für Streit und finanzielle Ungleichheiten.

Ich erinnere mich an eine Klientin, die so ein Kontenmodell nutzte – unverheiratet! Ihr Partner schlug vor: Sie übernimmt mit ihrem Teilzeitgehalt und dem Kindergeld alles für die zwei Kinder inklusive Kita, die Lebensmittel der Familie, den gesamten Haushalt. Er zahlt Miete, Nebenkosten, sein (!) Auto und die Urlaube. Ein Ausgleich für ihren Einkommensverlust durch die Teilzeit und die niedrigeren Rentenansprüche gab es nicht. Am Monatsende blieb ihr kaum etwas, während sein Kontostand zulegte.

Drei Unwuchten fallen hier ins Auge: Die Ausgaben für die Kinder und die Haushaltsführung sind stereotyp ihr zugeordnet, als hätte er damit nichts zu tun. Eine Kompensation für ihre Fürsorgearbeit und die niedrigeren Rentenansprüche findet nicht statt. Zudem werden die Familienausgaben nicht einkommensabhängig geteilt. Partnerschaftlich ist das nicht. Ich riet ihr, ihre Ausgaben für die Familie zu erfassen, zu addieren und sie ins Verhältnis zu ihrem Einkommen zu setzen. Dasselbe für ihn. Dazu ihre Einkommens- und Renteneinbuße zu beziffern. Heraus kam: Sie bringt 90 % ihres Einkommens für die Familie auf, er 55 %. Das öffnete ihm die Augen. Sie gingen zum 3-Konten-Modell über und verhandelten einen Ausgleich.
Klientinnen haben sehr gute Erfahrungen damit gemacht, ihren Männern Rechnungen und Zahlen vorzulegen. Viele waren einsichtig und entschuldigten sich sogar. Manche nicht. Ob diese Beziehungen langfristig Bestand haben, bezweifle ich.

Gemeinschaftsausgaben – wer zahlt was, wenn ihr zusammenzieht?

Ich habe schon ab und an geschrieben, dass Familienausgaben einkommensabhängig geteilt werden. Was meine ich damit? Angenommen, ihr entscheidet euch für das 3-Konten-Modell, bei dem die Einkommen auf das jeweils eigene Girokonto überwiesen werden (Variante II). Nach welchem Schlüssel teilt ihr anschließend die gemeinsamen Ausgaben auf – etwa Miete, Nebenkosten, Versicherungen, Lebensmittel, Freizeit und Urlaube? Halbe-halbe? Klingt fair. Ist es aber nur, wenn beide gleich viel verdienen.

Rechenbeispiel 1: Max verdient **4.000 Euro**, Lisa **2.500 Euro**. Die gemeinsamen monatlichen Ausgaben betragen **3.500 Euro**. Würden sie die Kosten **hälftig teilen**, wären das für jeden **1.750 Euro**. Übrig bliebe:

- **für Max:** 4.000 Euro – 1.750 Euro = **2.250 Euro**
- **für Lisa:** 2.500 Euro – 1.750 Euro = **750 Euro**

Er hätte also drei Mal so viel Geld für sich wie sie – obwohl er vielleicht die größere Wohnung wollte und die teureren Lebensmittel kauft. Ohne ihn würde sie wahrscheinlich günstiger wohnen und anders haushalten. Lisa müsste den teuren Lebensstil ihres Mannes mitfinanzieren. Eine **faire Lösung** ist stattdessen, die Ausgaben *anteilig* am Einkommen aufzuteilen. Denn warum sollte Max sich einschränken, weil sie nicht so viel verdient wie er? Auch das ist nicht sinnvoll.

Für die anteilige Verteilung werden die individuellen Einkommen in Relation zum gemeinsamen Gesamteinkommen gesetzt und danach die Familienausgaben verteilt.

Rechenbeispiel 2: Das Gesamteinkommen von Max und Lisa beträgt 6.500 Euro (4.000 Euro + 2.500 Euro). Anteil an den gemeinsamen Ausgaben:

- **Max:** 4.000 Euro : 6.500 Euro = 0,616
- **Lisa:** 2.500 Euro : 6.500 Euro = 0,384

Verteilt werden die gemeinsamen Ausgaben von 3.500 Euro dann so:

- **Max** zahlt **2.170 Euro** (0,62 von 3.500 Euro, gerundet).
- **Lisa** zahlt **1.330 Euro** (0,38 von 3.500 Euro, gerundet).

Nach der gerechten Aufteilung behält **Max also 1.830 Euro** und **Lisa 1.170 Euro**. Damit haben beide auf ihren Konten ein eigenes Budget, das ihrer Einkommenshöhe entspricht und womit sie persönliche Ausgaben und ihren Vermögensaufbau bestreiten können.

Gemeinsame Ausgaben – was ist gemeinsam?

Vor dieser Rechnung steht natürlich die Frage, welche Ausgaben überhaupt als gemeinsam gelten. Das entscheidet und verhandelt ihr als Paar. Grundlage sind eure festen und variablen Kosten – und nicht zuletzt eure Pläne für die private Altersvorsorge und den Vermögensaufbau. Denn langfristige, finanzielle Sicherheit gehört genauso auf den Tisch wie Miete und Lebensmittel.

- **Gemeinschaftsausgaben:** Ausgaben des täglichen (Familien-) Lebens, Kita, Versicherungen, Urlaube, Wohneinrichtung, Deko, Unterhaltung, Spenden, Sparraten für eine Immobilie oder Anschaffungen
- **Persönliche Ausgaben:** Kleidung, Hobbys, Kosmetik, Schmuck, Geschenke, Fortbildung

Vorsorge-Check: Aus welchem Topf finanziert ihr den Vermögensaufbau – Gemeinschaftskonto oder persönliches Konto? Bis hierhin sollte klar sein: Der Vermögensaufbau ist *keine* Nebensache. Ohne zusätzliches Vermögen wirst du im Alter nicht genügend Geld haben.

So macht ihr es richtig: Habt ihr Kinder, wird der Vermögensaufbau mindestens *zu gleich hohen Beträgen* aus der Gemeinschaftskasse finanziert. Jeder Partner bestimmt dabei selbst, wo das Geld investiert wird, und es bleibt auch jeweils in der eigenen Verfügungsmacht. Entweder in Aktien-ETFs im *eigenen* Depot oder in eine eigene Versicherung. Was auch immer. (Du weißt, wozu ich rate.)

Kläre *vor* dem Zusammenziehen, was gemeinsame Ausgaben sind und wie sie getragen werden. Damit du nicht das erlebst, was mir eine Leserin meines Finanzblogs schrieb:

Ihr Freund, der Vater ihres Kindes, war zu ihr in die Eigentumswohnung gezogen. Sie arbeitete wegen des Kindes 80 %. Für die Wohnung zahlte sie jeden Monat Kreditraten ab. Sie war davon ausgegangen, auch wegen seines deutlich höheren Einkommens, dass er ihr eine Art Miete zahlt. Er weigerte sich aber und begründete das: Er würde ihr doch nicht helfen, Eigentum aufzubauen! Davon hätte er ja nichts. Die Einkommenseinbußen wegen der Betreuung des gemeinsamen Kindes interessierten ihn nicht. Die Kitakosten, die er nur anteilig übernahm, wollte er zur Gänze in seiner Steuererklärung ansetzen, ohne seine Freundin an der Steuerersparnis zu beteiligen.

Ist das zu fassen? Ob er wohl auch zu seinem vorherigen Vermieter gesagt hatte: »Ich helfe Ihnen doch nicht, Eigentum aufzubauen! Davon habe ich ja nichts!«? Wohl kaum. Aus solchem Verhalten spricht eine frauenverachtende Einstellung. Liebe ist anders: Liebe hilft, ist großzügig, gönnt alles. Die Leserin hatte verpasst, vor seinem Einzug diese und andere finanzielle Aspekte mit ihm verbindlich zu besprechen. Hätte sie es getan, wäre er womöglich nicht eingezogen, weil sie sein wahres Gesicht gesehen hätte.

Steuerklassenwahl bei Verheirateten: die große Lüge des Patriarchats

Zu starken Finanzen als Paar gehört auch die richtige Steuerklasse. Ledige haben keine Wahl, sondern entweder Steuerklasse I oder II (Alleinerziehende). Als Ehepaar aber könnt ihr wählen – und damit beginnt ein gravierendes Problem. Mit der Heirat werden den Eheleuten automatisch die Steuerklassen IV und IV zugeordnet. Bei den meisten bleibt das nicht lange so. Denn dann kommt zuerst er ins Spiel: der Steuerberater – ich nutze bewusst die männliche Form. Er redet euch ein: »Wechselt in die Steuerklassen III und V. Das spart Steuern!«

Suchst du im Netz nach Informationen, findest du: »Wenn einer 60 Prozent vom Gesamteinkommen verdient, ist die III und V die richtige Wahl.« Solche Aussagen sind große Lügen des Patriarchats. Ich stufe sie als Propaganda ein. **Mit Steuerklassen lassen sich keine Steuern sparen und die Einkommenshöhe ist unerheblich!** Was stimmt: Die Steuerklasse regelt, wie viel Einkommensteuer *über das Jahr* monatlich *voraus*zuzahlen ist. Die tatsächliche Steuerhöhe wird am Jahresende festgelegt und abgerechnet. Bei der Kombination III und V werden unterjährig meist zu wenig Steuern vorausgezahlt. Der Staat gibt uns also eine Art Darlehen – und der Profiteur davon ist meist der Mann.

Lisa erlebte das am eigenen Gehalt. Sie freute sich über ihren neuen Job: 2.500 Euro brutto – ein akzeptabler Wiedereinstieg nach der Elternzeit. Als sie ihre erste Lohnabrechnung sah, traf sie der Schlag: Nur 1.485 Euro netto für sie? Ihr Mann dagegen verdient mit 4.800 Euro brutto fast das Doppelte, musste aber viel weniger abgeben und kam auf ein Netto von 3.460 Euro. Lisa hatte auf Anraten des Steuerberaters zugestimmt, von der Steuerklasse IV zu V zu wechseln, ihr Mann in die III. Was sie nicht wusste: Sie hat damit ihren persönlichen Steuerfreibetrag auf ihren Mann übertragen. Deshalb zahlt er zu wenig Steuer und sie viel zu viel für ihr Gehalt. Ihre Einkommen werden damit ungleich behandelt. Das führt auch dazu, dass Lisa und ihr Mann vom Finanzamt eine Nachzahlungsaufforderung erhalten. Typisch für III und V. Wäre Lisa in der IV geblieben, hätte sie 300 Euro mehr und das Paar keine Nachzahlung zu befürchten.

Durch das niedrigere Netto hat Lisa sogar zusätzliche Nachteile: Ihr würde bei einem zweiten Kind weniger Mutterschafts- und Elterngeld zustehen, weniger Arbeitslosen-, Kurzarbeiter- und Krankengeld. Deshalb ist es kein Wunder, dass wissenschaftliche Studien mahnen: »Die Steuerklassenkombination III/V **verstößt gegen das Verbot mittelbarer Diskriminierung** in Art. 3 Abs. 2 GG. Die finanziellen Nachteile der Steuerklasse V treffen überwiegend verheiratete Frauen.«[70]

Etwa 12 Millionen Ehepaare in Deutschland leben mit diesem die Ehefrauen diskriminierenden Steuermodell.[71] Das wiegt besonders bei getrennten Konten mit Individualeinkommen und nicht partnerschaftlich orientierten Ehemännern oder -frauen schwer. Frauen kennen den Frust, der sich aus dem niedrigen Netto ergibt: »Da kann ich ja gleich zu Hause bleiben.« Und: »Da lohnt sich das Arbeiten ja nicht!« Solche Gedankenspiele liebt das Patriarchat.

Die Steuerklassen III und V können Ehepaaren aber nur nutzen, wenn sie ihre Einkommensteuererklärung gemeinsam abgeben, also zusammen veranlagt werden. Dann greift das Ehegattensplitting und durch dieses sparen Eheleute tatsächlich Steuern, wenn sie sehr unterschiedlich verdienen. Und genau in dieser Kombination ist die Steuerklasse V ein Abhängigkeitsmechanismus, getarnt als Steuersparmodell. Denn: Je niedriger das Einkommen einer Partei, meist der Frau, desto größer ist der Steuervorteil *durch das Splitting* für die Partei mit dem hohen Verdienst, meist den Mann. Das befördert die Abwertung der Erwerbsarbeit von Ehefrauen, die dann resignieren.

Selbst dann, wenn ihr als Paar gemeinsame Kasse macht und auf Familieneinkommen setzt oder nach dem Halbteilungsgrundsatz das Familieneinkommen paritätisch teilt, bleiben der psychologische Abwertungseffekt und die Einbußen bei den Lohnersatzleistungen. Diskutiert das.

Die Lösung ist die, die der Gesetzgeber mit der Heirat vorsieht: die Steuerklassenkombination IV und IV – mit Faktor! Hier behalten beide Eheleute ihren steuerlichen Grundfreibetrag und zahlen nur die Steuern, die dem eigenen Einkommen entsprechen. Deshalb laufen auch keine Nachzahlungen auf. Über den »Faktor« wiederum wird der Vorteil des Ehegattensplittings auf beide gerecht verteilt. Das Finanzamt rechnet ihn aus.

Was kannst du tun?

1. **Prüfe deine Gehaltsabrechnung:** Welche Steuerklasse hast du?
2. **Sprich mit deinem Ehemann:** Erkläre ihm die Vorteile von IV mit Faktor und was du möchtest. Nutzt einen Brutto-Netto-Rechner.

3. **Wechsele selbst:** Dein Mann muss einem Wechsel zurück in die Steuerklasse IV mit Faktor nicht zustimmen (siehe § 38b Abs. 3, Satz 2 EStG). Das Finanzamt bietet den Antrag online an. Du kannst bis zum 30. November jedes Jahres für das laufende Steuerjahr wechseln.

Ändere also nicht nur deine Steuerklasse, falls du die V hast, sondern deine Einstellung zu Steuern gleich mit. Sie sind mehr als nur eine Geldabgabe an den Staat.

Lebenstipp: Wenn du über die Familienfinanzen Bescheid wissen willst, erledige für euch die Steuererklärung. Es gibt dafür intuitive Software, mit der das richtig einfach wird. Und: keine Angst vor dem Finanzamt! Je besser du dich auskennst, desto weniger furchteinflößend ist diese Institution und du kannst dein Geld besser nutzen. Wissen macht groß. Angst macht klein.

Altersvorsorge – gemeinsame Ziele, getrennte Vermögen

Mitversichert, mitangelegt, mitversorgt? Bei der Altersvorsorge ist das eine fahrlässige Idee. Altersvorsorge ist Selbstfürsorge. Sie gehört immer in die eigenen Hände und die eigene Verfügungsmacht. Denn nach Jahren einer Beziehung mit fast nichts dazustehen, wie es Claudia erging, ist wirklich vermeidbar:

Claudias Mann war derjenige, der sich um die großen Finanzentscheidungen kümmerte. »Du machst das schon«, sagte sie immer, wenn er über Aktien und »seinen« Finanzkram sprach. Dann kam der Anruf – und sie war plötzlich Witwe. Als sie anfing, die Finanzen zu ordnen, war sie schockiert. Ihr Ehemann hatte gezockt! Er hatte hochspekulative Investments, Einzelaktien, Fonds mit wundersamen Namen im Depot sowie Kryptogeld. Es war ein Chaos. Nach Jahrzehnten gemeinsamen Wirtschaftens als Gutverdienende gab es dennoch kaum Vermögen. Claudia hatte gedacht, sie sei abgesichert. War sie nicht. Sie hatte nie nachgefragt, nie darauf bestanden zu wissen, wie er das Geld anlegte. Jetzt saß sie bei mir, Mitte 60, und machte sich große Vorwürfe.

Ich habe schon viele Frauen getroffen, die ihr Geld für die Altersvorsorge blind in die Hände ihrer Ehemänner, Freunde und sogar Ex-Partner geben. Und sie wissen nicht, was diese damit tun! Keiner der Männer hatte eine Ausbildung in Geldanlage oder Vermögensverwaltung. Es gibt freilich auch Männer, die legen das Familiengeld sehr verantwortlich und erfolgreich an. Sie beziehen aber ihre Frauen gewöhnlich mit ein.
Sich in das Thema Geldanlage und Vermögensaufbau für die Rente hineinzufuchsen, kostet vorübergehend Zeit und Mühe. Wir zahlen immer einen Preis. Geben wir die Altersvorsorge aber ab, riskieren wir, im Alter nicht genug zu haben. Stecken wir dagegen selbst Hirnschmalz hinein, kostet es uns Arbeit. Der Lohn für dieses Eigenengagement ist aber langfristige Sicherheit, Ruhe und Freude – und im besten Fall haben wir eine weitere, spannende Gemeinsamkeit mit unserem Partner oder der Partnerin. Außerdem steigt das Verständnis für Wirtschaft und vom neuen Selbstbewusstsein will ich gar nicht erst reden!
Sich aus Bequemlichkeit oder falsch verstandener Rücksichtnahme selbst bei der eigenen Altersvorsorge zu entmündigen, passt nicht zu einem selbstbestimmten Leben. **Die eigene Existenzsicherung gehört in den persönlichen Kontrollbereich. Immer.** Vermögensaufbau ist Chefsache – für Frau und Mann.
Und auch dieser Tatsache solltest du Aufmerksamkeit schenken: Fast jede zweite Frau zwischen 65 und 85 Jahren lebt allein.[72] Da gibt es keinen Partner oder keine Partnerin mehr, die die Altersvorsorge regelt. Besser, du lernst es jetzt und ihr übt es als Paar gemeinsam ein.
Das ist, was ich mir für dich wünsche: Dass du gemeinsam mit deinem Partner, deiner Partnerin Zukunftspläne schmiedest, ihr euch finanzschlau durch Bücher, Kurse und Videos macht, Anlagestrategien entwerft und überlegt, wie ihr sie umsetzt – jede und jeder für sich und doch zusammen. Zieht dein Mann nicht mit, weil er bei Geldanlagen einen Widerstand spürt, Geld lieber ausgibt oder meint, ihr habt noch so viel Zeit, nimm du es in die Hand und bleibe gesprächsbereit.

So macht ihr es richtig

Grundsatz: Altersvorsorge hat Priorität.
Eigenverantwortung: Jeder baut eine eigene Altersvorsorge auf, mit eigenem Depot, eigenen Verträgen. Plant die Höhe eures Rentenvermögens so, als ob ihr allein davon leben müsstet. Bleibt ihr zusammen, wunderbar – dann habt ihr doppelten Rückhalt. Trennt ihr euch, rutscht niemand in die Altersarmut.
Höhe der Vorsorge: Sie ist im Idealfall gleich hoch und wird untereinander ausgehandelt. Beide investieren beispielsweise monatlich 300 Euro in die Vorsorge unabhängig vom eigenen Einkommen. Das Geld kann aus der Familienkasse kommen oder von den persönlichen Konten. Das sprecht ihr miteinander ab.
Fairer Ausgleich: Fehlende Rentenansprüche bei Teilzeit werden vom Vollzeit Arbeitenden durch eine Ausgleichszahlung kompensiert. Es wird über das eigene Depot investiert.
Immobilienkauf: Beide werden 50 zu 50 ins Grundbuch eingetragen. Diese Eigenverantwortung gilt dabei nicht nur, wenn ihr ohne Trauschein zusammenlebt. Sie gilt auch für Eheleute!

Das Gesetz kennt für eine Ehe vier »Güterstände«. Damit ist gemeint, wem das *während* der Ehe erworbene Vermögen gehört, als »Stand« der »Güter«. Die beiden wichtigsten sind die Zugewinngemeinschaft und die Gütertrennung. Mit dem Jawort stimmt ihr der Zugewinngemeinschaft zu. Wollt ihr einen anderen Güterstand, müsst ihr einen ergänzenden Vertrag bei einer Notarin oder einem Notar schließen – einen Ehevertrag.[73]
Was vielen dabei nicht bekannt zu sein scheint: Der Grundsatz einer Zugewinngemeinschaft lautet: Jeder Ehegatte verwaltet sein oder ihr Vermögen selbst. Das mit in die Ehe gebrachte Vermögen wird deshalb auch nicht zum Gemeinschaftsvermögen und Schulden werden nicht zu gemeinsamen Schulden. Kommt es zur Scheidung, wird verglichen, um wie viel die jeweiligen Vermögen während der Ehe gewachsen sind. Ein Unterschied ist zur Hälfte auszugleichen. Heißt: Läuft ein Depot auf seinen Namen, ist alles darin erst einmal seines. Und er kann damit

machen, *was er will*, auch während der Ehe. Läuft eine Rentenversicherung auf seinen Namen, gehört sie ihm. Erst mit der Scheidung wird geteilt. Ob dann aber noch etwas da sein wird und du überhaupt weißt, was er hat?
Ein Gemeinschaftsdepot ist eine schöne partnerschaftliche Sache, um das Investieren auszuprobieren oder Geld für den Urlaub zu haben oder für irgendetwas anderes Schönes. Für die Altersvorsorge ist davon abzuraten, besonders wenn du unverheiratet bist. Denn wie beim Girokonto auch, könnt ihr ein Gemeinschaftsdepot als Und-Depot oder Oder-Depot führen. Beim Und-Depot müssen beide bei jedem Kauf und Verkauf zustimmen. Einer kann also jede Entnahme blockieren. Und beim Oder-Depot habt ihr beide *alle* Rechte und könnt jederzeit alles verkaufen. Ist dein Partner dir nicht mehr wohlgesonnen, könnte deine gesamte Altersvorsorge weg sein. Einen rechtlichen Ausgleichsanspruch gegen ihn hast du als Unverheiratete nicht.

Eine Checkliste mit allen wichtigen Punkten für starke Finanzen als Paar habe ich dir in meinem Starter-Kit hinterlegt. Du findest es unter www.geldfrau.de/finanzbuch.

Wann ist eine Beziehung finanziell harmonisch?

Woran lässt sich spüren, ob eine Beziehung auch ökonomisch funktioniert? Diese Frage habe ich meinem Mann gestellt. Er hatte darauf eine erstaunliche, lebenskluge Antwort: Wenn eins und eins mehr als zwei sind.

Liebe & Geld = Glück, wenn: $1 + 1 > 2$

Ergibt eins und eins weniger als zwei, entzieht die Partnerschaft Ressourcen. Ergibt sie gefühlt zwei könnte sich die Frage aufdrängen, weshalb ihr zusammen seid. Mir gefällt diese emotionale Rechnung. Sie betont die persönliche Intuition. Sagt dir deine Intuition, dass deine Beziehung weniger als zwei ergibt, weil eure Paarfinanzen und die

Aufteilung von Fürsorge- und Hausarbeit in Unwucht sind – sprich es an. Schätze deinen Beruf und deinen Arbeitsaufwand für die Familie niemals geringer ein als den deines Mannes. Deine Erwerbstätigkeit ist genauso wertvoll, auch wenn sie geringer entlohnt wird.

Wie sprichst du nun am besten an, einen finanziellen Ausgleich für deine Care-Arbeit und das Zurückstecken im Beruf zu erhalten?

So verhandelst du einen finanziellen Ausgleich

Das Thema Geld anzusprechen, kann erst mal ganz schön unangenehm sein. Wie wird der andere reagieren? Kommt Widerstand? Kommen harsche Gegenargumente? Womöglich Vorwürfe und völliges Unverständnis: »Jetzt willst du dich auf meine Kosten bereichern oder was?« Ja, das könnte kommen. Viele Männer sind Frauen, die Fairness einfordern, nicht gewohnt. Ihre Wahrnehmungsverzerrung aufgrund der eigenen Privilegien sitzt selbst bei intelligenten, reflektierten Männern tief. Hier hilft nur reden und sichtbar machen. Eventueller Gegenwind darf dich nicht davon abbringen, für dich im Sinne der Eigenfürsorge einzutreten. Es ist auch ein wichtiger Beziehungstest, ob zwischen euch wirklich Liebe besteht oder sich ein Machtgefällt aufgebaut hat. Hören wir mal in ein Gespräch von Anna und Marcel hinein, die zwei Kinder haben und nicht verheiratet sind:

Anna: *Marc, ich möchte mit dir über Geld reden. Ich finde, wir sollten mal über Fairness reden.*
Marcel: *Hm, ist doch alles fair. Wir zahlen doch anteilig vom Einkommen, oder?*
Anna: *Das ist nur auf den ersten Blick fair. Ich arbeite ja weniger, habe dadurch weniger eigenes Geld und mir entgehen langfristig Rentenansprüche. Ist das fair?*

Marcel: *Tja, war halt deine Entscheidung.*
Anna: *Ja, für* ***uns****. Weil du Vollzeit arbeiten wolltest, trotz der Kinder. Ich halte dir den Rücken frei. Wenn wir die Rollen tauschen würden: Du arbeitest Teilzeit, ich Vollzeit. Wie wäre das? Dann hättest du den finanziellen Nachteil.*
Marcel: *Hm ... ja, wär nicht so gut. Aber so war das doch abgesprochen!?*
Anna: *Na ja, es hat sich so ergeben, weil wir nicht geredet haben. Und ich finde, wir sollten jetzt überlegen, wie wir das gerecht gestalten. Wegen der Kinder von dir abhängig zu sein, ist einfach falsch.*
Marcel: *Was schlägst du also vor?*
Anna: *Ich möchte einen Ausgleich für mein fehlendes Einkommen und für die Rente, damit wir beide abgesichert sind. Stell dir mal vor, wir würden meine Familienarbeit an jemanden outsourcen, der all das übernimmt – Kinderbetreuung, Haushalt, Mental Load. Was wäre es dir wert?*
Marcel: *Wahrscheinlich mehr, als ich mir leisten kann.*
Anna: *So ist es! Lass uns doch einfach mal rechnen. Ich hätte wirklich gern eine faire Lösung, die für uns beide funktioniert. Wir sind doch ein Team!*
Marcel: *Gut, aber wehe, du rechnest mir meine Sockenberge vor.*

Bei diesem Gespräch besteht eine Verbindung zwischen Anna und Marcel. Stellt sich Marcel aber auf die Hinterbeine, hört er Anna nicht zu und verkennt er die Schieflage, braucht es mehrere Anläufe. Im besten Fall entspinnt sich das Gespräch zum Dialog und beide gehen aufeinander ein. Wird es konfrontativ, wird der Weg vom Gespräch zur Planung länger.

Ein gutes Gespräch vorbereiten

Der erste Schritt ist, sich bewusst Zeit für das Gespräch zu nehmen. Ein Termin zwischen Abwasch und Kinderbetreuung ist nicht ideal. Geht gemeinsam an einen neutralen, angenehmen Ort, vielleicht geht ihr spazieren oder in euer Lieblingsrestaurant? Kündige vorher an, dass dir etwas auf dem Herzen liegt. Beim ersten Gespräch geht es nicht um

Zahlen, sondern um ein Grundverständnis: Wie stellt ihr euch euer gemeinsames Leben vor? Welche Rolle spielt Geld? Welchen Platz hat es in der Beziehung und wie wirkt es auf sie zurück?
Beim zweiten Gespräch kannst du konkrete Zahlen mitbringen. Vermeide Vorwürfe, sondern stelle Fragen: Wie versteht er seine Rolle, wie verstehst du deine Rolle? Was bedeutet Vollzeit emotional, was Teilzeit? Wer übernimmt welche Aufgaben – finanziell, mit den Kindern und im Haushalt? Was würde sich ändern, hätten Fürsorge- und Hausarbeit einen Geldwert? Das Ziel ist: sich von »Ich verdiene das Geld, also bestimme ich« zu »Wir verdienen das Geld und entscheiden gemeinsam« zu bewegen.
Im dritten Gespräch, wenn beide die Zahlen und Folgen der aktuellen Schieflage durchdacht haben, ist es Zeit für konkrete Lösungen. Wie hoch der Ausgleichsbetrag ist und wofür er gezahlt wird. Ob ihr euer Kontenmodell wechselt und wie die Altersvorsorge aufgebaut wird. All das sind Aushandlungsprozesse.
Und dann setzt ihr die Lösungen um und habt Freude dabei, weil ihr merkt, dass sich eure Beziehung vertieft – durch das gemeinsame Planen und Wertschätzen des Engagements des jeweils anderen für die Familie. Und das Betonen der langfristigen Perspektive für eure Beziehung.

Gute Argumente für den Ausgleich – Männer mögen Zahlen

Wenn du in Teilzeit arbeitest, um die Kinder etwas mehr zu betreuen, hältst du ihm den Rücken frei. Ohne dich könnte er seinen Job nicht so ausüben, wie er es tut, nicht seine Karriere aufbauen, nicht das Geld verdienen, das er bekommt. Mache sichtbar, was du für die Familie leistest:

- Wie viele Stunden pro Woche kümmerst du dich um Haushalt und Kinder (… und wie viel er)?
- Was würde es kosten, eine Haushaltshilfe/eine Person für die Kinderbetreuung einzustellen?
- Rechne aus, wie viel du verdienen würdest, wenn du stattdessen erwerbstätig wärst.

- Skizziere einen deiner Tage: was du wann machst, wie viele Pausen etc. – und auch er skizziert einen typischen Tag. Das vergleicht ihr.

Fürsorge- und Hausarbeit und die Familienorganisation sind genau das: Arbeit. Unbezahlte Arbeit. Natürlich sind wir gern für unsere Kleinen da und umsorgen sie. Die Zeit aber, die das benötigt, können wir nicht einsetzen, um einer bezahlten Arbeit nachzugehen, die uns versorgt. Deshalb wird das Geld geteilt, das der andere Elternteil mit bezahlter Arbeit erzielt, weil jemand sich um die Kinder kümmert.

Beispielrechnung: Bleiben wir bei Anna und Marcel. Anna leistet mit 30 Stunden Fürsorge und Hausarbeit etwa 9 Stunden mehr als Marcel in der Woche. Das ist der statistische Schnitt.[74]
Mindestlohn: 13 Euro pro Stunde, macht folglich 117 Euro in der Woche (13 Euro × 9 h).
Im Monat: 468 Euro
Im Jahr: 5.616 Euro

Setzen wir statt der 13 Euro den individuellen Netto-Stundenlohn aus Annas beruflicher Tätigkeit an – beispielsweise 23 Euro –, investiert Anna fast 10.000 Euro im Jahr mehr unbezahlte Arbeit in die Familie. Bei Marcel dagegen fließt das Einkommen, das er in dieser Zeit verdient, weil sich Anna kümmert, vollständig auf sein Konto.
Mit solchen Rechnungen kannst du Fakten schaffen und wertvolle Fürsorgearbeit sichtbar machen. Weil sie mehr sagen als tausend Worte. Es gibt sogar Smartphone-Apps, die dir helfen, deine Fürsorge- und Hausarbeit zu dokumentieren. Beispielsweise die App von Lina und Sophie *WhoCares*, abrufbar unter whocares-app.de. Mit ihr kannst du verschiedene Arbeiten wie Putzen, Kochen, Betreuen, Pflege, Mental Load, Spielen und Einkaufen einfach erfassen. Die App für Android und Apple ist nicht perfekt, aber ein sehr smarter Start. Die Initiative *Equal Care Day* hat zudem einen aufschlussreichen Test entwickelt, mit dem ihr als Paar euren Beitrag für die Familie sichtbar macht. Den Test findest du unter equalcareday.org/mental-load-home-de.pdf.

Noch ein Tipp: Ein Perspektivwechsel hilft

Viele Männer nehmen für sich in Anspruch, dass ihre Erwerbsarbeit mehr zählt als die Fürsorgearbeit ihrer Frauen. Hier empfehle ich, die Situation umzudrehen. Wenn ihr in einer Diskussion feststeckt, wechselt die Perspektive. Tauscht dazu eure Plätze und argumentiert aus der Sicht des jeweils anderen. Solche Perspektivwechsel führen in der Regel dazu, dass sich festgefahrene Denkmuster auflockern. Nehmen beide es ernst, entsteht dadurch ein Raum, Verständnis für das Gegenüber und Ergebnisse in beiderseitigem Interesse zu entwickeln. Coaches, Mediatoren oder Therapeutinnen nutzen diese Form des Rollenspiels regelmäßig. Gönn dir dazu auch mal eine Runde #WomenInMaleFields auf Instagram – du wirst es lieben!

Und wenn alles nicht fruchtet, hilft womöglich ein Stresstest: Lass einige Tage lang den Haushalt liegen. Kein Einkaufen, kein Kochen, keine Wäsche, kein Abwasch, keine Organisation. Einfach mal nur das Nötigste. Halte es aus! Dann wird sichtbar, wie viel du täglich leistest.

Was ist, wenn ihr euch trennt? Dann wirst du froh sein, diese Gespräche geführt zu haben.

Was, wenn wir uns trennen?

Als mein heutiger Mann und ich zusammenzogen sind und unser Kind unterwegs war, waren wir nicht miteinander verheiratet. Für mich hieß das: Sobald unser Kind da ist, bin ich nach den acht Wochen Mutterschutz finanziell von ihm abhängig. Es wäre das erste Mal in meinem Leben als erwachsene Frau. In den 2000er-Jahren gab es kein Elterngeld und meine Reserven waren gering. Mich trieb deshalb um, welche Rechte ich habe und welche wir als Paar haben – und welche nicht. Also kaufte ich das Buch »Nichteheliche Lebensgemeinschaft« von Rainer Fischer.[75] Ich habe viel aus diesem Buch gelernt. Es hat mir Sicherheit gegeben, meine Wünsche und Ängste zu sortieren und offen anzusprechen, was ich mir vorstelle. Ich wollte nicht in eine Falle laufen. Im Gespräch wurde uns beiden bewusst: Was wir miteinander verhandeln, ist nicht nur die Verteilung von Einkommen in unserer Beziehung, sondern ihr Ende.

Diese Erkenntnis war für mich befreiend. Wir sprachen im größten Verliebtsein, kurz vor dem Elternwerden darüber, wie wir mit dem Familieneinkommen, der Altersvorsorge, gemeinsamem Vermögen und Unterhalt im Trennungsfall umgehen. Mir haben diese Gespräche gezeigt, wie sehr dieser Mann die Partnerschaft mit mir wertschätzt und dass er gleichberechtigt leben will. Die Beziehung vom Ende her zu denken und finanzielle Folgen vorweg zu regeln, schafft nicht Distanz, sondern Sicherheit.

Paarberater Michael Mary empfiehlt Paaren, die Verliebtheitsbrille ab- und die Realitätsbrille aufzusetzen, denn kein Paar kommt am Geld vorbei: »Wer das Thema Trennung meidet, versäumt klare Regeln und kehrt heikle Themen unter den Teppich, von wo aus sie früher oder später Schwelbrände auslösen.« Und die, das wissen wir alle, machen mächtig Stunk. »Eine Trennung ist schmerzlich genug – da hilft es sehr, wenn ein Paar sich zumindest in finanzieller Hinsicht darauf vorbereitet hat.«[76]

Jede Beziehung durchläuft verschiedene Phasen und wirklich jede kommt an kritische Punkte. Ob sie an diesen Krisenpunkten zerbricht, hängt auch davon ab, wie miteinander kommuniziert wird und wie groß die Fähigkeit ist, Konflikte zu lösen. Und: ob wir bereit sind, an der Beziehung und an uns zu arbeiten. Wachsen wir miteinander, wächst die Beziehung. Wurden in der Verliebtheitsphase finanzielle Details vertraglich geregelt, hat das Unvorstellbare seinen größten Schrecken verloren und wir können uns auf die Beziehung konzentrieren. Im besten Fall bleibt ein Vertrag in der Schublade.

Ehevertrag statt Rosenkrieg

Ehepaare haben ja ohnehin im Standesamt einen Vertrag unterschrieben, der nicht nur ihr Eheleben regelt, sondern auch, was passiert, wenn die Liebe endet. Wenn ich Verheiratete manchmal vorsichtig frage, ob sie zusätzlich einen Ehevertrag haben, ist die Reaktion immer dieselbe: große Augen, verstörter Blick – als hätte ich nach etwas wirklich Unanständigem gefragt. Dazu werden Sätze ausgesprochen wie: »Wir lieben uns doch. Wieso sollten wir an eine Trennung denken?« Oder: »Wie unromantisch, so ein Vertrag!«

Ich staune immer wieder, wie viele Menschen verdrängen, dass sie im Standesamt mit der Eheurkunde längst einen Vertrag geschlossen haben – nur eben nach den Regeln des Bürgerlichen Gesetzbuches. Ein Ehevertrag kann also gar keine eheliche Romantik zerstören. Die Ehe *basiert* auf einem Vertrag. Im BGB sind kleinteilig auch die Folgen einer Trennung geregelt – wie der Zugewinn ausgeglichen wird und die Rentenvorsorge oder der nacheheliche Unterhalt zu gestalten ist. Denn: Eine Ehe ist eine Wirtschaftsgemeinschaft mit Liebe als Startkapital, gegründet in der Hoffnung, dass nur der Tod sie scheidet – aber mit eingebauter Exit-Strategie, um die Gemeinschaft doch früher geordnet abzuwickeln. Dass so viele Paare das so hartnäckig ignorieren, ist für mich einer der Gründe, weshalb so viele Ehen am Ende so bitter auseinandergehen, zerstritten, unversöhnlich und mit Anwaltsrechnungen, so hoch, wie ein Mittelklassewagen teuer ist.

Mit einem Ehevertrag können Paare die gesetzliche Standardlösung für sich persönlich gestalten. Das bietet viele Chancen. Früher waren Eheverträge ein knallhartes Instrument der Macht. Mit ihnen sicherten sich vornehmlich Männer das gemeinschaftliche (Ehe-)Vermögen, indem sie ihre Frauen davon ausschlossen. Manche Männer versuchen das bis heute mit der Hilfe willfähriger Anwälte.

Julia kam zu mir, weil sie Fragen zur Altersvorsorge hatte. Sie war verheiratet, plante ein Kind – ein guter Moment, um darüber nachzudenken. Während des Coachings erzählte sie mir nebenbei, was ihr am Tag vor der Hochzeit passiert war. Ihr Verlobter hatte ihr unvermittelt einen Ehevertrag vorgelegt. Sie sollte darin unter anderem einer Gütertrennung zustimmen und auf nachehelichen Unterhalt verzichten. Er meinte: Das sei nur eine Formalität, die man in seiner Familie so mache. Julia fühlte sich erpresst. Sie wies sein Ansinnen zurück und unterschrieb nicht.

Julia hat das einzig Richtige getan. Hätte sie diesen Vertrag unterschrieben, hätte sie nach der Scheidung mit nichts dagestanden. Unterschreibe grundsätzlich nur einen Ehevertrag, den du selbst verhandelt hast und den du verstehst. Eheverträge müssen auch nicht *vor* der Hochzeit abgeschlossen werden! Das ist jederzeit möglich. Heute werden Eheverträge erfreulicherweise genutzt, um die Folgen einer Scheidung für beide Partner fair zu regeln – vor allem für den Ehegatten, der mehr Fürsorgearbeit leistet. Denn hier hat die gesetzliche Lösung blinde Flecken. Viele Familienrechtsanwältinnen haben sich darauf spezialisiert, Paare bei der Gestaltung vorsorgender Eheverträge zu unterstützen, als Basis für eine wertschätzende Ehe. Deshalb: Beschäftige dich mit der Rechtslage, was dir im Falle einer Scheidung zusteht, was du abgeben musst und was nicht.

Realitäts-Check: Das Familienrecht beginnt im Bürgerlichen Gesetzbuch ab Buch 4 und dem § 1297. Du findest es online unter www.gesetze-im-internet.de/bgb/index.html. Nimm dir einen Nachmittag Zeit, bei einer Tasse gutem Tee, und lies dich durch die Paragrafen. Besonders aufschlussreich wird es ab § 1353 zu den Rechten und Pflichten der Ehegatten. Ab § 1564 geht es um die Scheidung – und ab § 1569 um den Unterhalt. »Nach der Scheidung obliegt es jedem Ehegatten, selbst für seinen Unterhalt zu sorgen.«

Einen **nachehelichen Unterhalt** sieht das neue Eherecht also grundsätzlich nicht vor bzw. nur unter engen Voraussetzungen. Wenn du dich aber nach der Scheidung um eure Kinder kümmerst, wirst du kaum einem Vollzeitberuf nachgehen können. In einem Ehevertrag könnt ihr festlegen, dass an dich, bis die Kinder 6 oder 10 Jahre alt sind, monatlich ein zusätzlicher Unterhalt fließt. Ein Ehevertrag macht also Care-Arbeit sichtbar und fängt Einkommensverluste ab.
Die **Altersvorsorge** zu regeln, finde ich einen weiteren, zentralen Punkt. In der Ehe darf jeder Ehegatte mit seinem Vermögen (fast) alles machen. Stell dir vor, ihr habt vereinbart: Jeder investiert einen bestimmten Betrag eigenverantwortlich. Während dein Partner mit

seinem Geld einen ETF-Sparplan eingerichtet hat, verjubelst du einen Teil deines Betrags auf Reisen und für persönliche Fortbildungen. Bei der Scheidung würdest du trotzdem die Hälfte seiner Investments bekommen. Wäre das fair? Wohl kaum. Umgekehrt riskiert womöglich dein Mann seine Altersvorsorge beim Zocken mit Krypto und Optionsscheinen. Dann müsstest du teilen. Ein Ehevertrag klärt das: Jeder investiert den vereinbarten Betrag und dieses Vermögen ist vom Zugewinnausgleich ausgeschlossen. Dann ist diese Altersvorsorge sicher.

Bist du **selbstständige Unternehmerin**, musst du auch wissen: Laut Familienrecht hast du deinem Mann im Scheidungsfall die Hälfte des Wertzuwachses der Firma während der Ehe auszuzahlen – in einer Summe. Daran ist nichts verkehrt, weil ihr in der Ehe hoffentlich als Team unterwegs seid und dein Mann dich unterstützt. Diese Regel könnte aber dazu führen, dass du deine Firma verkaufen musst. Hier eine gerechte Kompensation zu vereinbaren, schützt deine Existenz, ohne deinen Partner zu benachteiligen. Sei wachsam, wenn dein Partner als Unternehmer eine Gütertrennung vorschlägt und dich von der Vermögenssteigerung ausschließen will. Dir steht ein Anteil zu, weil du direkt oder indirekt mitgeholfen hast, seine Firma wertvoller zu machen. Verzichte nicht darauf.

Denke deine Beziehung vom Ende her

Familienanwältinnen raten deshalb: Klare Verhältnisse ersparen böse Überraschungen und langjährige Gerichtsprozesse. Familienanwalt Jürgen Widder hat in seinen 40 Berufsjahren nur selten eine gute Scheidung erlebt. Ein Ehevertrag »wirke wie eine Beruhigungstablette, weil beide Ehepartner wüssten: Die großen Dinge sind geregelt«[77]. Es ist aber viel mehr als das: Verhandelt ihr, müsst ihr euch erstens mit den gesetzlichen Bestimmungen befassen. Das ist sehr Augen öffnend. Und zweitens diskutiert ihr miteinander, wie ihr eure Ehe gestalten wollt, beim Vermögen, dem Unterhalt, mit Fürsorgearbeit und dem Rentenausgleich – falls die Liebe endet.

Damit ein Ehevertrag wirksam ist, muss er von einer Notarin aufgesetzt und beurkundet werden. Notare sind neutral. Weder beraten sie dich noch prüfen sie, ob der Ehevertrag deine Interessen widerspiegelt – oder ihnen zuwiderläuft. Deshalb: Lasse dich vor dem Abschluss von einer Familienanwältin beraten. Ihr könnt auch als Paar zusammen hingehen, eure Situation besprechen und einen Vertrag entwickeln. Aber! Anwälte vertreten immer nur die Interessen *einer* Seite, niemals beide.[78] Heißt: Sitzt ihr beim Anwalt der Familie deines Mannes, vertritt er *nicht* deine Interessen, sondern die deines Mannes. Selbst wenn der Vertrag für dich fair klingt: Deine Interessen wurden ohne eigene Anwältin nicht vertreten. Spare hier nicht an der falschen Stelle. Unscheinbare Formulierungen könne alles ruinieren.

Ein vorsorgender Ehevertrag[79] regelt etwa diese Aspekte:

- den Güterstand
- ob das Einkommen getrennt bleibt oder zum Familieneinkommen wird
- wie ihr die Altersvorsorge sicherstellt
- eine Kompensation für Fürsorgearbeit bei Scheidung
- Regeln zum Ehegattenunterhalt, das heißt dazu, wie lange dieser nach der Scheidung gezahlt wird

Einen leichten Einstieg in das Thema bieten der Ratgeber von Finanztest »Der Ehevertrag« und das Taschenbuch von Saskia Schlemmer »Das Buch, das du vor deiner Hochzeit gelesen haben musst«.

Vertrauen ist gut, ein Vertrag besser

Als unverheiratetes Paar habt ihr im Gegensatz zu Ehepaaren keinen eigenen Rechtsrahmen. Ihr bildet vor dem Gesetz keine Wirtschaftseinheit, keinen Güterstand, keine Erbengemeinschaft. Ihr seid Individuen, die zusammenleben und dann noch zufällig ein Kind zusammen haben. Als Mutter hast du zwar in den ersten drei Lebensjahren eines gemeinsamen Kindes Anrecht auf einen eigenen Unterhalt vom Vater. Das wars aber.

Baut dein Partner etwa für euch in seinem Depot Vermögen auf, ist das seins. Du hast keine einklagbaren Rechte daran. Überträgt er dir später einen Teil seines Depots, fällt im Zweifel Schenkungsteuer an. Dein Freund muss dir auch keine Auskunft über die Höhe seines Einkommens geben, er ist nicht verpflichtet, solidarisch zu sein und sein Einkommen zu teilen oder Aufwendungen für die Familie zu ersetzen, obwohl du ihm die Wäsche machst. Dir steht kein Ausgleich von Rentenansprüchen zu. Du kannst ihn nicht beerben. Und zahlt ihr eine Immobilie ab, in der ein Teil deines Erbes steckt, bei der du nicht im Grundbuch stehst, wirst du bei der Trennung dein Geld nicht wiedersehen.

Zusammenleben ohne Trauschein, besonders mit Kind, ist rechtlich riskant. Gibst du deinen Beruf auf oder reduzierst du deine Erwerbstätigkeit und kannst du deshalb kaum sparen oder vorsorgen und vertraglich ist nichts regelt: Dann stehst du bei einer Trennung schlecht da. Sieh dir deshalb deine Gesamtsituation an und halte fest, in welche Abhängigkeiten du dich langfristig begibst. Fordere *vor* der Familienplanung eine finanziell gleichberechtigte Partnerschaft ein, in der ihr das Einkommen aufteilt, die Altersvorsorge absichert und Trennungsvereinbarungen trefft. Die Regeln schreibt ihr in einen **Partnerschaftsvertrag**. Höhe und Dauer des Unterhalts können wie im Ehevertrag festlegen werden. Bedenke, was passiert, falls einer stirbt. Was ist dann mit Einkommen, Erbe, Vollmachten?

An dieser Stelle hätte ich dir gern aktuelle Bücher empfohlen. Tatsächlich aber gibt es nur antiquarische und ganz wenige, obwohl in Deutschland etwa 3,5 Millionen Paare in nichtehelicher Gemeinschaft ihr Leben teilen. Darunter eine Million mit Kindern. Das Bundesjustizministerium stellt auf seinen Webseiten aber das E-Book »Gemeinsam leben« bereit. Auf 43 Seiten werden darin die wichtigsten Rechtsaspekte erklärt.

Haushalt: Wem gehört was?

Ihr erspart euch später viel Ärger, wenn ihr während eures Zusammenlebens eine Liste führt, wer was gekauft hat. Trennt ihr euch, müsst ihr nicht im emotionalen Ausnahmezustand jede Vase, jeden Bettbezug oder jedes Küchengerät miteinander ausdiskutieren. Eine Liste – inklusive der Kaufpreise – ist zudem eine spannende Dokumentation eurer gemeinsamen Reise.

Vermögensaufstellung: Wer hat was?

Wenn du schon länger verheiratet bist oder in einer Beziehung lebst:

- Weißt du, was an Vermögen da ist?
- Welche Renten- oder Lebensversicherungen auf wen abgeschlossen wurden? In welcher Höhe?
- Bei welchen Banken es Depots gibt mit Fonds oder Aktien? Und hast auch du Zugriff darauf?
- Wie ist dieses Vermögen unter euch verteilt?
- Würde die Rente für zwei reichen?
- Arbeitest du im Familienbetrieb mit: Wie hoch ist deine Absicherung?
- Stehen eure beiden Namen im Grundbuch, falls ihr eine Immobilie besitzt?

Weißt du das alles nicht oder ist nichts abgesprochen, wird es höchste Zeit, darüber zu sprechen und alles zu erfassen. Willst du dich scheiden lassen, und du weiß nicht, welches Vermögen ihr habt, könnte es im Streit »beiseitegeschafft« werden. Du würdest es nicht merken. Anwälte dürfen bei dieser Art von Vermögensentzug sogar helfen.
Das ist schon starker Tobak – wenn ein Partner dem anderen Vermögen entzieht, um ihn zu bestrafen. Aber was, wenn Geld nicht erst bei der Trennung als Waffe eingesetzt wird, sondern schon lange vorher?

> Wenn finanzielle Kontrolle systematisch genutzt wird, um Macht auszuüben?

Wenn Geld als Machtinstrument missbraucht wird

Finanzielle Gewalt ist eine der häufigsten Formen häuslicher Gewalt – und gleichzeitig eine der unsichtbarsten.

Wenn Sabine an das Telefonat denkt, das sie mit ihrem Ex-Freund, dem Vater ihrer beiden Söhne, geführt hatte, spürt sie noch heute die Verzweiflung von damals. »Warts nur ab!«, hatte er gedroht. »Ich arbeite noch weniger. Dann erhältst du gar keinen Unterhalt mehr!« Sabine war wie erstarrt. Sie wusste: Ohne den Kindesunterhalt konnte sie weder die Wohnung halten noch alle Ausgaben für die Kinder bestreiten. Zwar arbeitete sie Vollzeit als freie Journalistin, doch ihr Einkommen schwankte und sie kämpfte um jeden Auftrag. Sie war nicht nur auf sein Geld angewiesen, sondern auch darauf, dass er die Kinder regelmäßig betreute. Dem Jugendamt verschwieg sie deshalb seine Drohung und verwarf auch eine Anzeige oder eine Unterhaltsklage. Seit diesem Telefonat begleiteten sie Existenzängste.

Macht über den ökonomischen Hebel. Viele Frauen kennen das, vor allem wenn sie Mütter sind. Sie spüren, dass ihnen Unrecht geschieht, etwas nicht stimmt, fühlen sich klein, wütend, ohnmächtig – aber sie haben kein Wort dafür, was ihnen widerfährt. Sabine hatte es auch nicht. Sie dachte, so ist eben sein Charakter. Dass ihr Ex-Freund bewusst finanzielle Gewalt ausübt, wurde ihr schlagartig klar, als sie den Begriff zum ersten Mal hörte: finanzielle Gewalt. Das war es, was sie spürte. Ihr Gefühl hatte endlich einen Namen. Macht ausüben über Geld. Ein gigantisches, gesellschaftliches Tabu. Die Ursachen und Folgen werden in soziologischen Studien sehr gut beschrieben. Der Begriff aber wird kaum verwendet: finanzielle Gewalt oder auch ökonomische Gewalt. Definieren lässt sie sich als **finanzielle Abhängigkeit, die missbraucht wird** – von Ehepartnern, Freunden, Vätern, Eltern, seltener von Frauen.

In der Kriminalitätsstatistik wird finanzielle Gewalt als häusliche Gewalt und Partnerschaftsgewalt eingeordnet. Sie sei die häufigste Form der häuslichen Gewalt und viele Frauen seien sich dessen gar nicht bewusst, sagt Kriminologin Julia Reinhardt. Sie leitet die Beratungsstelle »Contra Häusliche Gewalt!« in Bad Kreuz. Es gehe dabei nie um das Geld selbst, sondern um Macht und Überlegenheitsgefühle, fügt sie an. Und, dass sich dieser Machtmissbrauch durch die gesamte Gesellschaft ziehe, durch alle Bildungsschichten. Weder im Straf- noch Zivilrecht findet sich aber der Tatbestand »finanzielle Gewalt« oder »ökonomische Kontrolle«.

Was aber im Strafgesetzbuch steht, ist der **§ 170 – Verletzung der Unterhaltspflicht**. Und in diesem Zusammenhang schreibt das Bundeskriminalamt tatsächlich explizit von ökonomischer Gewalt als Teil der Partnerschaftsgewalt. Nach § 170 StGB darf sich ein Unterhaltspflichtiger nicht seiner Pflicht entziehen, »so daß der Lebensbedarf des Unterhaltsberechtigten gefährdet ist oder ohne die Hilfe anderer gefährdet wäre«. Verweigert ein Vater also die Zahlung von Unterhalt oder reduziert er mutwillig seine Arbeit, um seiner Kindesunterhaltspflicht nicht nachkommen zu müssen, macht er sich strafbar. Darauf stehen bis zu drei Jahre Haft.

Das, was Sabines Ex-Partner ihr also angedroht hatte, dass er weniger arbeiten werde, um keinen Unterhalt mehr zahlen zu müssen, wäre strafbar gewesen, wenn er es wirklich umgesetzt hätte. Sabine hätte ihn in diesem Fall anzeigen oder eine Unterhaltsklage einreichen können.

Studien, die sich wissenschaftlich mit dieser massenhaften Form des Machtmissbrauchs beschäftigen, fehlen bis heute.[80] Obwohl schon in den 1990ern der Begriff geprägt wurde. Oft wird ökonomische Gewalt von der Gesellschaft sogar bagatellisiert, wie jede Art von Gewalt gegenüber Frauen: »Sie ist doch nur hinter seinem Geld her.« Oder: »Selber schuld, wenn sie sich trennt/sich mit ihm einlässt.« Oder: »Er braucht das Geld eben für sich.«

Der Nährboden: strukturelle Abhängigkeiten

Von finanzieller Gewalt sind besonders Frauen betroffen, Männer eher selten, weil die alten Muster der früheren, gesetzlichen Entmündigung und Nachrangigkeit der Frau weiter wirken – und Frauen bis heute beim Einkommen, Vermögen, Erbe benachteiligen. Männer lernen auch heute noch, dominant sein zu dürfen. Sie übernehmen traditionell die Kontrolle über Geld und Vermögen. Frauen hingegen lernen, sich einzufügen. Sie arrangieren sich und vertrauen darauf, dass sich der Partner loyal ihnen gegenüber verhält. Diese ungleiche Machtverteilung ist der Nährboden für finanzielle Gewalt.

Sie beginnt früh in einer Beziehung und meist harmlos, unauffällig oder versteckt hinter vermeintlich liebevollen Gesten. Ein Partner zieht freiwillig die Finanzen an sich, »weil er sich besser auskennt«. Eine Frau verzichtet »der Harmonie zuliebe« auf ein eigenes Konto, weil er es als Vertrauensbruch ansieht. Und nach der Heirat heißt es: »Du musst doch nicht arbeiten. Ich übernehme das.« Dazu kommen später Gängeleien und Sprüche über »ihren Umgang mit Geld«, ihre »Verschwendungssucht« und dass es ja »sein Geld« sei. Irgendwann, oft nach einer einschneidenden Lebensveränderung, kann die Situation eskalieren – ein Kind wird geboren, ein Partner erbt, der Job wird gekündigt.

Wer lange in finanzieller Abhängigkeit lebt, verliert oft den Glauben daran, selbstbestimmt handeln zu können. Deshalb funktioniert finanzielle Gewalt oft sehr lange. Sie ist ein systematischer Entzug von Selbstbestimmung – und hinterlässt tiefe seelische Wunden. Betroffene Frauen berichten von Selbstzweifeln, Scham, Frustration und Vertrauensverlust.

Dass das überhaupt möglich bleibt, hat viel damit zu tun, dass wir alle so wenig über Geld und unsere Gefühle dazu sprechen – über Einkommen, Erbschaften, Unterhalt, Konten, Verteilung von Geld in der Partnerschaft – und die Gesellschaft selten zuhört. Und dass es Gesetze wie das Unterhaltsrecht gibt, die es zumeist Vätern ermöglichen, sich finanziell in Kindesunterhaltsverfahren arm zu rechnen, willfährig unterstützt von Anwälten, Gerichten, Notaren. Auch das ist eine Form finanzieller Gewalt.

So sieht finanzielle Gewalt aus

Die Formen dieser häuslichen Gewalt sind vielfältig, die Muster ähnlich:

Kontrolle über das Familieneinkommen: Der Mann verdient das Geld und entscheidet, wofür es ausgegeben wird. Die Frau bekommt einen Betrag zugeteilt. Ein Partner hält sich nicht an Absprachen, gibt Geld für etwas anderes aus, was die Familie in finanzielle Schwierigkeiten bringt.
Kein Verfügen über Konten: Der Partnerin wird verboten, ein eigenes Konto zu haben. Ein Gemeinschaftskonto wird abgelehnt.
Kein Zugriff auf Finanzunterlagen: Der Steuerbescheid wird verheimlicht, die Partnerin weiß nicht, wie viel ihr Mann verdient. Das Vermögen liegt in seiner Hand.
Unterhalt verweigern: 75 % der unterhaltspflichtigen Väter zahlen keinen oder nur unregelmäßig und dann noch zu wenig Kindesunterhalt.[81] Frauen geraten dadurch oft in Not.
Schulden aufzwingen: Frauen unterschreiben Bürgschaften für die Selbstständigkeit des Mannes oder zahlen Kredite für eine Immobilie ab, stehen aber nicht im Grundbuch.
Ausbeutung der Arbeitskraft: Die Frau arbeitet kostenlos im Familienbetrieb mit, ohne Altersvorsorge und soziale Absicherung, und soll auch die Schwiegereltern ohne Bezahlung pflegen.

Die Gesichter ökonomischer Gewalt sind vielfältig, teils bizarr und manchmal sogar strafbar. Finanzielle Gewalt auszusitzen und zu denken, das ändere sich schon wieder, wenn nur …, sei keine Option, warnt Soziologin Birgit Happel. Sie ermuntert Frauen in Vorträgen und Gesprächen, wachsam zu sein. »Finanzielle Gewalt geht nicht einfach so wieder weg. Ihr müsst das Ruder selbst in die Hand nehmen!«

Aus der finanziellen Gewalt befreien

Nicht jede Charakterlosigkeit oder Streiterei um Geld ist dabei gleich finanzielle Gewalt. Um den Unterschied zu erkennen, rät Kriminologin Julia Reinhardt: »Frage dich: Ist das gut, fühle ich mich frei und selbstbestimmt, oder mache ich auf Liebkind?« Ein sehr guter Anhaltspunkt ist also – mal wieder – die eigene Intuition. Sie weiß, was los ist. Das ist der erste Schritt: das mulmige Gefühl ernst zu nehmen und die Tatsache zu akzeptieren, dass du eine Betroffene bist. Schäme dich nicht.

Dann heiße es abwägen, empfiehlt Reinhardt. Besteht eine Verbindung zum Partner oder der Familie und du hast keine Angst, das Unbequeme anzusprechen, dann suche das Gespräch. Benenne Gefühle, Wünsche und partnerschaftliche Lösungen. Ist dagegen die Gewalt massiv und du spürst Angst, braucht es professionelle Hilfe.

Am besten schützt du dich vor finanzieller Gewalt durch eine **eigene Berufstätigkeit**, ein **eigenes Konto** und **Wissen um deine Rechte**, sodass du dich jederzeit selbst versorgen kannst. Hast du nur eine gering bezahlte Beschäftigung, versuche, in Vollzeit zu wechseln, bilde dich weiter, bewirb dich um eine besser bezahlte Stelle, damit du dich finanziell freischwimmen und die Situation beenden kannst.

Wie erkennst du finanzielle Gewalt?

Erste Anzeichen können sein:

- Wenn es ständig Diskussionen um Geld gibt und es dir nicht gut damit geht.
- Wenn du über deine Ausgaben Rechenschaft ablegen musst.
- Wenn dir das Familieneinkommen vorenthalten wird.
- Wenn dir Geld zugeteilt wird, ohne Mitsprache.
- Wenn du keinen Zugriff auf ein gemeinsames oder eigenes Konto hast.
- Wenn gedroht wird, dir Geld als Existenzgrundlage zu entziehen.
- Wenn dir Einsicht in wichtige Finanzunterlagen verwehrt wird.
- Wenn deine Erwerbstätigkeit verboten oder sabotiert wird.

Hier findest du Hilfe

- Hilfetelefon »Gewalt gegen Frauen«: 116 016 (nur innerhalb Deutschlands) und unter hilfetelefon.de.
- Frauenberatungsstellen in deiner Kommune, Gemeinde oder Stadt
- Familienhilfe, Frauenhäuser, Frauennotrufe
- Gleichstellungsstellen und psychologische Beratungsstellen
- Fachanwältinnen für Familienrecht

Lesetipps

Michael Mary: Liebesgeld. Vom letzten Tabu unter Paaren

Marielle und Mike Schäfer: Love & Money

Saskia Schlemmer: Das Buch, das du vor deiner Hochzeit gelesen haben musst

Asha Hedayati: Die stille Gewalt. Wie der Staat Frauen alleinlässt

6 So erkennst du Abzocker

Finanzberatung, Produktverkauf oder Abzocke?

Stell dir vor, du gehst in ein Möbelhaus. Du suchst eine bequeme Couch fürs Wohnzimmer. Die Einrichtungsberaterin begrüßt dich mit einem Lächeln so weich wie die Wohnlandschaft, die sie dir gleich zeigen wird. »Die Beratung ist selbstverständlich kostenfrei«, sagt sie. Zwei Stunden später hast du sie gekauft – eine Wohnlandschaft mit Schlaffunktion, obwohl du selten Besuch bekommst. Dazu Kissen und eine Stehlampe – weil alles so schön zusammenpasst. Die Beraterin hat sich Zeit genommen, du hast dich wohlgefühlt und doch ist dir bewusst: Sie hat dir womöglich nicht die für dich beste Lösung empfohlen, sondern eine, mit der sie ihre Umsatzvorgaben erfüllt. Ein Möbelhaus ist schließlich kein Sozialprojekt.

Jetzt ersetze das Möbelhaus mal durch eine Bank oder Sparkasse. Auch hier begrüßt dich die Mitarbeiterin lächelnd mit: »Die Beratung ist selbstverständlich kostenfrei.« Eine Welle der Dankbarkeit durchströmt dich. Du denkst: Endlich jemand, der mir hilft, die beste Altersvorsorge in diesem Dschungel aus Riester, Rürup, ETFs und Fonds zu finden. Und das umsonst! Spätestens jetzt würde im Film die Musik anschwellen. Während die Töne unheilvoll tiefer werden, spricht die Bankerin von »maßgeschneiderten Lösungen«. Das Gespräch wird immer mehr zum Monolog, die Begriffe werden beeindruckender und unverständlicher, dafür die Materialien bunter:

»Fondspolice«, »Garantiebaustein«, »Renditechance« und »Cap« stehen darin. Das Licht flackert nervös. Du willst nachfragen, aber alles klingt logisch und professionell. Du nickst, obwohl du nicht mehr mitkommst. Ein hoher Ton bricht plötzlich durch – und du blinzelst. Was hat sie gerade gesagt? 30 Jahre Laufzeit? Sie schiebt den Vertrag über den Tisch: »Wenn Sie jetzt unterschreiben, sichern Sie sich noch unsere heutigen Sonderkonditionen. Die gleiche Vorsorge habe ich auch!« Eigentlich willst du nur noch gehen – und unterschreibst. Für ein »Ich denke noch mal darüber nach« fehlt dir die Kraft. In dem Moment endet die Musik abrupt – wie im Film *Jenseits von Afrika*, als Denys, gespielt von Robert Redford, mit dem Flugzeug abstürzt.

Willkommen im Verkaufsgespräch

Ich gebe zu: Die Geschichte klingt etwas dramatisch. Solche Gespräche aber sind Alltag in Banken und Sparkassen. Sie sind Teil ihres Geschäftsmodells. Und das macht mich sehr wütend, weil ich die Folgen sehe: unnütze, komplexe Produkte, hohe Kosten, geringe Renditen, lange Laufzeiten, Intransparenz. Und die Menschen glauben, für ihr Alter vorzusorgen – und merken erst nach Jahren, dass sie in erster Linie die Bank finanzieren. Statt beraten zu werden, werden sie verkauft. Manche Kundinnen und Kunden heißen in Bankkreisen deshalb LEOs – leicht erreichbare Opfer. Oder A-und-D-Kunden: alt und dumm.[82]

Eine beratende Dienstleistung ist nie kostenlos. Wie können wir uns nur so einen Unsinn einreden lassen? Würdest du zu deiner Steuerberaterin gehen, die sagt: »Meine Dienstleistung ist kostenfrei«, würdest du sofort zurückfragen: »Und wer bezahlt dich dann?« Sie: »Na, das Finanzamt!« Wäre das nicht völlig abwegig? Wird sie vom Finanzamt bezahlt, steht sie *nicht* auf deiner Seite, sondern treibt die Einnahmen des Staates hoch. Und du zahlst das über höhere Steuern. Und natürlich erhalten auch Bankberaterinnen und -berater ein Gehalt – indem sie verkaufen! Sie sind Verkäuferinnen und Verkäufer im Auftrag ihrer Bank. Sie verkaufen das, was Umsatz bringt –

Versicherungen, aktiv gemanagte Fonds, Bausparverträge, Zertifikate, Indexpolicen, Immobilienbeteiligungen oder jeden anderen Finanzproduktkrempel. Banken beraten nicht neutral, sie verkaufen. Punkt. Und die Produkte, die sie empfehlen, fangen systematisch *nicht* die finanziellen Bedürfnisse ihrer Kundschaft auf, sondern müssen sich für die Bank rechnen. Nur ein Abschluss bringt Geld, ein Verkauf.

Sie werben mit: kostenfrei. Die Kunden zahlen: tausende Euro

Natürlich zahlen die Kunden selbst für die vermeintliche »Beratung«. Sie zahlen sie indirekt über Abschlussgebühren, versteckte Kosten, Provisionen und in vielen Fällen: mangelhafte Produkte.
Denn was passiert, nachdem eine Kundin beispielsweise eine fondsgebundene Lebensversicherung unterschrieben hat? Sie setzt eine Zahlungskette in Gang.
Sagen wir, sie investiert 300 Euro monatlich in die Lebensversicherung und einmalig 25.000 Euro in einen aktiv gemanagten Fonds. Ein Teil dieses Geldes zweigt sich die Versicherung gleich beim Abschluss ab – und die Fondsanbieterin als Ausgabeaufschlag. Einen Teil dieses Geldes reichen beide an die Bank weiter. Das ist ihre Provision.
Eine Provision ist eine erfolgsabhängige Vergütung, die der Produktanbieter an die Vermittlerin zahlt. Es gibt Abschluss-, Bestands- und Verwaltungsprovisionen.

Abschlusskosten

Bei Lebens- und Rentenversicherungen werden beim Kauf Abschlusskosten von etwa 4,5 % fällig, bemessen auf die Beitragssumme.[83] Bei 300 Euro Monatsbeitrag und einer Vertragslaufzeit von 30 Jahren sind das 4.860 Euro (300 Euro × 12 Monate × 30 Jahre × 0,045). Diesen Betrag nimmt die Versicherung in den ersten Jahren aus dem Guthaben und gibt sie größtenteils an die Bank weiter. Heißt: Statt 18.000 Euro sind nach fünf Jahren nur noch etwa 13.000 Euro da.

Ausgabeaufschlag

Bei großen Fondsanbietern wiederum fallen oft um die 5 % Ausgabeaufschlag an. Dieser Aufschlag ist wie eine Art Eintrittskarte, um in den Fonds investieren »zu dürfen« (das meine ich ironisch). Bei 25.000 Euro sind das 1.250 Euro. Einfach weg.

Die Kundin zahlt also im Beispiel 6.110 Euro. Ein stolzer Preis für etwa drei Stunden Verkaufsgespräch. Dafür hätte sie bei einer Honorarberaterin fast 24,5 Stunden individuelle Beratung zum marktüblichen Stundensatz von 250 Euro erhalten.

Zusätzlich zu den einmaligen Kosten werden laufende Verwaltungskosten fällig. Aus diesen fließen Bestandsprovisionen zurück an die verkaufende Vermittlerin.

Laufende Verwaltungskosten mit Bestandsprovisionen

Solange die Kundin die Versicherung bespart, erhält die Bank jährlich zwischen 0,5 bis 1 % des Guthabens – versteckt in den Verwaltungskosten von bis zu 1,9 % und mehr.[84] Der Fondsanbieter wiederum entnimmt aus dem Fondsvermögen zwischen 0,5 und 2 % jährlich, wovon er der Bank eine Bestandsprovision abgibt. Das nagt an der Rendite. Jahrzehnt für Jahrzehnt.

Und jetzt frage dich: Welche Produkte werden wohl in so einem Zahlungskettensystem empfohlen? Die, die für die Kundin sinnvoll sind? Oder die, mit denen die Verkäufer und Verkäuferinnen am meisten verdienen? Die Antwort liegt auf der Hand: Die Kundin bekommt systematisch die Finanzprodukte, die die höchsten Provisionen bringen. Deshalb sind Bankangebote nicht »maßgeschneidert« oder »individuell ausgewählt«. Es sind Standardlösungen, an denen die Verkäufer gut verdienen.

Es ist ein klassischer Interessenkonflikt

Wir haben es hier mit einem klassischen Interessenkonflikt zu tun – zwischen den persönlichen Bedarfen und Zielen der Kundin und dem Eigeninteresse der Bank, hohe Umsätze zu erzielen. Manche in der

Finanzbranche halten das nicht lange aus. Eine Aussteigerin hat mich vor Jahren angeschrieben, um andere zu warnen. Auf meinem Blog berichtete sie über ihre Erfahrungen:

Nach dem Abitur begann ich eine Bankausbildung. Ich wollte Geldanlage verstehen und Menschen beim Thema Geld helfen. Doch die Ausbildung drehte sich nicht vor allem um Finanzwissen, sondern um Verkaufspsychologie. Ich lernte in Seminaren, wie man verkauft und bei Kundinnen so Vertrauen aufbaut, dass sie unterschreiben. Einer der schlimmsten Momente in der Lehre war ein Termin mit einem 84-jährigen Kunden. Meine Vorgesetzte verkaufte ihm eine Versicherung mit 12-jähriger Laufzeit. Er fragte immer wieder, ob das in seinem Alter sinnvoll wäre. Sie aber erklärte routiniert, dass die Verzinsung marktgerecht sei und er profitiere. Die hohe Abschlussgebühr, die direkt von seinem Ersparten an die Bank ging, verschwieg sie. Ihre Abgebrühtheit war erschütternd. Mir wurde schnell klar: Es geht nie um die Kunden und ihre Situation. Das Entscheidende in der Anlageberatung war: In welcher Spalte der Provisionstabelle ist für diesen Monat noch eine Lücke? Fehlt Umsatz, wird danach die Anlagestrategie für die Kunden ausgewählt. Ich musste auch Kunden anrufen und sie für ein »persönliches Gespräch« in die Filiale bitten – nur um ihnen einen Bausparvertrag, neuen Fonds oder eine Versicherung zu verkaufen – ein neuer Abschluss brachte frische Gebühren. Bei 5 % Ausgabeaufschlag auf 50.000 Euro kassiert die Bank mal eben 2.500 Euro ab. Ich bin froh, dass ich die Bank nach der Lehre verlassen habe. Ich hoffe, dass mehr Menschen verstehen: Die Einladung in die Bank ist meist der Beginn eines Verkaufsgesprächs.[85]

Statt neutraler Empfehlung bekommst du also ein Verkaufsangebot – freundlich verpackt, mit gut geschultem Auftreten, PowerPoint-Papieren, emotionaler Ansprache und verkaufspsychologischem Druck. Am Ende gehst du mit einem Finanzprodukt nach Hause, das du – wäre es ein Toaster, Staubsauger oder Auto – wahrscheinlich nie gekauft hättest. Weil es überteuert ist, nutzlos und so komplex, dass es nie durch den TÜV gekommen wäre.

Provisionsberatung als Massenphänomen

Das **Provisionsverkaufsprinzip** triffst du aber nicht nur in den Finanzinstituten. Du triffst es bei fast allen Finanzdienstleistern, -beraterinnen oder Vermögens- und Anlageberatern. Und ganz ausgeprägt bei Strukturvertrieben.

Die schlechte Nachricht: Über 99 % der sich als Finanzberatungen in Deutschland ausgebenden Firmen liegen in der Hand von provisionsgetriebenen Finanzproduktverkäufern – weniger als 1 % bei kundenorientierten Beraterinnen und Beratern. Fast 182.000 Versicherungsvermittler sind 2025 in das öffentliche Register eingetragen, dazu 41.100 Finanzanlagenvermittler und nur 310 Honorar-Finanzanlagenberater und -beraterinnen.[86] Diese 310 sind neben dem Vermögensaufbau in Eigenregie die Alternative zum Provisionsverkauf. Sie arbeiten gegen Honorar. Vorteil: Wer von dir direkt bezahlt wird, hat weniger Anreize, dir irgendein teures Produkt anzudrehen. Sie oder er verdient an der Beratungsleistung. Wir zahlen für Unabhängigkeit und Fachkompetenz.

Wenn du jetzt denkst, »Na ja, so eine Honorarberatung muss ich mir aber auch leisten können«, sitzt du dem Vertriebsmärchen der Provisionsgläubiger auf. Erinnere dich an die 6.110 Euro Abschlusskosten plus Aufgabeaufschlag im Beispiel. **Menschen mit wenig Geld können sich gerade keinen Provisionsvertrieb leisten!** Hast du wenig Geld, mach dich finanzschlau und lerne Finanzen. Und spare auf eine Honorarberatung, wenn du Hilfe brauchst. Das ist die einzige Chance, wirklich Vermögen aufzubauen. Der Provisionsvertrieb liefert das nicht.

Anlageberaterin darf sich jede nennen

Du musst allerdings *sehr genau* hinsehen, um zu erkennen, mit wem du es zu tun hast. »Beratung« ist kein geschützter Begriff. Nehmen wir das größte Verkaufsnetz Deutschlands: DVAG, die deutsche Vermögensberatung. Verkauft wird als Strukturvertrieb: Wer andere anwirbt, verdient an deren Abschlüssen mit. Eine Verkaufspyramide. Etwa 18.000 Menschen halten als Selbstständige diese Pyramide »am Laufen«. Aussteigerinnen berichten von sektenähnlichen Strukturen

und manipulativen Verkaufstechniken.[87] Ihr Personal bezeichnet die DVAG als »Finanzcoaches«. Nüchtern könnte man sagen: Das ist Marketing. Ich nenne es: Täuschung. Ist es illegal? Nein. Begriffe wie »Berater«, »Vermögensberatung«, »Finanzberater«, »Honorarberaterin« und »Finanzcoach« sind *nicht* geschützt.
Rechtlich geschützte Begriffe sind dagegen:

- Honorar-Finanzanlageberater/-in
- Honorar-Anlageberater/-in
- Versicherungsberater/-in
- Rentenberater/-in
- Honorar-Immobiliendarlehensberater/-in

Sie dürfen *keine* Provisionen von Produktanbietern annehmen, sondern werden von ihren Kundinnen ausschließlich über Honorare bezahlt. Von ihnen kannst du eine Beratung ohne Interessenkonflikte erwarten. Aber auch sie sind Menschen mit Anreizen, hohe Honorare zu berechnen. Du musst also auch hier aufmerksam sein und Transparenz einfordern.
Woran erkennst du nun, mit wem du es zu tun hast?

Die Zusatzbuchstaben machen den Unterschied

Grundsätzlich darf in Deutschland nur ein Finanzprodukt verkaufen, wer über eine entsprechende Erlaubnis verfügt. Der Gesetzgeber regelt diese in der Gewerbeordnung (GewO) und bei Banken und Kapitalgesellschaften im Wertpapierhandelsgesetz (WpHG). Die Erlaubnis *muss* im Impressum des Webangebots stehen. Ist nichts angegeben, nimm Abstand von einem Kontakt. Steht im Impressum »Erlaubnis nach § 34c, § 34d Abs. 1 oder § 34f GewO«, weißt du: Du hast es mit Verkäufern und Handelsvertreterinnen wie im Möbelgeschäft zu tun.
Hier die verschiedenen Zulassungen:

- § 34c: Vermittlung von Immobiliendarlehen oder Bausparverträgen
- § 34d Abs. 1: Vermittlung von Versicherungen wie Riester, Renten- oder Berufsunfähigkeitsversicherungen

- § 34f: Vermittlung von Geldanlagen wie aktiven Fonds, passiven ETFs, Unternehmensbeteiligungen, Zertifikaten etc.

Die drei Kleinbuchstaben c, d und f stehen also mehrheitlich für Vertrieb. Das heißt: **Verkauf gegen Provision.**
Daneben gibt es Beraterinnen und Berater, die unabhängig arbeiten und dich **produktneutral gegen ein Honorar** beraten. An diesen Paragrafen erkennst du sie:

- § 34d Abs. 2 GewO: Versicherungsberater/-in
- § 34h GewO: Honorar-Finanzanlagenberater/-in
- § 34i Abs. 5 GewO: Honorar-Immobiliardarlehensberater/-in
- § 93 Abs. 1 WpHG: unabhängige Honorar-Anlageberater/-in

Wer unter diesen Lizenzen arbeitet, darf keine Provision annehmen, keine Rückvergütungen (Kickbacks), keine Abschlussvergütung, keine Produktboni. **Achte unbedingt auf die Zusätze Abs. 2 und Abs. 5 bei GewO!**
Der Unterschied zwischen Honorarberatung und Provisionsvertrieb ist kein Detail. Es ist ein Systemunterschied. In einem Honorarmodell bist du die Kundin. Im anderen: das Produkt.
Im Beispiel mit der DVAG findest du im Impressum: »gebundener Vermittler nach § 34d Abs. 7 GewO« und »Finanzanlagenvermittler gemäß § 34f Abs. 1 Nr. 1 GewO«. Die DVAG hat also keine Zulassung als Beraterin, sondern als Verkäuferin. Warum es sich dabei auch nicht um Finanzcoaches handelt? Finanzcoaching ist eine eigenständige Dienstleistung, die über Honorare vergütet wird. Coaching beinhaltet nie den Verkauf eines Finanzprodukts. Das Vertriebsnetzwerk aber verdient *ausschließlich* am Produktverkauf. Aus Kundinnensicht ist die Bezeichnung »Finanzcoaching« also irreführend.
Bei Banken und Sparkassen liegt die Sache anders. Wenn du in eine Filiale gehst, sprichst du mit Angestellten. Sie arbeiten unter der Lizenz der Bank nach § 32 Kreditwesengesetz (KWG). Bankangestellte verkaufen ausschließlich die Produkte ihrer Bank oder Bankengruppe. Und meinen oft ernsthaft, sie würden »beraten«. Beratung aber stellt

aus dem gesamten am Markt verfügbaren Anlageuniversum das Beste für den jeweiligen Menschen zusammen.
Der Interessenkonflikt durch Provisionsvertrieb wird seit Jahren von Verbraucherschutzorganisationen thematisiert. Er ist Gegenstand von Gerichtsurteilen – auch denen des Bundesgerichtshofs.[88] Fachartikel analysieren die Problematik und die damit verbundene Intransparenz und Fehlanreize. Selbst die Finanzaufsicht BaFin übt Kritik. Dennoch ändert sich nichts Grundlegendes. Auf EU-Ebene ist zwar ein Provisionsverbot im Gespräch, was aber mithilfe der FDP bisher abgewendet wurde. Dabei führt die Provisionsberatung bei der Anlage- und Altersvorsorge zu mindestens zwei gravierenden Problemen:

- Menschen erhalten **keine bedarfsgerechte Altersvorsorge** und
- ihnen entstehen **teils hohe Vermögensschäden**.

Die gute Nachricht: Wir sind den Fehlanreizen nicht hilflos ausgeliefert. Der deutsche Gesetzgeber hat auf Druck der Europäischen Union Offenlegungspflichten erlassen. Einige greifen aber erst, wenn du als Kundin Transparenz einforderst und aktiv fragst. Für Banken gelten dabei strengere Regeln als für die anderen Finanzproduktverkäufer.

Banken müssen Kosten offenlegen

Banken sind gesetzlich verpflichtet, dir *vor* dem Kauf eines Anlageprodukts schriftlich darzulegen, was es dich kostet – einmalig und laufend. Und: Wie viel Provision sie davon erhalten. Grundlage ist die EU-Richtlinie MiFID II.[89] Hast du vielleicht schon gelesen und klingt auch erst einmal gut. In der Praxis aber werden Kosten und Provisionen eher kleingedruckt in Verkaufsunterlagen versteckt, sodass sie oft als wenig relevant daherkommen. Oder sie finden sich verklausuliert im Basisinformationsblatt, dem BIB.
Jedes Finanzprodukt in Deutschland – egal ob Versicherung, Fonds oder ETF – muss so ein BIB haben. Es soll den Zweck der Anlage erklären, wie hoch das Risiko ist, welche Ertrags- und Verlustszenarien möglich sind, und die Kosten aufschlüsseln. Das BIB wäre großartig,

würde es in der Praxis so umgesetzt, wie es der Gesetzgeber vorgibt. Dieser fordert klar: Das BIB muss verständlich und ohne Fachjargon geschrieben sein (Verordnung [EU] Nr. 1286/2014, Ziffer 14)[90]. In vielen Fällen verschleiern BIBs aber mehr, als sie erklären. Die Sprache wirkt als Barriere statt als Brücke. Selbst ich, die ich erfolgreich die Sachkundeprüfung zur Honorar-Finanzanlagenberaterin abgelegt habe, verstehe viele Basisinformationsblätter nicht auf Anhieb. Ich unterstelle Absicht. Denn natürlich ließen sie sich einfach schreiben. Dann aber würde sie jede verstehen – und das Produkt sehr oft dankend ablehnen.

Deshalb habe ich etwas für dich: Auf der Website zum Buch unter geldfrau.de/finanzbuch findest du eine Anleitung, wie du BIBs mithilfe von KI analysieren kannst. Das geht ganz einfach und ist sehr erhellend.

Nicht-Banken mit Provisionsvertrieb müssen nur auf Nachfrage offenlegen

Bei Produktverkäufern wie Strukturvertrieben oder Selbstständigen ist es mit der Kostentransparenz anders: Sie unterliegen nicht den strengen Bankregeln, sondern den weichen Regeln der Finanzanlagenvermittlungsverordnung, kurz: FinVermV. Das bedeutet: Sie sind erst verpflichtet, Kosten und Provisionen offenzulegen, wenn wir konkret danach fragen.

Lass dich bei Nachfragen aber nicht mit »Das ist alles inklusive« abspeisen oder mit pauschalen Angaben. Bestehe auf einer **genauen Kostenaufstellung inklusive Provisionen** (§ 17 Abs. 2 FinVermV). Wenn sie nicht liefern, geh. Auch ein Basisinformationsblatt muss nur bei bestimmten Produkten automatisch ausgehändigt werden. Frage aktiv danach.

Bei einer Anlageberatung gegen Honorar weißt du vorher, was dich das Gespräch kosten wird. Die Produktkosten erfährst du unmittelbar bei der Anlageempfehlung.

Beratung oder Informationsgespräch? Die Geeignetheitserklärung

Um dich vor falschen Produkten zu schützen, gibt es eine weitere Offenlegungspflicht. Die wird allerdings nur ausgelöst, wenn es sich um eine *Beratung* handelt, nicht bei einem *Informations*gespräch. Sehe ich bei dir Fragezeichen im Kopf? Stehen auch bei mir. Ob du im Provisionsvertrieb *beraten* oder *informiert* wirst, hängt davon ab, was im Gespräch passiert. Sobald dein Gegenüber **persönliche Daten** abfragt wie Einkommen, Familienstand, Ausstattung mit Rücklagen und Versicherungen, Risikotoleranz, Anlageziel, dein Zeithorizont und welche Anlagekenntnisse du hast, ist es eine **Anlageberatung**. Dann hast du ein Anrecht auf eine **Geeignetheitserklärung**. In dieser muss dargelegt werden, weshalb der empfohlene Fonds, das Zertifikat oder die Rentenversicherung zu deiner Lebensrealität und deinem Kenntnisstand passt und die Lösung deines Finanzproblems ist (§ 16 FinVermV).

Die Geeignetheitserklärung ist ein Meilenstein im Verbraucherschutz. Denn stellt sich später heraus, dass es eine Fehlberatung war, hast du einen Nachweis, mit dem du die Vermittlerin rechtlich zur Verantwortung ziehen kannst. Leider hat die Branche die hohe Schutzwirkung durch Standardformulare ausgehöhlt. Die Vermittlerin ist gesetzlich verpflichtet, dir *vor* einem Vertragsabschluss die Geeignetheitserklärung auszuhändigen. Bestehe darauf, dass sie darin deine Ziele einträgt, deine Erwartungen an die Anlagelösung, deinen Kenntnisstand, deine Risikoeinstellung, welche Lösung du anstrebst und inwiefern die Auswahl der Produkte oder die Zusammenstellung des Anlagedepots genau die Lösung ist, *die zu dir passt*. **Lehne** höflich, aber strikt **Textbausteine und Standardformulierungen ab und fordere echte Antworten ein.** Nur das schützt dich. Lehnt das Gegenüber deine Bitte mit den Worten ab, das sei unüblich, weißt du: Sie wollen die Geeignetheitserklärung missbrauchen, um sich vor der Verantwortung zu drücken.

Außerdem musst du aufpassen: In Strukturvertrieben oder bei freien Finanzvermittlern wird oft so getan, als würden sie dich in einem »Finanzstrategiegespräch« oder »Analysetermin« *nur* informieren. Dann muss nämlich keine Geeignetheitserklärung abgegeben werden

und du kannst später eine eventuelle Fehlberatung, die womöglich zu hohen Verlusten geführt hat, nicht beweisen.
Bei Banken ist es transparenter – dort ist die Geeignetheitserklärung vorgeschrieben. Aber auch hier gilt: Bestehe auf echte Antworten, lehne Standardformulare und -erklärungen nach dem Motto »Das Produkt passt, weil die Kundin eingewilligt hat« ab.

Realitäts-Check: Werden im Provisionsvertrieb persönliche Daten zu Zielen, Risikoneigung und finanzieller Situation erhoben, *muss* das Gegenüber eine Geeignetheitserklärung schreiben sowie Kosten und Provisionen offenlegen. Dann handelt es sich rechtlich um eine »Beratung«, selbst wenn es Vertrieb ist. Frage in Vertriebsgesprächen aktiv nach, ob das gerade eine Beratung oder Vermittlung ist. Dann zeigst du, dass du den Unterschied kennst und kein LEO bist.

In der Tabelle findest du die wichtigsten Offenlegungspflichten.

Was Kundinnen verlangen können	Bankberater nach KWG/WpHG (z. B. Sparkassen, Volksbank, Deutsche Bank)	Finanzvermittler, Strukturvertriebe (u. a. § 34f GewO, z. B. tecis, DVAG, MLP, Swiss Life Select)
Provisionen und Vergütung offenlegen	✓ Muss unaufgefordert erfolgen bei Fonds, Zertifikaten, strukturierten Produkten	⚠ Nur auf Nachfrage verpflichtend, z. B. bei Fonds oder geschlossenen Beteiligungen
Kostenübersicht erhalten (Basisinformationsblatt)	✓ Pflicht vor Abschluss bei: Fonds, ETFs, Zertifikaten, Vermögensverwaltungen, Anlageprodukten	✓ Pflicht bei gleichen Produktarten: Fonds, geschlossene Beteiligungen, Direktinvestments
Geeignetheitserklärung (»Warum dieses Produkt für mich?«)	✓ Pflicht bei jeder Anlageberatung, schriftlich mit Begründung	✓ Pflicht bei Beratung (§ 18a FinVermV), oft umgangen durch »Information«

Was Kundinnen verlangen können	Bankberater nach KWG/WpHG (z. B. Sparkassen, Volksbank, Deutsche Bank)	Finanzvermittler, Strukturvertriebe (u. a. § 34f GewO, z. B. tecis, DVAG, MLP, Swiss Life Select)
Beratungsdokumentation	✔ Integriert in die Geeignetheitserklärung – muss schriftlich übergeben werden	⚠ Nur bei Beratungspflicht – viele umgehen das, indem sie Gespräche als »Information« deklarieren
Haftung bei Falschberatung	✔ Bank haftet, Beweislast liegt bei der Bank	⚠ Vermittler haftet selbst – Kundin muss falsche oder unvollständige Beratung nachweisen

Offenlegungspflichten

Provisionen sind kein Nebenthema

Es ist wichtig, Provisionen zu verstehen. Sie sind kein Nebenthema. Wer von einem Dritten bezahlt wird und nicht von dir, arbeitet nicht für dich. Wenn du das einmal begriffen hast, verändert sich alles. Du beginnst, anders zu fragen. Du hörst genauer hin. Du wirst misstrauisch gegenüber markigen Werbesprüchen und wenn jemand zu viele Fachbegriffe benutzt, zu wenig echte Antworten gibt und mit Charts und Präsentationen herumfuchtelt.

Deshalb: Gib dir die Erlaubnis zu zweifeln. Zu unterbrechen. Zu sagen: »Ich verstehe das nicht.« Und denke *nicht*: Das liegt an mir. Sondern denke: Wenn ich es nicht verstehe, ist es entweder kein gutes Produkt oder es ist absichtlich unklar gehalten. **Finanzielle Selbstbestimmung beginnt da, wo du nicht mehr glaubst, dass es kostenfreie Finanzberatung gibt.** Alles hat seinen Preis, gerade Wissensdienste, hinter denen viele Jahre Qualifizierung und Erfahrung stehen. Wird die »Beratung« als »gratis« und »inklusive« angepriesen, weißt du jetzt: Dann wird sie für dich besonders teuer.

Kosten der Fehlberatung

Ausgerechnet die Genossenschaftsbanken sowie die Sparkassen verkaufen massenhaft Zertifikate in ihren Filialen. Zertifikate sind Anlagepapiere, die nichts für Privatanlegerinnern und -anleger tun, der Bank aber Provisionen einbringen. Es sind Wetten auf die Wertentwicklung von Aktien, Anleihen oder Rohstoffen. Für Zertifikate sind deshalb »erweiterte Kenntnisse« notwendig und nur für Menschen gedacht, die »keinen Wert auf einen Kapitalschutz« legen.[91] Zertifikate werden aber an 85-Jährige ohne Anlagewissen verkauft, an Menschen, die eine sichere Geldanlage möchten, und an Kundinnen, die Geld für das Alter anlegen wollen. Marktführerin bei Zertifikaten ist die DZ Bank, das genossenschaftliche Spitzeninstitut.[92] Dabei beschreiben sich Genossenschaftsbanken als »partnerschaftlich, verantwortlich und transparent«. Für die Zertifikate-Wetten machen sie davon eine Ausnahme. Es lässt sich damit einfach viel zu gut Geld verdienen. Bis zu 0,7 % der Anlagesumme fließen an die Verkäuferin.[93] Dabei geht sicher keine Kundin in eine Bank und sagt: Ich will ein Zertifikat! Es sind verkaufsgetriebene Konstrukte.

Vermögensschäden durch aktive Fonds

Neben Zertifikaten empfehlen Banken auch fast ausschließlich aktiv gemanagte Aktien- oder Mischfonds. Aus demselben Grund: weil sich damit hohe Provisionen verdienen lassen. ETF-Anbieter zahlen *keine* Provision. Die Europäische Wertpapier- und Marktaufsichtsbehörde ESMA hat 2023 untersucht, wie viel aktiv verwaltete Fonds in der EU kosten. Ergebnis: Sie kommen auf 1,6 bis 1,9 % jährlich.[94] Aktien-ETFs liegen bei meist nur 0,2 %. 1,7 Prozentpunkte Kostendifferenz klingt womöglich gering, bremst den Vermögensaufbau über die Jahrzehnte aber massiv aus, wie du bereits gesehen hast.

Den meisten Kundinnen fällt aber nicht auf, wie stark sich die Finanzindustrie an ihnen bedient. Weil sie die Kosten nicht vergleichen. Deshalb pocht die Wissenschaft ja auch so darauf: **Achte auf die Kosten! Denn sie sind einer der entscheidenden Faktoren für den Anlageerfolg.**

Mein Tipp an dich: Lies das Kleingedruckte, prüfe die Gebühren und rechne Prozentangaben in Euro um. Nur so kannst du entscheiden.

Acht Fragen für Beratungsgespräche

Willst du dich doch in einer Bank oder von Produktverkäufern bei der Geldanlage »beraten« lassen, nimm meine Fragen mit. Bevor du losziehst, erstelle ein Anlageprofil mit einem Ziel, wann du es erreicht haben willst, beschreibe deine Risikobereitschaft und wie flexibel, riskant oder risikoarm die Geldanlage sein soll. Hier deine Fragen:

1. Weshalb empfehlen Sie mir *diese* Geldanlage oder Zusammenstellung? Welche Kriterien nutzen Sie für die Auswahl, welche Alternativen haben Sie geprüft?
2. Wie erreiche ich mit der Empfehlung meine Anlageziele?
3. Welche Risiken sind für mich damit verbunden? (Hier wird es heißen: Das sei nicht seriös abschätzbar. **Bestehe trotzdem darauf**.)
4. Wie passt das Produkt zu meiner persönlichen Risikobereitschaft?
5. Wie flexibel ist die Anlage? Unter welchen Voraussetzungen kann ich sie verkaufen/beenden? Zu welchen Kosten?
6. Welche offenen und versteckten Kosten gibt es einmalig/laufend? In Euro und Prozent?
7. Welche Provision erhalten Sie oder Ihre Bank für das Produkt, das Sie empfehlen? Von wem und in welcher Höhe? **(Bestehe auf konkrete Zahlen.)**
8. Sind aktuell günstigere Geldanlagen verfügbar?

Lass dir die Antworten schriftlich geben, inklusive einer *individuell ausgefüllten* Geeignetheitserklärung. Gib dich nicht mit Standarderklärungen zufrieden. Sie schützen dich nicht.

Lesetipps

Ulrich Bosetti/Hartmut Walz: Beraten statt verraten

Holger Balodis/Dagmar Hühne: Garantiert beschissen! Der ganz legale Betrug mit den Lebensversicherungen. Ein Insiderreport

Malte Krüger/Alexander Schmidt: Undercover in der Finanzindustrie

Stefan Loipfinger: Achtung Anlegerfallen. Wie Sie teure Fehler vermeiden und Chancen nutzen

7 Auf den Punkt: Das zählt beim Geld

Meine zehn Geld-Gebote für dich

Grundsatz: Nur wenn du dich um dein Geld kümmerst, kannst du selbstbestimmt leben. Gib dir selbst Regeln. Sie sind wie Laternen, die dir den Weg leuchten, wenn es einmal dunkel oder neblig wird.

1. **Fange dort an, wo du stehst.** Und arbeite dich voran. Egal, in welcher Lebensphase: Schau auf deine Geldhaltung, deine Zahlen, deine Kontenstruktur, spare, tilge Schulden, fange an, Vermögen aufzubauen.
2. **Kenne deine Zahlen.** Sie sind der Schlüssel zu Klarheit, Kontrolle und Selbstvertrauen. Und zur Ruhe im Kopf.
3. **Habe ein eigenes Konto, Depot und eigene Rücklagen.** Nur dann bist du finanziell unabhängig und selbstbestimmt. Das ist Eigenfürsorge, kein Misstrauen.
4. **Geld und deine Werte.** Was *dir* wichtig ist, bestimmt deine Geldentscheidungen – nicht Werbung, Hypes oder andere Leute. Setze Prioritäten. Achte auf deine Intuition.
5. **Baue selbst Vermögen auf und verstehe, bevor du investierst.** Was du nicht verstehst, lässt du. Unterscheide Sparen von Investieren.
6. **Hinterfrage Kosten und halte sie niedrig.** Wie kommen sie zustande? Wer verdient mit? »Follow the money« zeigt dir, wem du vertrauen kannst.

7. **Erst selbst lernen, dann (vielleicht) delegieren.** Mach dich zur Expertin deiner eigenen Finanzen. Dann weißt du, was du brauchst – und was nicht.
8. **Fragen ist deine Superkraft.** Du darfst alles fragen – jederzeit. Wer ausweicht, hat etwas zu verbergen. Nimm dir den Raum und lerne Finanzen.
9. **Halte es einfach.** Richtige Geldentscheidungen sind nicht kompliziert. Wenn es zu komplex wird: noch mal hinsehen.
10. **Habe einen Plan und Ausweg.** Schütze, was du liebst, mit Versicherungen. Überlege: Wie komme ich aus einer Situation oder Geldanlage wieder heraus?

Geld-No-Gos für Frauen

1. **Kein eigenes Geld haben.** Abhängigkeit ist keine Liebe. Ohne finanzielle Eigenständigkeit bist du nicht frei.
2. **Kein Überblick über die Finanzen.** Weißt du nicht, wohin dein Geld fließt, hast du keine Kontrolle. Führe ein Haushaltsbuch, lege Budgets fest, baue Rücklagen auf – zum Selbstschutz und für Lebensfreude.
3. **Deine Erwerbsbiografie vernachlässigen oder aufgeben.** Gib deine finanzielle Autonomie nie ohne Absicherung durch einen (Ehe-)Vertrag auf. Verhandele Care- und Hausarbeit. Reduziert beide die Erwerbstätigkeit, nicht nur du.
4. **Altersvorsorge und Finanzbildung aufschieben.** Je später du anfängst, desto mehr musst du aufholen. Warte nicht, bis »du Zeit hast«. Die Rentenlücke betrifft uns alle, besonders bei Teilzeit. Je früher du sie schließt, desto besser.
5. **Geldgespräche meiden und finanzielle Verantwortung abgeben – an Mann, Bank, Berater.** Vertrauen beim Geld und Ausweichen ist weder Strategie noch Eigenfürsorge. Es macht dich abhängig und begünstigt finanzielle Gewalt.

6. **Für den Partner bürgen.** Sag Nein zu Bürgschaften und Kreditunterschriften für *das Geschäft* deines Mannes. Es wird dich im Zweifel ruinieren.
7. **Schulden ignorieren.** Sie lösen sich nicht in Luft auf. Hohe Zinsen, Dispo, Ratenkäufe? Geh das Thema aktiv und planvoll an. Schulden machen unfrei.
8. **Konsum über Vermögensaufbau stellen.** Kauf dir was Schönes – aber denke an deine Rücklagen und den Vermögensaufbau für deine Zukunft.
9. **An Glaubenssätzen wie »Ich kann das eh nicht« festhalten.** Du kannst das. Punkt. Finanzen sind lernbar. Du musst nicht alles wissen – nur anfangen.
10. **Beim Finanziellen denken: Das ergibt sich schon.** Das tut es nicht. Ohne dein Zutun ergibt sich da nichts. Also: Ran!

Hier findest du seriöse Informationen

geldfrau.de/finanzbuch – die Seite zum Buch mit Arbeitsblättern, Rechentools für fairen Ausgleich in der Partnerschaft, weiteren Lesetipps und hilfreichen Materialien.

Blogs und Plattformen

- geldfrau.de/blog – feministisch, kritisch, praxisnah
- finanztip.de – unabhängige Verbraucherempfehlungen
- hartmutwalz.de – verständlich und kritisch
- gerd-kommer.de – wissenschaftlich fundierte ETF-Strategien
- geldreise.de – Finanzbildung für Frauen
- stiftung-warentest.de – mit Finanztest: Hefte, Bücher, Vergleich
- verbraucherzentrale.de – Broschüren, Checklisten, Beratung
- finanzfluss.de – verständlich und fundiert

Unabhängige Beraterinnen und Berater findest du hier

- rentenberater.de – unabhängige Rentenprofis
- hartmutwalz.de/honorar-finanzanlagenberater – kuratierte Liste
- bundderversicherten.de – unabhängige Versicherungsberatung auf Mitgliederbasis

Wenn du etwas nachrecherchieren willst

- extraetf.com
- justetf.com
- zinsen-berechnen.de
- investmentcheck.de – von Journalist und Bankbetriebswirt Stefan Loipfinger

Noch ein Wort von mir persönlich

Als junge Frau hätte ich gern ein Buch gelesen, das mir zeigt, was zählt beim Geld, wie ich es bewusst einsetze, welche Stütze ein eigenes Vermögen ist – und wie ich mir das selbst aufbauen kann. Deshalb habe ich dieses Buch geschrieben. Für dich!

Ich dachte immer, ich kann gut mit Geld. Als Ökonomin, spezialisiert auf Controlling, habe ich als Studentin munter Bilanzen geprüft – und saß trotzdem nach meinem ersten Jahr als freie Journalistin auf 8.000 D-Mark Schulden. Ist das zu fassen?

Dass ich mein eigenes Geld verdiene, gehört zu meiner DNA. Ich will frei entscheiden können. Finanziell autark bin ich, seit ich 16 war. Als ich mich nach der Geburt meiner Tochter ein Jahr um sie kümmerte und kein Geld verdiente, hat mir das emotional nicht gutgetan (obwohl mein Mann sein Geld völlig selbstverständlich teilte).

Durch solche Erfahrungen und meine jetzige Arbeit als Finanzcoachin für Frauen ist mir noch einmal mehr bewusst geworden: Finanzielle Eigenständigkeit ist kein Extra. Sie ist die Basis für ein Leben, in dem du über dich bestimmst.

Beim Geld gibt es keine Geheimnisse (mehr). Alles Wissen ist öffentlich. Was du brauchst, ist: **Struktur. Klarheit. Umsetzung.** Alles andere kommt mit der Zeit. Unsere Finanzen sind wie ein Haus: Wir benötigen ein Fundament, stützende Wände, tragende Balken. Das kannst du dir selbst aufbauen. In deinem Tempo. Steht dein Haus, also deine Finanzstruktur, und pflegst und beschützt du sie, bist du selbstbestimmt. Gibst du das aber ab, gibst du jemandem Macht über dich. Diese Macht gehört allein in deine Hände. Alles andere führt zu Schmerz.

Deshalb: Verschieb »das mit den Finanzen« nicht »auf später«. Finanzkompetenz ist Lebenskompetenz. Die Ressource Geld selbst zu kontrollieren, verändert einfach alles. Es stärkt dich. Du triffst bessere (Lebens-)Entscheidungen, weil du mehr verstehst, gehst anders in Gespräche – nicht nur um Geld, fühlst dich selbstwirksam, sicher und selbstbewusst. Du verdienst mehr Geld und hast die Chance, vermögend zu werden. Es ist die Basis für ein freies Leben. Und das wünsche ich dir!

Also: Fang an. Du kannst das.

Hinweis in eigener Sache

Damit du weißt, woran du bist.

Die Geschichten von Klientinnen und Kursteilnehmerinnen, die ich im Buch skizziere, basieren auf echten Erlebnissen. Die Namen habe ich geändert.

Dieses Buch richtet sich an Frauen, eingeladen sind jedoch ausdrücklich alle Menschen, die sich um ihr Geld kümmern möchten – ob Mann, divers, Migrantin, transgender, Schwarz oder einfach lebensfroh. Ich freue mich, wenn du dich diesem wichtigen Thema widmen willst. Mehr Wissen, Selbstverständlichkeit und Leichtigkeit im Umgang mit Geld brauchen wir alle. Das schaffen wir am besten gemeinsam.

In diesem Buch vertrete ich meine Sichtweisen als Diplom-Ökonomin, Journalistin, Finanzcoachin, geprüfte Honorar-Anlagenberaterin, langjährige Investorin, Frau, Mutter, Ehefrau und Feministin. Ich bilde mir nicht ein, die einzige Wahrheit zu kennen. Ich freue mich deshalb über respektvolles Feedback. Für destruktive Worte fehlt mir jedoch die Zeit. Lass uns den Fokus auf das Positive richten – und einen stützenden Umgang mit Geld.

Rechtlicher Hinweis: Dieses Buch stellt **keine Anlageberatung, Steuerberatung oder rechtliche Beratung** dar. Es soll dich dabei unterstützen, deine Finanzen selbst in die Hand zu nehmen. Es enthält Impulse, Erfahrungen und Anregungen – keine individuellen Empfehlungen. Was für dich passt, entscheidest du.

Danksagung

Ich habe mich lange gesträubt, ein Buch über Finanzen zu schreiben. Es gibt doch schon so viele! Als Anna Pietras vom Haufe Verlag an mich herantrat und wir darüber sprachen, merkte ich doch, dass ich etwas sagen will. Und Frauen eine klare Orientierung an die Hand geben möchte aus meiner Erfahrungswelt als Ökonomin, Praktikerin, Journalistin, Frau und Mutter. Ein großer Dank deshalb an Anna und Jessica vom Haufe Verlag sowie an Ursula für eure zugewandte und engagierte Begleitung.

Ich danke besonders meinen Kursteilnehmerinnen und Coaching-Klientinnen für ihre Offenheit und ihr Vertrauen. Ihre Lebenswelten, Probleme, Ängste, Überforderungen und Selbstzweifel spiegeln sich in diesem Buch. Ihr habt mir geholfen, selbst zu wachsen – persönlich und professionell.

Ein lieber Dank geht an Albert Warnecke, den *Finanzwesir*. 2016 hast du mir Mut gemacht, den Weg als Finanzcoachin einzuschlagen. Ohne dich wäre ich womöglich anders abgezweigt.

Ein herzliches Dankeschön an Thomas Kehl, der nicht nur das Vorwort zu diesem Buch geschrieben hat, sondern mit dem *Finanzfluss*-Team Finanzbildung nahbar und relevant macht – und das mit Haltung.

Anette Weiß, Gisela Enders und Birgit Happel – mit euch wunderbaren Kolleginnen tausche ich mich immer gern aus: konstruktiv und ehrlich. Danke für eure Freundschaft und euren Rückhalt!

Nikolaus Braun, Hartmut Walz, Gerd Kommer und Rolf Adam – auch euch möchte ich sehr danken. Unsere Gespräche und eure Impulse bereichern meine Arbeit und haben mir schon viele wertvolle Perspektiven eröffnet.

Jeweils ein Kuss fliegt zu meinen erwachsenen Kindern, für die ich in letzter Zeit zu wenig Zeit hatte. Und einer zu meinem Mann, dem immer klar war, dass ich natürlich ein Finanzbuch für Frauen schreiben werde. Weil ich es kann.

Und falls es interessiert: Ja, auch Kaffee war systemrelevant.

Quellen

1 Pia Krisch (2010): Alltag, Geld und Medien. Die kommunikative Konstruktion monetärer Identität, Diss., Erfurt

2 Ebenda, S. 17

3 Destatis (2023): Bruttoinlandsprodukt von 1950 bis 2022 im Durchschnitt 3,1 % pro Jahr gewachsen, https://www.destatis.de/DE/Presse/Pressemitteilungen/2023/06/PD23_N032_81.html (abgerufen am 08.03.2025)

4 Timotheus 6,10 (Lutherbibel 2017)

5 Nachzulesen u. a. bei Barbelies Wiegmann (2003): Der Hürdenlauf der Frauen im Recht seit 1900, in: Frauen und Recht. Landesweite Aktionswochen 2003, hrsg. v. Ministerium für Gesundheit, Soziales, Frauen und Familie des Landes NRW, S. 28 ff., https://www.fernuni-hagen.de/rechtundgender/downloads/frauenundrecht.pdf (abgerufen am 02.05.2025)

6 Verena Ehrich-Haefeli (1995): Rousseaus Sophie und ihre deutschen Schwestern. Zur Entstehung der bürgerlichen Geschlechterideologie, in: Rousseau in Deutschland, hrsg. v. Herbert Jaumann, Walter de Gruyter, S. 115

7 Jean-Jacques Rousseau (1963): Émile oder Über die Erziehung, hrsg. von Martin Rang, Stuttgart 1963, S. 733

8 Verena Ehrich-Haefeli (1995): Rousseaus Sophie und ihre deutschen Schwestern. Zur Entstehung der bürgerlichen Geschlechterideologie, in: Rousseau in Deutschland, hrsg. v. Herbert Jaumann, Walter de Gruyter, S. 148, 115

9 Ministerium für Gesundheit, Soziales, Frauen und Familie des Landes NRW (Hrsg.) (2003): Frauen und Recht. Reader zur landesweiten Aktionswoche 2003, https://www.fernuni-hagen.de/rechtundgender/downloads/frauenundrecht.pdf (abgerufen am 02.05.2025)

10 Die Wirtschaftspsychologen Daniel Kahnemann und Amos Tversky bewiesen durch ihre Prospect Theory 1974, dass Menschen unter Unsicherheit emotional und irrational entscheiden – eine Erkenntnis, die den Mythos des »Homo oeconomicus« widerlegte und 2002 mit dem Wirtschaftsnobelpreis ausgezeichnet wurde.

11 Monika Müller (2017): Erfolgreich mit Geld und Risiko umgehen, 2. Aufl., Springer, S. 61 ff.

12 Vertiefend dazu: Andreas Enrico Brell (2017): More than money, Wiley, S. 124 ff.

13 Sally Peters, Hanne Roggemann, Duygu Damar-Blanken, Ingrid Größl (2024): iff-Überschuldungsreport 2024. Überschuldung in Deutschland, hrsg. v. institut für finanzdienstleistungen e. V. (iff), Hamburg, https://www.iff-hamburg.de/wp-content/uploads/2024/09/ueberschuldungsreport-2024.pdf (abgerufen am 02.05.2025); Tchibo (2021): Kaffee in Zahlen, https://www.tchibo.de/kaffee-in-zahlen-c402033040.html (abgerufen am 02.05.2025)

14 Deutsche Bundesbank (2024): Konsumentenkredite an private Haushalte/ Ratenkredite, https://www.bundesbank.de/de/statistiken/geld-und-kapitalmaerkte/zinssaetze-und-renditen/konsumentenkredite-an-private-haushalte-ratenkredite-615046 (abgerufen am 04.05.2025)

15 Tagesschau (2024): Dispozinsen bei Banken steigen weiter, https://www.tagesschau.de/wirtschaft/verbraucher/dispozinsen-anstieg-fortsetzung-warentest-100.html (abgerufen am 15.12.2024)

16 Antonia Gipp, Jana Hamdan, Lukas Menkhoff (2022): Konsumkredite: Viele Menschen kennen ihre Zinsen nicht – Kostendarstellung beeinflusst Kreditaufnahm, in: DIW Wochenbericht 37, S. 472–481

17 Sendhil Mullainathan, Eldar Shafir (2013): Knappheit: Was es mit uns macht, wenn wir zu wenig haben, Campus, aus dem Englischen übersetzt, S. 16

18 Interview von Dani Parthum mit Sarah Tschernigow, Februar 2024: https://www.youtube.com/watch?v=DfoHovZ6kkg (abgerufen am 23.12.2024)

19 Carmen Dörfler (2023). Beauty Impact Report stellt heraus: Umfrage zeigt: 20 % der verheirateten Frauen haben kein eigenes Konto, https://www.stylebook.de/beautyimpactreport/verheiratete-frauen-eigenes-konto (abgerufen am 26.12.2024)

20 bitkom (2021): Digital Finance 2021. Die Transformation der Finanzindustrie in Zahlen

21 Destatis (2024): Bestand an Versicherungsverträgen in Deutschland in den Jahren 1980 bis 2023, https://de.statista.com/statistik/daten/studie/313967/umfrage/bestand-an-versicherungsvertraegen-in-deutschland/ (abgerufen am 04.05.2025); Destatis (2024): Bevölkerung nach Altersgruppen, https://www.destatis.de/DE/Themen/Gesellschaft-Umwelt/Bevoelkerung/Bevoelkerungsstand/Tabellen/bevoelkerung-altersgruppen-deutschland.html (abgerufen am 04.05.2025)

22 GDV (2024): Fakten zur Versicherungswirtschaft, S. 7, https://www.gdv.de/resource/blob/182536/e88186def029f1e5e86483bcc4223b27/fakten-zur-versicherungswirtschaft-2024-download-data.pdf; Destatis (2024): Bevölkerung nach Altersgruppen, https://www.destatis.de/DE/Themen/Gesellschaft-Umwelt/Bevoelkerung/Bevoelkerungsstand/Tabellen/bevoelkerung-altersgruppen-deutschland.html; Versicherungsbote (2021): Deutsche Aktuare warnen vor Berufsunfähigkeits-Risiko, https://www.versicherungsbote.de/id/4903360/Deutsche-Aktuare-warnen-vor-Berufsunfaehigkeits-Risiko (jeweils abgerufen am 04.05.2025)

23 Bundesrechnungshof (2023): Gesetzliche Rentenversicherung: Transparenz bei den versicherungsfremden Leistungen schaffen (Nr. 9), https://www.bundesrechnungshof.de/SharedDocs/Downloads/DE/Berichte/2023/hauptband-2023/09-volltext.pdf?__blob=publicationFile&v=4 (abgerufen am 7.12.2023)

24 Sachverständigenrat zur Begutachtung der gesamtwirtschaftlichen Entwicklung (Hrsg.) (2023): Ergänzende Kapitaldeckung der Altersvorsorge: Gründe, Gestaltungsoptionen und Auswirkungen, Arbeitspapier, Juni 2023, https://www.sachverstaendigenrat-wirtschaft.de/fileadmin/dateiablage/Arbeitspapiere/Arbeitspapier_02_2023.pdf (abgerufen am 02.05.2025)

25 Deutsche Rentenversicherung (2024): Rentenversicherung in Zahlen 2024, https://www.deutsche-rentenversicherung.de/SharedDocs/Downloads/DE/Statistiken-und-Berichte/statistikpublikationen/rv_in_zahlen.html (abgerufen am 02.05.2025), S. 70, Zahlen gerundet, für 2023

26 Bertelsmann-Stiftung (Hrsg.) (2020): Frauen auf dem deutschen Arbeitsmarkt. Was es kostet, Mutter zu sein; Kurzexpertise, https://www.bertelsmann-stiftung.de/fileadmin/files/user_upload/200616_Kurzexpertise_MotherhoodLifetimePenaltyFINAL.pdf (abgerufen am 02.05.2025)
27 Henrik Kleven, Camille Landais, Johanna Posch, Andreas Steinhauer, Josef Zweimüller (2019): Child Penalties Across Countries: Evidence and Explanations, in: AEA Papers and Proceedings Bd. 119, S. 122–126
28 Bundesministerium Familie, Frauen, Senioren und Jugend (Hrsg.) (2026): Dauerhaft ungleich – Berufsspezifische Lebenserwerbseinkommen von Frauen und Männern in Deutschland. Kurzfassung Studie HWWI, https://www.bmfsfj.de/resource/blob/113474/cfb3b8047964183010cc5c9e2ae48c2b/dauerhaft-ungleich-berufsspezifische-lebenserwerbseinkommen-von-fauen-und-maennern-in-deutschland-data.pdf (abgerufen am 02.05.2025)
29 Destatis: Eltern, die Teilzeit arbeiten, https://www.destatis.de/DE/Themen/Arbeit/Arbeitsmarkt/Qualitaet-Arbeit/Dimension-3/eltern-teilzeitarbeit.html (abgerufen am 02.05.2025)
30 Kerstin Bund, Kathrin Werner (2025): Frauenthemen werden wieder zum Gedöns, Süddeutsche Zeitung, https://www.sueddeutsche.de/wirtschaft/gender-pay-gap-geld-frauen-maenner-buergermeisterin-siemes-knoblich-interview-li.3210763?reduced=true (abgerufen am 02.05.2025)
31 Bundesministerium für Familie, Frauen, Senioren und Jugend (Hrsg.) (2026): Dauerhaft ungleich – Berufsspezifische Lebenserwerbseinkommen von Frauen und Männern in Deutschland. Kurzfassung Studie HWWI, S. 11, https://www.bmfsfj.de/resource/blob/113474/cfb3b8047964183010cc5c9e2ae48c2b/dauerhaft-ungleich-berufsspezifische-lebenserwerbseinkommen-von-fauen-und-maennern-in-deutschland-data.pdf (abgerufen am 02.05.2025)
32 P. G. Granados, R. Olthaus, K.Wrohlich (2019): Teilzeiterwerbstätigkeit: Überwiegend weiblich und im Durchschnitt schlechter bezahlt, DIW Wochenbericht 46, S. 845–850
33 Irene Pimminger (2025): Existenzsichernde Beschäftigung, https://www.bundesstiftung-gleichstellung.de/wissen/themenfelder/existenzsichernde-beschaeftigung/ (abgerufen am 07.01.2025); Bundesministerium für Familie, Frauen, Senioren und Jugend (2023): Väterreport 2023, S. 26, https://www.bmfsfj.de/resource/blob/230374/1167ddb2a80375a9ae2a2c9c4bba92c9/vaeterreport-2023-data.pdf (abgerufen am 02.05.2025)
34 Bund der Versicherten (2023): Lebensversicherungen: 40 Jahre »Legaler Betrug«, https://www.bundderversicherten.de/de/presse/2023-06-01-lebensversicherung-40-jahre-legaler-betrug-m2583.html (abgerufen am 02.05.2025)
35 Bund der Versicherten (2024): Versicherungen, die Sie nicht brauchen, https://www.bundderversicherten.de/downloads/infoblaetter/allgemeine-lebenssituationen/38_Vers_brauchen.pdf (abgerufen am 02.05.2025)
36 Verbraucherzentrale (2025): Private Rentenversicherung. Zur Altersvorsorge nicht die erste Wahl, https://www.verbraucherzentrale.de/wissen/geld-versicherungen/altersvorsorge/private-rentenversicherung-zur-altersvorsorge-nicht-die-erste-wahl-13896 (abgerufen am 02.05.2025)
37 DIW (2011): Zehn Jahre Riester-Rente: kein Grund zum Feiern, DIW Wochenbericht 47

38 Finanzwende e. V. (2024): Geförderte Renten: Trübe Renditeaussichten, https://www.finanzwende.de/verbraucherberatung/vermoegensaufbau-vorsorge/gefoerderte-renten-truebe-renditeaussichten (abgerufen am 02.05.2025)

39 BaFin (2024): Kundennutzen im Fokus, https://www.bafin.de/SharedDocs/Veroeffentlichungen/DE/Fachartikel/2024/bafin_fachartikel_wohlverhalten.html (abgerufen am 02.05.2025)

40 Bürgerbewegung Finanzwende (2025): Mehr Klarheit über die mächtige Finanzlobby, https://www.finanzwende.de/themen/finanzlobbyismus/mehr-klarheit-ueber-die-maechtige-finanzlobby (abgerufen am 02.05.2025)

41 Sozialpolitik aktuell: Rentenanpassungen bis 2024, https://www.sozialpolitik-aktuell.de/files/sozialpolitik-aktuell/_Politikfelder/Alter-Rente/Datensammlung/PDF-Dateien/tabVIII9.pdf (abgerufen am 02.05.2025)

42 Sachverständigenrat für Wirtschaft (2016/2017): Altersvorsorge: Drei-Säulen-Modell stärken, Jahresgutachten 2016/17, S. 331, https://www.sachverstaendigenrat-wirtschaft.de/fileadmin/dateiablage/gutachten/jg201617/kap07_jg16_17.pdf (abgerufen am 02.05.2025). Die Rendite ist nominal zu verstehen. Um die reine Wertsteigerung zu messen, müsste noch die Inflationsrate berücksichtigt werden.

43 BaFin (2024): Kundennutzen im Fokus, https://www.bafin.de/SharedDocs/Veroeffentlichungen/DE/Fachartikel/2024/bafin_fachartikel_wohlverhalten.html (abgerufen am 02.05.2025)

44 Frankfurter Wertpapierbörse (2024): Monatsstatistik Anlage- und Hebelprodukte, April 2024, https://www.deutsche-boerse-cash-market.com/dbcm-de/instrumente-statistiken/statistiken/kassamarktstatistiken/monatsstatistiken-allgemeine-kennzahlen-fwb-anlage-hebelprodukte (abgerufen am 02.05.2025)

45 Volker Meier, Philipp Heil (2023): Spardauer für eine kapitalgedeckte Altersvorsorge unter Berücksichtigung von Rendite und Volatilität, ifo Forschungsgruppe Steuer- und Finanzpolitik, S. 12, https://www.ifo.de/sites/default/files/docbase/docs/ifo-kurzexpertise-bmf-spardauer-2023.pdf (abgerufen am 02.05.2025)

46 Zweig, Jason (2007): Gier. Neuroökonomie. Wie wir ticken, wenn es ums Geld geht, Hanser, S. 4

47 Vergleiche dazu: https://gerd-kommer.de/offene-immobilienfonds (abgerufen am 09.02.2025). In anderen europäischen Ländern und den USA sind Immobilienfonds nicht zugelassen.

48 Der Auswahlprozess steht in den »Index Methodology Books« der Anbieter. Sie sind meist in Englisch verfasst. Du kannst sie via KI analysieren. Lade dazu die Methodology als PDF in ChatGPT oder eine andere KI hoch und prompte: »Erkläre mir einfach und verständlich, wie ein ESG-Index aufgebaut ist und wie Unternehmen ausgewählt werden. Stelle den Auswahlprozess Schritt für Schritt dar.«

49 U.S. Securities and Exchange Commission (2023): Deutsche Bank Subsidiary DWS to Pay $25 Million for Anti-Money Laundering Violations and Misstatements Regarding ESG Investments, https://www.sec.gov/newsroom/press-releases/2023-194 (abgerufen am 09.05.2025)

50 Gerd Kommer (2019): Souverän Investieren für Einsteiger. Wie Sie mit ETFs ein Vermögen bilden, Campus, S. 119, Zeitraum 1970 bis 2017

51 H. Jacobs, S. Müller, M. Weber (2009): Anlegen mit fundierter Diversifikation. Auf der Suche nach dem bestmöglichen Weltportfolio, in: Forschung für die Praxis Bd. 17, Universität Mannheim; die Ergebnisse der Universität Mannheim decken sich mit Erhebungen und Simulationen anderer Studien.

52 Ich bin auch deshalb Gründungsmitglied der Bürgerbewegung Finanzwende.

53 Vergleiche dazu u. a. https://gerd-kommer.de/rebalancing/ (abgerufen am 15.02.2025).

54 Vergleiche dazu die »Guyton-Klinger-Regel«.

55 Die Stiftung Finanztest hat verschiedene Entnahmepläne gerechnet: https://www.test.de/pantoffel-portfolio-entnahmeplan-5754765-5754779/ (abgerufen am 16.02.2025).

56 Entnahmestrategien der Stiftung Warentest: https://www.test.de/pantoffel-portfolio-entnahmeplan-5754765-5754779/ (abgerufen am 17.02.2025)

57 Irene Pimminger (2025): Existenzsichernde Beschäftigung, https://www.bundesstiftung-gleichstellung.de/wissen/themenfelder/existenzsichernde-beschaeftigung/ (abgerufen am 07.01.2025); Bundesministerium für Familie, Frauen, Senioren und Jugend (2023): Väterreport 2023, S. 26, https://www.bmfsfj.de/resource/blob/230374/1167ddb2a80375a9ae2a2c9c4bba92c9/vaeterreport-2023-data.pdf (abgerufen am 02.05.2025)

58 Matthias Keller, Thomas Körner (2023): Closing the Cap? Erwerbstätigkeit und Arbeitszeit von Müttern und Vätern nach 15 Jahren Elterngeld, https://www.destatis.de/DE/Methoden/WISTA-Wirtschaft-und-Statistik/2023/04/erwerbstaetigkeit-arbeitszeit-042023.pdf?__blob=publicationFile&v=5 (abgerufen am 02.05.2025)

59 27 % arbeiten beide Vollzeit, 7 % in Teilzeit, siehe: Matthias Keller, Thomas Körner (2023): Closing the Cap? Erwerbstätigkeit und Arbeitszeit von Müttern und Vätern nach 15 Jahren Elterngeld, a. a. O.

60 Asha Hedayati (2023): Die stille Gewalt. Wie der Staat Frauen alleinlässt, Rowohlt, S. 40, 44

61 Michael Mary (2016): Liebesgeld. Vom letzten Tabu in Paarbeziehungen, Piper, S. 165 ff.

62 Vgl. https://momentsbydiane.de/wie-viel-zeit-braucht-es-fuer-die-hochzeitsplanung (abgerufen am 26.02.2025)

63 Matthias Kaufmann (2025): »Sie glauben nicht, wie viele Leute versuchen, den Partner zu überrumpeln«, https://www.spiegel.de/wirtschaft/service/scheidung-die-falle-schnappt-schon-zu-bei-der-eheschliessung-a-6e537564-f520-4469-9e19-8b968e64e329 (abgerufen am 05.03.2025)

64 Bundesministerium für Familie, Frauen, Senioren und Jugend (2023): Väterreport 2023, S. 59, https://www.bmfsfj.de/resource/blob/230374/1167ddb2a80375a9ae2a2 c9c4bba92c9/vaeterreport-2023-data.pdf (abgerufen am 02.05.2025)

65 Ebd., S. 38

66 Lena Hipp (2018): Rabenmütter, tolle Väter. Frauen schaden kurze und lange Elternzeiten bei ihrer Karriere – Männern nicht. WZB, Heft 161, S. 28 ff.

67 Weshalb 15.000 Euro? Das ist ein Näherungswert. Er hat mit der Entnahmeregel zu tun, nach der wir Geld aus einer verzinsten Kapitalanlage entnehmen können, ohne dass das Kapital aufgebraucht wird. Bei 15.000 Euro rechne ich mit 3 % Entnahme bei einem Entgeltpunktwert von 39,32 Euro.

68 Saskia Schlemmer (2024): Das Buch, das du vor deiner Hochzeit gelesen haben solltest, Komplett Media 2024, S. 47 ff.

69 Ebd., S. 47

70 Ulrike Spangenberg, Gisela Färber, Corinna Späth (2020): Mittelbare Diskriminierung im Lohnsteuerverfahren, Hans Böckler Stiftung, Working Paper Forschungsförderung, Nummer 190, S. 195, https://www.uni-frankfurt.de/96464214/2020HBS_Forschungsergebnisse.pdf (abgerufen am 07.03.2025)

71 Thilo Rudolph (2024): Abschaffung der Lohnsteuerklassen III und V erst ab 2030, https://www.lohnsteuer-kompakt.de/steuerwissen/abschaffung-der-lohnsteuerklassen-iii-und-v-erst-ab-2030/ (abgerufen am 07.03.2025)

72 Destatis: Lebensformen älterer Menschen, https://www.destatis.de/DE/Themen/Querschnitt/Demografischer-Wandel/Aeltere-Menschen/lebensformen.html (abgerufen am 07.03.2025)

73 Mehr dazu liest du bei Saskia Schlemmer (2024): Das Buch, das du vor der Ehe gelesen haben solltest, Komplett Media, S. 99 ff.

74 Bundesministerium für Familie, Frauen, Senioren und Jugend: Gender Care Gap – ein Indikator für die Gleichstellung, https://www.bmfsfj.de/bmfsfj/themen/gleichstellung/gender-care-gap/indikator-fuer-die-gleichstellung/gender-care-gap-ein-indikator-fuer-die-gleichstellung-137294 (abgerufen am 10.03.2025)

75 Das Buch ist nur noch im Antiquariat erhältlich und stammt von 2001, erschienen bei dtv nomos.

76 Michael Mary (2016): Liebesgeld. Vom letzten Tabu in Paarbeziehungen, Piper, S. 167, 172

77 Barbara Hardinghaus (2023): Herr Widder macht Schluss, Der Spiegel, Nr. 1., 30.12.2023, S. 44 ff., https://www.spiegel.de/panorama/jurist-ueber-ehestreit-herr-widder-macht-schluss-a-54d0396c-7730-4fbe-8ab0-34b450205540 (abgerufen am 02.05.2025)

78 Anwälte dürfen keine widerstreitenden Interessen vertreten. Das Verbot der Interessenkollision gehört zu den Grundpflichten des Berufsstandes. Vergleiche dazu § 43a Abs. 4 Bundesrechtsanwaltsordnung (BRAO) und § 3 Abs. 1 Berufsordnung für Rechtsanwälte (BORA).

79 Lies dazu auch Saskia Schlemmer (2024): Das Buch, da du vor deiner Hochzeit gelesen haben musst, Komplett Media, S. 169 ff.

80 Sally Peters, Birgit Happel (2024): Finanzielle Gewalt gegen Frauen, Evidenzlage ausbaufähig, Stellungnahme iff, 8.3.2024, https://www.iff-hamburg.de/2024/03/07/finanzielle-gewalt-gegen-frauen-evidenzlage-ausbaufaehig-oekonomische-teilhabe-und-finanzielle-inklusion-als-schutzfaktoren/ (abgerufen am 09.03.2025)

81 Anne Lenze, Antje Funcke (2016): Alleinerziehende unter Druck, Bertelsmann Stiftung, S. 6, file:///C:/Users/TextDesign/Downloads/GP_Alleinerziehende_unter_Druck.pdf (abgerufen am 02.05.2025)

82 Über LEOs liest du mehr auf: https://hartmutwalz.de/finanzblog. Honorarberater Nikolaus Braun lässt uns in seinem Buch »Über Geld nachdenken« (2021) an seinem Insiderwissen als Ex-Banker teilhaben, S. 52.

83 Gesamtverband der Versicherer (2024): Die deutsche Lebensversicherung in Zahlen 2024, S. 31, https://www.gdv.de/resource/blob/180978/b8ae8eb0b1bf4b15e7cc3354bc231af9/die-deutsche-lebensversicherung-in-zahlen-2024-publikation-pdf-data.pdf (abgerufen m 02.05.2025)

84 BaFin (2022): Wenn Lebensversicherungen zu viel kosten, https://www.bafin.de/SharedDocs/Veroeffentlichungen/DE/Fachartikel/2022/fa_bj_2203_Effektivkosten_Versicherer.html (abgerufen am 31.03.2025)

85 Den vollständigen Erfahrungsbericht findest du auf meinem Blog unter: https://www.geldfrau.de/anlageberatung-bankkauffrau-lehre-verkaufsseminar-schockiert.

86 Stand: Januar 2025, https://www.dihk.de/de/themen-und-positionen/recht-in-der-wirtschaft/gewerberecht/statistiken-vermittlerverzeichnisse-3344 (abgerufen am 01.04.2025)

87 Finanzwende e. V. (2023): Drei gute Gründe, der DVAG den Rücken zu kehren, https://www.finanzwende.de/themen/finanzlobbyismus/drei-gute-gruende-der-dvag-den-ruecken-zu-kehren (abgerufen am 03.04.2025)

88 Vergleiche zum Beispiel: BGH, Beschluss vom 20.01.2009, Az. X ZR 510/07 und das Urteil des Landgerichts Hamburg vom 23.06.2009, Az. 310 O 4/09.

89 MiFID II = Markets in Financial Instruments Directive, außerdem die §§ 63–70 WpHG

90 Verordnung (EU) Nr. 1286/2014 des Europäischen Parlaments und des Rates vom 26. November 2014 über Basisinformationsblätter für verpackte Anlageprodukte für Kleinanleger und Versicherungsanlageprodukte (PRIIP), https://eur-lex.europa.eu/legal-content/DE/TXT/?uri=CELEX:32014R1286 (abgerufen am 02.05.2025)

91 Basisinformationsblatt der DZ Bank, WKN: DQ3X19

92 Bundesverband für strukturierte Wertpapiere: Marktvolumen & Marktanteile nach Marktvolumen, https://www.derbsw.de/DEU/Statistiken/Marktanteile_nach_Marktvolumen (abgerufen am 02.05.2025)

93 Bundesverband für strukturierte Wertpapiere, https://www.derbsw.de/DE/MediaLibrary/Document/Studies/Studie%20zu%20Gesamtkosten%20von%20strukturierten%20Anlageprodukten%202022%20final.pdf (abgerufen am 01.04.2025)

94 ESMA (2023): Costs and Performance of EU Retails Investment Products 2023, https://www.esma.europa.eu/sites/default/files/2023-12/ESMA50-524821-3052_Market_Report_on_Costs_and_Performance_of_EU_Retail_Investment_Products.pdf (abgerufen am 02.05.2025)